基于宏观经济波动的混合所有制企业投资效率研究

A Study on the Investment Efficiency of Mixed Ownership Enterprises under Macroeconomic Fluctuation

刘放 杨筝 著

武汉大学出版社

图书在版编目(CIP)数据

基于宏观经济波动的混合所有制企业投资效率研究/刘放,杨筝著.—武汉：武汉大学出版社,2017.6
ISBN 978-7-307-19322-2

Ⅰ.基… Ⅱ.①刘… ②杨… Ⅲ.混合所有制—企业—投资效率—研究 Ⅳ.F275.1

中国版本图书馆 CIP 数据核字(2017)第 113259 号

责任编辑：聂勇军　　责任校对：李孟潇　　整体设计：马　佳

出版发行：武汉大学出版社　　(430072　武昌　珞珈山)
（电子邮件：cbs22@whu.edu.cn　网址：www.wdp.com.cn）
印刷：武汉中科兴业印务有限公司
开本：720×1000　1/16　印张：22　字数：305 千字　插页：1
版次：2017 年 6 月第 1 版　　2017 年 6 月第 1 次印刷
ISBN 978-7-307-19322-2　　定价：45.00 元

版权所有，不得翻印；凡购我社的图书，如有质量问题，请与当地图书销售部门联系调换。

前 言

随着我国社会主义市场经济的不断发展和国有企业改革的逐步推进,大量民间资本和国外资本投入到国有企业的改组过程中。国有资本和民间资本、国外资本等非国有资本的联合,促进了个体经济、私营经济、公有制经济之间的相互渗透和融合,以混合所有制为代表的多元化产权制度逐步取代了原来的单一公有制产权制度。这一方面表现为国有企业积极与外资、港澳台资企业开展合作,另一方面表现为国家资产、集体资产与私人资产相互渗透联合,有力地推动了以公有制为主体、多种所有制经济共同发展的混合所有制经济格局的大发展。改革开放的经验表明,积极引导和推进混合所有制企业发展已成为我国企业制度发展的历史必然。

混合所有制企业如何通过统筹规划,采用科学合理的经营模式和现代化的管理手段,切实保障多元化股东的权利和利益,防止在混合所有制企业经营管理及投资过程中通过模糊产权关系来损害国有产权的合法权益,是当前混合所有制企业研究工作中的一大难题。目前关于混合所有制企业的研究基本上没有涉及其投资行为及其投资效率领域,而混合所有制企业自身的投资效率最终将对多元化股东权益的实现,尤其是对国有股权权益的实现产生至关重要的影响。

本书围绕"基于宏观经济波动的混合所有制企业投资效率"展开,旨在从理论与实证两个角度探讨我国混合所有制企业的投资效率及其影响因素,以期对促进我国混合所有制企业的未来发展、正确引导其资本流向、加强其资本实际利用效率提供参考。

本书的研究思路及理论框架为：以宏观经济波动为逻辑起点，描述、归纳混合所有制企业的投资行为及其特点，分析比较混合所有制企业的投资效率及其影响因素，探究宏观经济波动对企业投资的影响机制，构建基于宏观经济波动的混合所有制企业投资效率评价模型并对混合所有制企业投资效率的特征与影响因素进行实证分析，最后有针对性地提出在宏观经济波动背景下提升我国混合所有制企业投资效率的政策建议。其主要内容如下：

（1）分析对我国混合所有制企业投资效率的影响因素。对其外部影响因素进行分析，主要从宏观经济环境、宏观经济政策等方面对我国混合所有制企业的投资效率进行相关分析；对其内部影响因素进行分析，主要从公司治理、融资途径、资产特性、产品市场等方面对我国混合所有制企业的投资效率进行相关分析。

（2）探究宏观经济波动对企业投资行为的影响机制。从宏观经济因素与企业行为的一般性分析出发，探讨宏观经济因素对企业投资的影响；运用实物期权理论分析宏观经济因素与企业投资行为的关系，包括经济危机对企业投资行为的影响。

（3）构建基于宏观经济波动的混合所有制企业投资效率评价模型。基于混合所有制企业的特性以及宏观经济波动的影响，建立基于宏观经济波动的企业投资效率评价模型，并从行业、规模、大股东特征以及区域特征等方面对混合所有制企业投资效率的特征进行分析；并从行业、规模、大股东特征以及经济区域四个角度对模型的有效性进行实证分析。

（4）对基于宏观经济波动的混合所有制企业投资效率的影响因素进行实证分析。对混合所有制企业投资效率与宏观影响因素的相关性进行分析，并运用结构方程模型对混合所有制企业投资效率的微观影响因素进行实证分析，进而根据基于宏观经济波动的混合所有制企业投资效率的影响因素分析结果，有针对性地提出提升我国混合所有制企业投资效率的政策建议。

相较现有基于宏观经济波动的混合所有制企业投资效率的研究文献，本书在以下几个方面取得了突破和创新：

第一，与以往不同的是，本书的研究对象是具有中国社会主义特色的混合所有制企业。本书着眼于混合所有制企业的企业特性及其可持续发展，对混合所有制企业的投资行为及其投资效率进行深入研究，弥补了混合所有制企业投资理论的研究不足，从微观角度丰富和完善了我国混合所有制理论体系。

第二，本书从企业长期发展的角度出发，运用实物期权理论构建了基于宏观经济波动企业投资决策模型和基于经济危机预期的企业投资决策模型，揭示了宏观经济波动（包括经济危机预期）对微观企业投资行为的影响机制。

第三，本书将国有股权比例和宏观经济波动因子纳入企业投资效率理论研究框架，构建了基于宏观经济波动的混合所有制企业投资效率评价模型，并进一步将该模型细化为加数模型和乘数模型两种形式，拓展并深化了宏观经济因素对微观企业投资行为的具体作用机理，并进一步丰富了该领域文献。

本书在撰写过程中参考并引用了众多国内外优秀学者的研究成果，作者尽最大努力详尽引注，在此，对相关学者表示诚挚的感谢。鉴于作者水平有限，书中难免有疏漏和不当之处，恳请广大读者、专家批评指正。

刘放　杨筝

2017 年 5 月

序一

混合所有制改革是党和政府谋划与推动的重大国家战略,在我国近四十年的改革开放中居于核心地位。混合所有制企业发展及其效率问题是混合所有制改革领域研究的核心课题之一。刘放博士等长期专注于混合所有制企业投资机制及其投资效率问题的研究,取得了一系列颇有价值的研究成果。

《基于宏观经济波动的混合所有制企业投资效率研究》作为刘放博士等长期探索的阶段性成果,他们对混合所有制企业的投资行为及其投资效率的影响因素、宏观经济波动对企业投资的影响机制、基于宏观经济波动的混合所有制企业投资效率评价模型体系等进行了深入研究,并提出了宏观经济波动背景下提升混合所有制企业投资效率的诸多切实可行的政策建议。同时运用实物期权理论对经济危机对企业投资行为的影响进行了探讨,并从混合所有制企业所属行业类别、经营规模、大股东特征以及区域特征等方面对混合所有制企业投资效率的特征进行了分析,从其所属行业类别、经营规模、大股东特征以及经济区域等角度对混合所有制企业投资效率评价模型的有效性进行了分析。

刘放博士等的研究抓住了当前混合所有制企业发展中的关键和要害问题,对混合所有制企业投资的现实状况了解深入,对混合所有制企业投资过程中存在的问题认识深刻,对混合所有制企业提升投资效率的建议符合混合所有制改革的切实需求,具有一定的超前性、科学性和可操作性。本书既是一本经济管理领域研究的专业学术著作,又是一本混合所有制企业投资实践领域具有指导意义的工具书,适合政府有关部门、企业管理层、高等院校和研究咨询机构,以及对混合所有制改革领域问题感兴趣的相关人士使用。随着本书的出版,希望读者与作者进一步学习探究,为混合所有制企业的发展搭建更加完善的理论体系,为国民经济发展更好地服务。

夏义星(武汉大学经济与管理学院,金融工程博士)

2017 年 5 月

序二

改革开放近四十年来,国资国企改革一直处于经济改革的核心位置。中国经济发展的巨大成就,在一定程度上要归功于国有企业改革带来的效率提升和绩效改善。而今,国有资本与其他所有权属性资本的深度渗透融合,为政策制定者、理论界和实务界指明了国有企业进一步改革的清晰方向。党和国家不断完善推进混合所有制改革的顶层设计,例如2013年10月党的十八届三中全会强调了发展混合所有制经济的重要性。2015年9月国务院印发了《关于国有企业发展混合所有制经济的意见》提出了深化国有企业混合所有制改革的若干具体举措。同时,关于国有企业混合所有制改革主题的学术研究和实务讨论,也屡屡见诸国内外权威期刊以及互联网媒体,不断深化各个利益群体对混合所有制改革的认识。

在中国特色社会主义市场经济改革的关键时期,宏观经济波动不断增加企业发展的不确定性。国有企业的低效率投资被诸多学术文献所证实,并一直为实务界所诟病。以此为背景,本书旨在对改革后的混合所有企业中影响投资效率的宏、微观因素进行全面分析,通过机制考察探索提升国有企业投资效率的可能路径,构建评价模型为后续研究提供参考借鉴。较之以往的学术研究,本书具有明确的理论创新和显著的增量学术贡献:一是对于提升混合所有制企业投资行为及其投资效率的透明性具有重要的推动意义,在转型期制度背景下丰富和完善了企业投资理论;二是在一定程度上填补了研究具有中国特色混合所有制企业投资效率问题的空白，对于从实践方面来规范政府的行为具有重要的启示作用。

　　本书自始至终渗透着两位作者——刘放博士与杨筝博士对理论、实践的深度思考和敏锐洞察。在国有企业混合所有制改革跌宕起伏、经济社会改革高歌猛进的"大时代"背景下，选择如此高屋建瓴、难以驾驭的研究主题作为专著选题，两位博士饱满的学术热情表露无遗。作为至交好友，在这一高质量的学术成果背后，我有幸见证了两位令人艳羡的"夫妻博士"在本书漫长的撰写过程中付出的巨大艰辛，并有感于两位年轻学者谦和包容的美德。两位博士孜孜不倦的学术追求凸显了八零后的历史责任感和探索有效改革逻辑的壮志雄心。本书的形成路径与本书思想一致之处在于，不同属性的资本渗透融合有利于企业投资效率的提升，而不同观点的兼容并蓄将成为高质量研究成果产生的前提。混合所有制改革的实践在继续，对该主题的研究亦将以现有研究为根基，开枝散叶，枝繁叶茂。

程晨（郑州大学商学院，工商管理博士）
2017 年 5 月

序三

十八届三中全会《中共中央关于全面深化改革若干重大问题的决定》明确提出要积极发展混合所有制经济，并明确推进混合所有制改革是国有企业改革的重要突破口。但混合所有制改革究竟如何改？理论与实务界争论很大，尚未达成共识。其根源一方面源于学术界对于混合所有制改革理论储备不足，另一方面则源于实务界对我国国有企业症结所在缺乏一致意见。

激发国有企业活力、提高国有企业经营效率是混合所有制改革的终极目标。而投资作为企业价值创造的驱动力，只有提高企业投资效率才能创造出更高的公司价值。《基于宏观经济波动的混合所有制企业投资效率研究》这部学术著作的两位作者先后在武汉大学经过严格规范的学术训练，特别是刘放先生更是紧密结合自身长期在国有资产监督管理部门的工作经验，从我国转型经济阶段"宏观经济频繁波动"这一特征事实出发，前期便已对我国混合所有制企业投资效率展开了非常深入的研究。该著作凝聚了作者五年的心血，是一部理论与实践紧密结合的鸿篇巨制，兼具学术与应用价值，主要表现为不仅将实物期权理论与投资效率理论拓展至混合所有制这一领域，深化了混合所有制改革的理论基础，而且对我国未来如何进一步推动混合所有制改革具有重要的现实意义。

这部学术著作，综合考虑了宏观经济波动、财政政策以及经济危机三种环境因素，基于实物期权理论，构造了一整套科学的投资效率测度方法，并分别从行业特征、区域特征、规模特征及股东特征等多维度对我国混合所有制企业投资效率的特征进行分析,并结合对我国混合所有制投资效率有影响的宏、微观环境因素展开深入探究,不仅打开了影响混合所有制企业投资效率的黑箱,而且精准地揭示了我国混合所有企业投资效率低下的症结所在,以上经过严谨推断得出的研究结论及学术观点,将对我国混合所有制改革的实际操作层面具有重要的理论指导意义。

非常有幸作为见证者,目睹两位作者五年磨一剑的学术巨作顺利付梓。作为一本学术著作,该书理论功底扎实、论证资料翔实、逻辑推断严谨、研究结论可靠,现郑重向大家推荐。

王红建(暨南大学管理学院,会计学博士)

2017 年 5 月

目　录

第1章　绪　论 ... 1
1.1　研究背景和意义 ... 1
1.1.1　研究背景 ... 1
1.1.2　研究意义 ... 4
1.2　国内外文献综述 ... 6
1.2.1　国外文献综述 ... 6
1.2.2　国内文献综述 ... 16
1.2.3　国内外研究述评 ... 25
1.3　主要研究内容 ... 27
1.4　研究方法和技术路线 ... 28
1.4.1　研究方法 ... 28
1.4.2　技术路线 ... 29

第2章　混合所有制企业与投资效率 ... 31
2.1　混合所有制企业 ... 31
2.1.1　混合所有制企业的内涵及其形式 ... 31
2.1.2　中国混合所有制企业产生和发展的历史进程 ... 33
2.2　投资效率 ... 35
2.2.1　企业投资理论 ... 35

2.2.2　投资效率理论 ·· 39
2.3　实物期权 ··· 42
　　2.3.1　期权理论 ·· 42
　　2.3.2　实物期权理论 ·· 47
2.4　企业投资效率评价方法 ··· 49

第3章　中国混合所有制企业投资效率影响因素分析 ··············· 53
3.1　我国混合所有制企业投资支出特征分析 ························· 53
　　3.1.1　混合所有制企业投资支出的基本特征 ··············· 54
　　3.1.2　混合所有制企业投资支出的行业特征 ··············· 58
　　3.1.3　大股东控制与混合所有制企业投资支出 ··············· 63
　　3.1.4　不同规模混合所有制企业的投资支出 ··············· 69
3.2　我国混合所有制企业投资效率宏观影响因素分析 ··············· 73
　　3.2.1　宏观经济环境因素 ·· 73
　　3.2.2　宏观经济政策因素 ·· 75
3.3　我国混合所有制企业投资效率微观影响因素分析 ··············· 77
　　3.3.1　公司治理 ·· 77
　　3.3.2　融资途径 ·· 81
　　3.3.3　资产特性 ·· 85
　　3.3.4　产品市场 ·· 86

第4章　宏观经济波动与企业投资行为关系研究 ··············· 89
4.1　宏观经济波动的度量 ··· 89
　　4.1.1　我国宏观经济波动的度量 ···································· 89
　　4.1.2　我国宏观经济波动与宏观经济变量的关系分析 ······· 93
4.2　宏观经济波动与企业投资 ·· 100
　　4.2.1　宏观经济因素与企业行为的一般性分析 ··············· 100
　　4.2.2　宏观经济因素对企业投资的影响 ······················· 102

4.3 宏观经济波动与企业投资行为关系分析 ················· 104
 4.3.1 实物期权与企业投资行为 ························· 104
 4.3.2 基于宏观经济波动的企业投资决策模型 ············· 106
 4.3.3 宏观经济波动与财政政策对企业投资的影响 ········· 113
 4.3.4 宏观经济波动对必要收益率和期望收益率的影响 ····· 117
 4.3.5 宏观经济波动对收益波动率的影响 ················· 124
 4.3.6 基于蒙特卡罗模拟的动态数值分析 ················· 127
4.4 经济危机与企业投资行为关系分析 ····················· 131
 4.4.1 基于经济危机预期的企业投资决策模型 ············· 132
 4.4.2 经济危机发生频率对企业投资行为的影响 ··········· 136
 4.4.3 经济危机的影响程度对企业投资阈值的影响 ········· 139
 4.4.4 经济危机预期对企业投资影响的动态分析 ··········· 144

第 5 章 基于宏观经济波动的混合所有制企业投资效率评价模型设计与实证分析 ··············· 154

5.1 基于宏观经济波动的混合所有制企业投资效率评价模型设计 ································· 154
 5.1.1 混合所有制企业投资决策模型 ····················· 155
 5.1.2 基于宏观经济波动的混合所有制企业投资效率评价模型 ······································· 167
5.2 我国混合所有制企业投资效率的特征分析 ··············· 179
 5.2.1 混合所有制企业投资效率的行业特征分析 ··········· 180
 5.2.2 混合所有制企业投资效率的规模特征分析 ··········· 184
 5.2.3 混合所有制企业投资效率的大股东特征分析 ········· 187
 5.2.4 混合所有制企业投资效率的区域特征分析 ··········· 196
5.3 基于宏观经济波动的混合所有制企业投资效率评价模型有效性实证分析 ··························· 204
 5.3.1 基于行业差异的模型有效性分析 ··················· 204

    5.3.2 基于规模差异的模型有效性分析 ……………… 219
    5.3.3 基于大股东差异的模型有效性分析 …………… 228
    5.3.4 基于地域差异的模型有效性分析 ……………… 238

第6章 基于宏观经济波动的混合所有制企业投资效率影响因素实证分析 ……………………………………… 254
6.1 宏观影响因素实证分析 …………………………………… 254
    6.1.1 混合所有制企业投资效率与宏观经济环境因素 ……… 255
    6.1.2 混合所有制企业投资效率与宏观经济政策因素 ……… 263
6.2 微观影响因素实证分析 …………………………………… 273
    6.2.1 公司治理与混合所有制企业投资效率 …………… 273
    6.2.2 融资途径与混合所有制企业投资效率 …………… 283
    6.2.3 资产特性与混合所有制企业投资效率 …………… 286
    6.2.4 产品市场与混合所有制企业投资效率 …………… 290
    6.2.5 基于结构方程模型的微观影响因素实证分析 …… 293
6.3 提升我国混合所有制企业投资效率的政策建议 ………… 307

第7章 结论与展望 ……………………………………………… 311
7.1 研究结论 …………………………………………………… 311
7.2 研究不足与展望 …………………………………………… 314

参考文献 ………………………………………………………… 317

后记 ……………………………………………………………… 336

第1章 绪 论

1.1 研究背景和意义

1.1.1 研究背景

随着我国社会主义市场经济的不断发展完善和国有企业制度改革的逐步推进深化,大量的民间资本和国外资本积极投入到国有企业的改革重组过程中。国有资本和民间资本、国外资本等各类非国有资本的联合,有力地推动了个体经济、私营经济、公有制经济之间的相互渗透和融合,以混合所有制为代表的多元化产权制度逐步取代了原来的单一公有制产权制度。这一方面表现为国有企业积极与外资、港澳台资企业开展合作,另一方面表现为国家资产、集体资产与私人资产相互渗透联合,有力地推动了以公有制为主体、多种所有制经济共同发展的混合所有制经济格局的大发展。

2003年10月,党的十六届三中全会通过的《中共中央关于完善社会主义市场经济体制若干问题的决定》明确指出,我国经济要适应市场化不断发展的趋势,进一步增强公有制经济的活力,大力发展国有资本、集体资本和非公有资本等参股的混合所有制经济,实现投资主体多元化,使股份制成为公有制的主要实现形式①。2007年10月,党的十七大报告进一步明确指出我国要以现代产权制度为基础,发展混合所有制经济②。2013年10月,党的十八届三中全会再次指出,要积极发展混合所有制经济;国有资本、集体资本、非公有资本等交叉持股、相互融合的混合所有制经济,是基本经济制度的重要实现形式,有利于国有资本放大功能、保值增值、提高竞争力,有利于各种所有制资本取长补短、相互促进、共同发展;要允许更多国有经济和其他所有制经济发展成为混合所有制经济③。

2005年2月,《国务院关于鼓励支持和引导个体私营等非公有制经济发展的若干意见》(国发〔2005〕3号)明确规定,要鼓励、支持和引导非公有制经济发展,消除影响非公有制经济发展的体制性障碍,确立平等的市场主体地位,实现公平竞争。2010年5月,《国务院关于鼓励和引导民间投资健康发展的若干意见》(国发〔2010〕13号)指出,要进一步鼓励和引导民间投资,以现代产权制度为基础发展混合所有制经济,推动各种所有制经济平等竞争、共同发展④。2015年9月,中共中央、国务院印发《关于深化国有企业改革的指导意见》指出,发展混合所有制经济的目标是促进国有企业转换经营机制,放大国有资本功能,提高国有资本配置和运行效率。2015年9月,国务院印发《关于国有企业发展混合所有制经济的意见》指出,要通过深化国有企业混合所有制改革,推动完善现代企业制度,健全企业法人治理结构;提高国有资本配置和运行效率,优化国有经济布局,增强国有经济活力、控制力、影响力和抗风险能力,主动适应

---

① 黄群慧. 新时期如何积极发展混合所有制经济[J]. 行政管理改革,2013(12):49-54.

② 邹升平. 马克思主义混合所有制思想及其现实意义[J]. 经济纵横,2014(9):75-78.

③ 程恩富,谢长安. 论资本主义和社会主义的混合所有制[J]. 马克思主义研究,2015(1):51-61.

④ 李保民,刘勇. 十一届三中全会以来历届三中全会与国企国资改革[J]. 经济研究参考,2014(57):3-17.

和引领经济发展新常态;实现各种所有制资本取长补短、共同发展,夯实社会主义基本经济制度的微观基础。

改革开放以来我国社会主义市场经济发展建设的经验表明,积极引导和推进混合所有制企业发展已成为我国企业制度发展的历史必然。回顾改革开放以来企业制度的发展历程,从单一的国有企业,历经发展股份制企业和非公有制经济,直至今天大力倡导的混合所有制经济模式,这一发展趋势对于解决我国原有的单一制的所有制结构所引发的诸多问题具有重要而深远的影响。截至2012年底,在我国所有上市企业中,由中央企业及其子公司控股的上市公司合计已达到378家,其中非国有股权的比重已经达到53%以上;由地方国有企业控股的上市公司已达到681家,其中非国有股权的比重已经达到60%以上①。

在混合所有制经济快速发展的迫切形势下,其对多元化产权的管理提出了严峻的挑战。随着公有制的实现形式逐渐转变为现代公司制和股份制,原来意义上的国有企业将逐步减少,甚至退出历史舞台。可以预见的是,今后将陆续出现越来越多的混合所有制企业,特别是混合所有制企业通过再投资行为产生数重混合、交叉混合的复杂产权结构形式的混合所有制企业。目前关于混合所有制企业的研究基本上没有涉及其投资行为及投资效率领域,而混合所有制企业自身的投资效率最终将对多元化股东权益的实现,尤其是国有股权权益的实现产生至关重要的影响。因此,混合所有制企业如何通过统筹规划,采用科学合理的经营模式和现代化的管理手段,切实保障多元化股东的权利和利益,防止在混合所有制企业经营管理及投资过程中通过模糊产权关系来损害国有产权的合法权益,是当前混合所有制企业研究工作中的一大难题。

推动混合所有制企业发展,保障国有产权等多元化权益主体的利益,首要的就是要保证和提升混合所有制企业的资本运作质量,深入有效

---

① 数据来源:依据2013年12月19日国务院新闻办公室举行的新闻发布会上时任国有资产监督管理委员会副主任黄淑和答中新社记者问环节公布的数据。

地挖掘混合所有制企业的资本运动作用。从国家发展战略的角度来看，最为重要的就是如何提升混合所有制企业的经营管理和投资效率，从而促使混合所有制企业为我国的经济建设和社会发展做出更多更大的贡献。本书立足于研究我国混合所有制企业的投资效率，对促进我国混合所有制企业的未来发展，正确引导我国混合所有制企业的资本流向，加强我国混合所有制企业的资本实际利用效率具有重要的理论价值和现实意义。

1.1.2 研究意义

1.1.2.1 理论意义

作为财务、金融领域研究的一项重要内容，企业投资问题的研究已经受到学术界和企业界的高度关注和重视，并形成了一套较为完善的理论体系。然而，鲜有学者对混合所有制企业的投资行为及其效率进行系统性的考察和研究，特别是基于宏观经济波动的视角对混合所有制企业的投资效率进行研究。当前，我国正在积极推进混合所有制企业的发展，混合所有制企业的投资行为和投资效率研究势必要成为企业投资研究的重要内容。因此，从理论和实证两个角度对混合所有制企业的投资效率进行研究，特别是基于宏观经济波动来对我国混合所有制企业的投资效率进行研究，一方面对于提升混合所有制企业投资行为及其投资效率的透明性具有重要的推动意义，另一方面对于现代企业投资理论的丰富和完善也具有重要的促进意义。

欧美现代企业投资理论研究是建立在其市场经济的高度成熟性、产权制度的高度明晰性、经济制度的高度自由性、市场信息的充分流动性、经济法律结构体系的完备可靠性以及市场行为的高度协调性等基础之上的。而当前我国还处于社会主义市场经济的初级阶段，与欧美高度发达的市场经济体制相比，我国在投资体制、公司治理等诸多方面还存在着非常大的差异。有鉴于此,简单地将欧美发达的市场经济体制下形成的企业投资理论套用到我国企业投资行为的研究中是不可取的。因此,要始终坚持以我国的实际情况为基础来进行研究,一方面这对于我国混合所有制企业投资效率以至对我国社会主义市场经济发展的研究具有至关重要的意义,另一方面对于我国企业投资理论特别是混合所有制企业投资理论的发展和完善具有特殊的价值。

1.1.2.2 现实意义

当前,我国正处于社会主义建设的初级阶段,市场经济机制还存在诸多的问题,我国的企业在进行投资决策时还存在着诸如扩张冲动、投资行为短期化、投资饥渴等多种不理性的行为。然而,这些问题的产生和存在不仅来自企业自身的不成熟,更多的是源自制度层面的驱动。如果能够从制度上考察和研究我国混合所有制企业的投资问题,并充分考量宏观经济波动对其所产生的影响,这也许会成为解决我国企业低效率投资问题的有效途径。

由于我国社会主义市场经济体制的不完善,我国混合所有制企业快速发展的局面主要是由各级政府主导而形成的,并且有很大一部分混合所有制企业是经国有企业发展而来的。在维持公有制主导地位不变的大前提下,国有企业在发展成为混合所有制企业的过程中基本上都维持了国有控股的股权结构,甚至在很多混合所有制企业中国有股权处于绝对控股的地位。混合所有制企业的国有股东产生两个极端性的问题:其一是超强的行政控制,其二是超弱的产权控制。而这两个问题又会引发混合所有制企业在公司治理方面的两大弊端:其一是政府干预,其二是内部人控制。在国有股权绝对或者相对控股的结构下,控股股东与其他股东的矛盾和冲突超越了股东和管理层的矛盾与冲突,成为公司治理的重心。加之我国缺乏完备的法律体系,相应的监督和管理也缺乏有效的措施,从而导致我国国有股权控制的混合所有制企业的治理机制完全演变为大股东控制下的治理模式。因此,本书将充分考察和借鉴最新公司治理理论在投资决策方面的研究成果,在深入分析我国混合所有制企业治理结构的基础上,系统性地研究和分析混合所有制企业治理结构对其投资效率的影响,并在此基础上对基于宏观经济波动的我国混合所有制企业的投资效率进行深入分析。这不仅对于规范我国混合所有制企业的投资决策模式具有重要的现实意义,而且对于从实践方面来规范政府的行为具有重要的启示。特别是这一研究将在一定程度上填补研究具有中国特色混合所有制企业投资效率问题的空白。

1.2 国内外文献综述

在新古典经济学的理论体系中,企业的投资效率实现最优的前提条件就是企业投资项目的边际成本与其边际收益相等。一般来说,在忽略融资约束的条件下,企业的投资应该集中于所有净现值为正的项目领域。而根据大量的企业投资实践案例可以发现企业的投资效率一般都没有达到最优状态,要么表现为投资过度,要么表现为投资不足。伴随着信息经济学和代理理论的逐步兴起,一方面,学者们开始以此为理论基础来对企业的非效率投资行为进行解释,并在此基础上形成了基于信息不对称的投资理论和基于委托代理的投资理论。另一方面,随着行为金融理论的逐步兴起,行为金融的有关分析工具也被应用到企业投资理论的研究中,进而以行为金融学为基础的投资理论正式形成。

1.2.1 国外文献综述

1.2.1.1 基于信息不对称的视角

Myers(1977)首先将信息不对称引入到公司投资理论的研究中,正式开创了基于信息不对称的投资领域研究新视角①。通过建立理论分析模型,他指出企业的内部管理者和企业的外部投资者在对企业现有资产价值以及其投资项目未来的发展前景进行评估时存在着非常突出的信息不对称问题。对于企业基于其投资项目而发行的证券,外部投资者不能像内部管理者那样对其价格给出非常恰当的评价。如果企业发行的证券价值被低估,那么就可能产生投资不足的问题;如果企业发行的证券价值被高估,那么就可能产生投资过度的问题。因此,企业的投资效率未能达到最优状态的一个重要原因就是信息不对称问题的存在而引发的逆向选择行为。Myers and Majluf(1984)进一步基于数学模型分析发现,对企业现有资产以及其投资项目缺乏足够的了解,致使外部投资者只愿意以平均市场价格来确定企业发行证券的价格②。这一行为的直接后果就是使得证券的价格与企业的真实价值普遍不符。对于比较优质的企业,其证券价值往往被低估,这样就使得其融资成本被提高,无法实现其外部融资的最优值,因此也难以实现对所有净现值为正的项目进行投资,从而产生了投资不足的问题。

以 Myers 的理论模型为基础,Fazzari 等(1988)对企业投资行为受到融资约束的问题进行了实证分析③。他依据企业十年间(1975—1984)股利支付的差异,将全部样本划分为高融资约束、中融资约束和低融资约束三个子样本。在此基础上,借助托宾 Q 理论对未来的投资机会进行控制,结果发现股利收入比与"投资—现金流"敏感性呈负相关关系,融资约束将对企业的投资行为产生显著的影响,外部融资约束的存在使得企业对内部现金流的依赖程度越来越高。Hoshi 等(1991)

---

① Stewart C. Myers. Determinants of corporate borrowing[J]. Journal of Financial Economics,1977(5):147-175.

② S. C. Myers,N. S. Majluf. Corporate Financing and Investment Decisions When Firms Have Information that Investors Do Not Have[J]. Journal of Financial Economics,1984(13):187-221.

③ Steven M Fazzari,R. Glenn Hubbard,et al. Financing constraints and corporate investment[J]. Brookings Papers on Economic Activity,1988(1):141-206.

重点对日本企业的投资行为进行了研究,他将样本企业按照它们与大银行是否有比较密切的关系划分为两个子样本,实证结果表明,和银行关系密切的企业的投资规模波动性明显低于和银行关系不密切的企业,其负债权益比高于和银行关系不密切的企业,其"投资—现金流"敏感性低于和银行关系不密切的企业[1]。Sehaller and Norden(1993)、Himmelberg and Peterson(1994)则分别基于企业营运资本、小企业研发投入等不同视角对其"投资—现金流"敏感性问题进行了研究[2][3]。Kaplan and Zingales(1997)重点研究了在Fazzari的研究中面临较为严重的融资约束的企业,通过分析企业公开披露信息中的定性信息以及财务报表中的定量信息来对企业的融资约束程度作进一步的判断,并以此为标准将样本企业进一步划分为无融资约束、可能无融资约束、无法判断融资约束是否存在、可能有融资约束、融资约束五个子样本,实证检验结果表明无融资约束企业的"投资—现金流"敏感性问题更为突出,融资约束与"投资—现金流"敏感性并不存在简单的单调相关关系[4]。Cleary(1999)重点对加拿大、澳大利亚以及法国等国家和地区的企业进行了重点分析,结果表明企业的投资和其资产的流动性之间存在着U型关系[5]。Lyandres(2007)以其构建的现金流—投资动态分析模型为基础,从数理的角度验证了"投资—现金流"敏感性的非单

---

[1] T. Hoshi, A. Kashyap, D. Scharfstein. Corporate structure, liquidity and investment: Evidence from Japanese industrial groups[J]. Quarterly Journal of Economics, 1991,106(1):33-60.

[2] H. Sehaller, S. Van Norden. The predictability of stock market regime: Evidence from Toronto stock exchange[J]. Review of Economics and Statistics,1993(75):505-510.

[3] Charles P. Himmelberg, Bruce C. Peterson. R & D and Internal Finance: A Panel Study of Small Firms in High-Tech Industries[J]. The Review of Economics and Statistics,1994,76(1):38-51.

[4] S. N. Kaplan, L. Zingales. Do Investment-Cash Flow Sensitivities Provide Useful Measures of Financing Constraints[J]. Quarterly Journal,1997,107(1):169-215.

[5] Sean Cleary. The Relationship between Firm Investment and Financial Status[J]. The Journal of Finance,1999(2):673-692.

调关系①。

　　Giroud(2013)基于对地理上的临近更有助于母公司获得分支机构信息的事实的深刻理解,检验了总部与分支机构的地理临近性(proximity)对分支机构投资行为和生产效率的影响②。作者用新航线开通这一较为外生的政策冲击作为识别策略,发现新航线的开通减少了母公司和分支机构之间的旅途时间,增加了地理上的临近性以及信息获取的便利性,从而显著提高了分支机构的投资规模和全要素生产率。Cheng 等(2013)以萨班斯—奥克斯利法案的颁布为背景,检验了披露内部控制缺陷的公司的投资行为,发现在披露内部控制缺陷之前,融资约束(无约束)的企业往往投资不足(过度);而披露了内部控制缺陷之后,这些公司的投资效率显著提升③。Shroff 等(2013)利用跨国公司的样本,研究了外国附属公司所处的信息环境对跨国公司投资决策的影响,研究发现具有较高信息透明度地区的附属公司的投资行为更能对当地投资机会做出反应④。并且这一因果关系当母公司所在国与附属公司所在国存在较长共同国界线时,以及母公司更愿意参与到附属公司的决策过程的情况下更为显著。Nan and Wen (2014)研究发现,对于具有较低的盈利前景的行业而言,向下偏误的会计系统更能缓解企业的非效率投资行为⑤。而对于较高的盈利前景行业而言,向上偏误的会计系统对公司融资效率更为有利。

---

　　① Evgeny Lyandres. Costly external financing, investment timing, and investment — cash flow sensitivity[J]. Journal of Corporate Finance, 2007(5): 959-980.

　　② Xavier Giroud. Proximity and Investment: Evidence from Plant-Level Data[J]. The Quarterly Journal of Economics, 2013, 128(2): 861-915.

　　③ Mei Cheng, Dan Dhaliwal, Yuan Zhang. Does investment efficiency improve after the disclosure of material weaknesses in internal control over financial reporting? [J] Journal of Accounting and Economics, 2013, 56(1): 1-18.

　　④ Nemit Shroff, Rodrigo S. Verdi, Gwen Yu. Information Environment and the Investment Decisions of Multinational Corporations[J]. The Accounting Review, 2013, 89(2): 759-790.

　　⑤ Lin Nan, Xiaoyan Wen. Financing and Investment Efficiency, Information Quality, and Accounting Biases[J]. Management Science, 2014, 60(9): 2308-2323.

同样的,Foucault and Fresard (2014)研究发现,当管理者并未充分获得企业的估值信息以及企业股票信息含量较低时,对同类企业的估值信息的获取,会促使管理者增加企业投资行为①。Han and Pan (2015)指出作为公司最重要的财务决策之一,同时也是公司创造价值的基本驱动因素之一,越来越多涉及公司决策和绩效的文献开始关注公司投资决策和投资效率的影响因素②。造成公司非效率投资的主要原因是管理层和股东以及投资人之间的信息不对称,以成熟资本市场作为背景的学术成果丰富并深化了人们对信息不对称对投资决策或投资效率的关系的认识。例如,财务报告质量作为衡量企业与投资者之间信息不对称程度的重要指标,其对企业投资效率的影响受到较为广泛的关注。

整体而言,这些研究成果都从不同视角出发验证了良好的信息环境帮助信息供求主体缓解信息摩擦所具有的不可忽视的作用,从而有利于企业的投资行为。

1.2.1.2 基于委托代理理论的视角

两权分离作为现代企业制度的重要特征,在带给企业高效率决策的同时,也因所有权人和控制权人目标不一致损害了公司价值而饱受诟病。现代企业制度下的委托代理问题导致的企业非效率投资是公司价值损失的重要诱因之一,该理论主要对企业非效率投资的原因及企业投资效率的提升等问题从事后道德风险的角度进行了探讨和分析,这一因果关系受到了学者们的持续关注。

Jensen and Meckling(1976)指出企业管理者与其投资者之间的利益冲突源于企业所有权与管理权的分离,基于自身利益最优化的企业管理

---

① Thierry Foucault, Laurent Fresard. Learning from peers' stock prices and corporate investment[J]. Journal of Financial Economics, 2014, 111(3): 554-577.

② Jianlei Han, Zheyao Pan. CEO inside debt and investment-cash flow sensitivity [J]. Accounting & Finance, 2015(1): 1-21.

者的决策,可能会与投资者利益最优化的原则相违背①。在此基础上,Jensen(1986)提出了现金流量假说,指出企业的管理者往往不会把大量的自由现金反馈给股东,而是用于扩大企业的投资规模,进而增加其控制的资源和薪酬②。Murphy 等(1989)从管理者防御动机的角度出发,运用其构建的数学模型对企业的投资行为进行了研究③。实证分析结果表明,企业的管理者往往会基于其背景和工作经验进行一些专用性投资,进而增强其在企业中的地位和增加其薪酬。

Stulz(1990)通过数学分析发现代理问题也可能会使企业产生投资不足的问题④。Devereux and Schiantarelli(1990)对伦敦证券交易所 700 余家企业进行了重点分析,结果表明规模比较大的企业的"投资—现金流"敏感性普遍较高,其原因主要是企业的规模越大则其股权结构越分散,进而其代理问题表现得越严重⑤。Strong and Meyer(1990)在将企业的投资行为划分为维持投资和随意投资的基础上对企业的投资行为进行了实证分析,结果表明企业的剩余现金越多,往往表现出越为严重的任意投资问题⑥。Aghion and Blanchard(1994)以《华尔街日报》指数中的信息为基础,选择法律胜诉而获得经济赔偿的企业进行分析,结果表明这一营业外收入不仅没有增加企业股利或者是股票回购,反而使得银行长期贷

---

① Jensen Michael C, Meckling William H. Theory of the firm: managerial behavior, agency costs, and capital structure[J]. The Journal of Finance,1976,3(4): 305-360.

② Jensen Michael C. Agency costs of free cash flow, corporate finance and takeovers[J]. American Economic Review,1986,76(2): 323-329.

③ Kevin M. Murphy, Andrei Shleifer, Robert W. Vishny. Industrialization and the Big Push[J]. The Journal of Political Economy,1989,97(5): 1003-1026.

④ René M. Stulz. Managerial discretion and optimal financing policies[J]. Journal of Financial Economics,1990,26(1): 3-27.

⑤ Michael Devereux, Fabio Schiantarelli. Investment, Financial Factors, and Cash Flow: Evidence from U.K. Panel Data[J]. Asymmetric Information, Corporate Finance, and Investment,1990: 279-306.

⑥ Strong J. S, J. R. Meyer. Sustaining Investment, Discretionary Investment and Valuation: A Residual Funds Study of the Paper Industry[J]. Asymmetric Information, Corporate Finance, and Investment,1990: 3-20.

款进一步增加①。Harford(1999)从企业的并购行为出发研究了企业投资受到代理成本影响的问题,企业拥有越多的现金流和越严重的代理问题,那么它们越倾向于对其他企业进行收购,然而这一行为并未改善企业的股票收益率及其财务经营业绩②。

Bates(2005)对20世纪90年代出售附属公司的企业进行了实证分析,结果表明因出售行为而获取大量资金并被管理者管理和支配的企业往往会进行更多的过度投资行为③。考虑到实证分析企业样本过少以及企业正常投资和过度投资的划分问题对企业投资效率分析结果的影响,Richardson(2006)将企业的总投资划分为资本投资和新增投资两部分,并进一步将新增投资划分为负投资和预期正常增加的投资,并选取了近6万个样本进行回归分析,结果表明,在企业的自由现金流中,约有20%被用于过度投资,约有40%被管理者以某种形式留用④。Richardson进一步对公司治理结构对企业过度投资行为的影响进行了实证分析,结果表明大部分公司治理指标没有对企业的过度投资产生有效的控制作用。

Tian(2011)研究发现风险投资人距离所投资的创业企业较远时,在选择投资策略时,往往倾向于采用多轮次投资,每轮次投资的额度较小、持续时间较短。这种投资策略也被证明使得创业企业更容易IPO,IPO后运行绩效更加突出、企业存活率更高⑤。对于内在机制的探讨则认为对监管不便的创业企业的多轮次小额度投资更能减少委托代理问题对创

---

① Aghion,Blanchard. On the Speed of Transition in Central Europe[R]. NBER working paper,1994(4736).

② J. Harford. Corporate Cash Reserves and Acquisitions[J]. The Journal of Finance,1999(6): 1969-1997.

③ Thomas W. Bates. Asset Sales,Investment Opportunities,and the Use of Proceeds [J]. The Journal of Finance,2005(1): 105-135.

④ Richardson S. Over-investment of free cash flow[J]. Review of Accouting Studies,2006,11(2): 159-189.

⑤ Xuan Tian. The causes and consequences of venture capital stage financing[J]. Journal of Financial Economics,2011,101(1): 132-159.

业企业的价值损害,从而获得了较高的投资效率。Fang 等(2014)以美国证券市场为研究对象,发现股票的流动性更易于给企业高管带来压力:敌意收购风险的增加,以及搭便车的机构投资者持股的增加①。这些压力使得企业高管在投资决策时更加短视,进而削减创新投入。然而,同样从委托代理视角出发,Muñoz(2013)以拉丁美洲的证券市场为背景检验市场流动性与公司投资效率的关系,发现相比同行业其他公司,具有较高交易量的上市公司,信息更加透明,委托代理冲突得到一定程度的缓解,具有更低的资本成本优势,管理者更易于高效率地进行投资决策②。从短视理论出发,Asker 等(2015)通过研究指出上市公司的高管相对于非上市公司高管,更容易从自身利益最大化的动机出发在投机决策时选择短视③。作者通过对比上市公司和私人公司发现,当面对投资机会时,上市公司往往反应更加迟钝,并且更可能投资不足。原因主要在于,管理者从自身薪酬和职业安全考虑,更愿意通过提高短期绩效,迎合市场投资者以提高估价,获得股东的认可,而不是承担风险去涉足高风险和不确定性的投资领域。

相同的研究主题和相同的研究视角带来的结论迥异提醒研究者应作如下反思:不同的制度背景下,委托代理问题可能表现为不同的形式,基于委托代理视角下的投资行为研究不容回避的环节是深入制度背景以探讨机制的合理性与适用性。

1.2.1.3 基于行为金融学的视角

目前,学者们主要从企业投资者的非理性与企业管理者的非理性这

---

① Vivian W. Fang, Xuan Tian, Sheri Tice. Does stock liquidity enhance or impede firm innovation[J]. Journal of Finance,2014,69(5):2085-2125.

② Francisco Muñoz. Liquidity and firm investment: Evidence for Latin America [J]. Journal of Empirical Finance,2013,20(1):18-29.

③ J. Asker, J. Farre-mensa, A. Ljungqvist. Corporate investment and stock market listing: A puzzle? [J] Review of Financial Studies,2015,(28):342-390.

两个角度来分析企业投资行为受到非理性的影响。对于投资者非理性的研究主要集中在投资者情绪上。欧美成熟的市场经验表明,企业的投资行为主要通过两种路径受到投资者情绪的影响:一种是基于股权依赖渠道的间接路径,一种是基于迎合渠道的直接路径。

Baker and Gompers(2003)选取 20 世纪 80 年代和 90 年代的 5 万多个样本企业对股权依赖渠道进行了实证分析,研究结果表明企业对外部股权融资的依赖程度与托宾 Q 的系数正相关①。Gilchrist 等(2005)基于对非理性投资者情绪波动的盈余方差测度和分析,结果表明企业管理者往往会借助于投资者非理性的情绪高涨所引发的证券市场泡沫实施股权再融资,进而降低其融资成本和增加其真实投资②。Polk and Sapienza(2009)运用数学模型对这一机制进行了理论分析和实证检验,结果表明企业管理者往往会迎合投资者的情绪,如果投资者的情绪较为高涨,则实施扩大投资策略,如果投资者的情绪较为低落,则实施降低投资规模的策略,从而避免给管理者自身带来不利的经济后果③。对于管理者的非理性的研究主要集中在过度自信、过度乐观、锚定效应、框架依赖等几个方面。

Roll(1986)首先将传统的财务金融理论研究延伸至企业管理者的过度自信方面,他指出过度自信可以有效地解释过度投资问题④。Heaton(2002)运用两阶段数学模型分析发现企业管理者的过度自信是造成企业过度投资行为的重要原因,管理者的过度自信往往会导致投资收益的高估和投资风险的低估⑤。Malmendier and Tate(2005)从高级管理人员

---

① M. Baker, P. Gompers. The Determinants of Board Structure at the Initial Public Offering[J]. Journal of Law & Economics, 2003, 46(2): 569-598.

② Simon Gilchrist, Charles P. Himmelberg, Gur Huberman. Do stock price bubbles influence corporate investment? [J]. Journal of Monetary Economics, 2005(4): 805-827.

③ Christopher Polk, Paola Sapienza. The stock market and corporate investment: A test of catering theory[J]. The Review of Financial Studies, 2009, 22(1): 187-217.

④ Richard Roll. The Hubris Hypothesis of Corporate Takeovers[J]. Journal of Business, 1986, 59(2): 197-216.

⑤ J. B. Heaton. Managerial optimism and corporate finance[J]. Financial Management, 2002, 31(2): 33-45.

放弃到期期权以及在证券市场表现良好时不执行期权等两个角度对企业管理者的过度自信进行了衡量,结果发现管理者的过度自信会使其对投资项目的收益进行高估,从而使得投资规模进一步扩大①。当他们拥有充足的内源资金时往往过度投资,而必须使用外源资金时往往削减投资。更进一步的,Malmendier and Tate(2008)研究了管理者的过度自信对企业兼并行为的影响,得出了与之一致的结论,即过度自信的管理者在内源资金充分的情况下更会进行有损于企业价值的兼并行为②。Ben-David等(2007)从盈余预测偏差的角度对企业管理者的过度自信进行衡量,结果表明管理者的过度自信往往使企业有较高的投资规模③。Glaser等(2007)对德国的上市企业进行了重点分析,结果表明管理者的过度自信会导致过于频繁的投资行为,进而使得企业的投资规模扩大④。Hirshleifer等(2012)借助实物期权的分析思想,构建出动态模型进行分析后发现,企业管理者的过度自信很容易导致过度投资行为的发生⑤。Panousi and Papanikolaou(2012)研究发现对经理人较高的权力激励后经理人将更加努力,但与此同时经理人更可能将其他高管置于较高的异质性风险之中,如果这些高管是风险规避者,他们会减少投资以应对风险和不确定性,从而导致次优的投资策略⑥。而这种投资问题会在经理人受到期权激励时

---

① Ulrike Malmendier, Geoffrey Tate. CEO overconfidence and corporate investment [J]. The Journal of Finance, 2005, 60(6): 2661-2700.

② Ulrjke Malmendier, Geoffrey Tate. Who makes acquisitions? CEO overconfidence and the market's reaction[J]. Journal of Financial Economics, 2008, 89(1): 20-43.

③ Itzhak Ben-David, John R. Graham, Campbell R. Harvey. Managerial Overconfidence and Corporate Policies[R]. NBER Working Paper, 2007(13711).

④ M. Glaser, P. Schafers, M. Weber. Managerial Optimism and Corporate Investment: Is the CEO Alone Responsible for the Relation? [R] Mannheim: Mannheim University, 2007.

⑤ David Hirshleifer, Angie Low, Siew Hong Teoh. Are Overconfident CEOs Better Innovators? [J]. The Journal of Finance, 2012, 67(4): 1457-1498.

⑥ Vasia Panousi, Dimitris Papanikolaou. Investment, idiosyncratic risk, and ownership[J]. The Journal of Finance, 2012, 67(3): 1113-1148.

而非股权激励时得到显著缓解。Cassell 等(2012)从 CEO 的个人特质出发,研究 CEO 的年龄如何影响企业政策风险性,发现随着 CEO 年龄的增长,其承担风险的意愿不断降低,年长的 CEO 更不愿意制定高风险的投资政策,在兼并战略时更倾向于多元化的选择以分散风险①。

这些研究成果深入到以 CEO 为主要代表的高管的心理和行为层面来探讨投资行为、投资效率和投资风格偏好,充分指明了基于委托代理视角难以解释投资偏好差异的重大缺陷,为代理人激励相容、减少道德风险提供了理论支撑,为更好配置和积累人力资本优势提供了明晰的政策意义。

1.2.2 国内文献综述

与欧美国家相比,我国企业的非效率投资问题表现得更为严重:一方面,企业代理问题极为突出;另一方面,信息的不对称性极为严重。这与我国特殊的市场制度环境有着密不可分的关系。

1.2.2.1 基于信息不对称的视角

潘敏和金岩(2003)指出与欧美等发达国家和地区成熟的市场经济体制相比,我国企业的股权结构存在诸多的差异:一方面,在不考虑信息不对称因素的情况下,我国特殊的股权制度在客观上造成了股票实际价值低于其价格的现象,进而导致过度投资行为的发生;另一方面,在考虑信息不对称因素影响的情况下,企业过度投资发生的可能性会更大②。魏锋和刘星(2004)采用基于现金股利支付率等五个主要财务指标的判

---

① Cory A. Cassell, Shawn X. Huang, Michael D. Stuart. Seeking safety: The relation between CEO inside debt holdings and the riskiness of firm investment and financial policies[J]. Journal of Financial Economics, 2012, 103(3): 588-610.

② 潘敏,金岩. 信息不对称、股权制度安排与上市公司过度投资[J]. 金融研究, 2003(1): 36-45.

别值对企业的融资约束问题进行了分析,结果表明企业如果面临融资约束问题,那么其"投资—现金流"敏感性往往较高①。连玉君和苏治(2009)以2000—2006年间的700余家企业为研究对象,运用异质性随机前沿模型对它们的投资效率进行了测算,发现融资约束问题造成我国上市企业的投资规模相较于其最优水平降低了约20%~30%,而且规模较小的企业以及西部地区的企业所表现出的融资约束问题更为突出②。沈洪波(2010)等研究发现金融发展水平可以降低企业的融资约束问题,而且这一作用在民营控股企业表现得更为明显③。

李万福等(2011)基于企业整改过程中的自查报告及披露的内部控制缺陷对企业内部控制与投资效率的关系进行了实证分析,检验结果表明企业内部控制制度的逐步完善会有效降低投资不足和投资过度等问题④。张宗益和郑志丹(2012)指出传统的投资效率的测度模型无法定量地对由于融资约束以及代理成本所产生的非效率投资进行有效的测算,他们采用前沿异质性双边随机边界模型对投资效率进行了实证分析,检验结果表明59.2%的企业存在投资不足的问题,40.8%的企业存在投资过度的问题;与企业的最优投资规模相比,企业的实际投资由于代理问题的存在偏高了30.6%,由于融资约束问题的存在偏低了37.5%,我国企业从整体上表现出投资不足的现象⑤。同时,企业的规模及其所处区域也会对因代理问题和融资约束问题而产生的投资过度或投资不足的程度造成了一定的影响,而且企业的融资约束及其投资不足的问题也可以

---

① 魏锋,刘星.融资约束、不确定性对公司投资行为的影响[J].经济科学,2004(2):35-43.
② 连玉君,苏治.融资约束、不确定性与上市公司投资效率[J].管理评论,2009(1):19-26.
③ 沈洪波,寇宏,张川.金融发展、融资约束与企业投资的实证研究[J].中国工业经济,2010(6):55-64.
④ 李万福,林斌,宋璐.内部控制在公司投资中的角色:效率促进还是抑制?[J]管理世界,2011(2):87-99.
⑤ 张宗益,郑志丹.融资约束与代理成本对上市公司非效率投资的影响——基于双边随机边界模型的实证度量[J].管理工程学报,2012(2):119-126.

因为企业流动资产净额及其资本存量的增加而得到一定程度的改善。郭琦和罗斌元(2013)在融资约束的假定下构建出较客观测度投资效率的单边随机边界模型,通过实证分析检验了会计信息质量对投资效率的影响,结果表明提高会计信息质量对提升企业的投资效率有帮助①。刘行和叶康涛(2013)采用我国上市公司1999—2010年的数据,研究表明企业的避税程度与非效率投资额显著正相关,企业避税引发了过度投资,且完善的公司治理机制可以抑制避税对过度投资的影响②。蔡吉甫(2013)以我国经济转型以及会计制度改革为背景,对2003—2010年上市公司进行实证分析,探讨了会计信息提高公司投资效率的微观机理及其演变趋势,研究结果表明国有控股公司的投资扭曲程度显著高于民营控股公司③。

狄为和乔晓杰(2014)基于Richardson模型,从管理层权力视角出发,研究了信息披露质量与企业层面投资效率间的内在关系④。研究结果表明,在非效率投资的企业样本中,企业信息披露的质量越高,那么它们的投资效率往往也越高。肖珉等(2014)将信息不对称以及制度约束纳入研究框架,研究和分析了不同产权制度企业的资本投资效率问题。研究结果表明,地方国有企业更有可能出现"现金流富余—投资过度"相关性,缓解道德风险的公司治理和减少政府干预的政府治理有利于改善其投资效率;非国有企业更有可能出现"现金流不足—投资不足"相关性,为解决逆向选择而增强信息透明度和为克服制度性金融歧视而改善融资条件均有助于提高其投资效率⑤。罗斌元(2014)阐述了会计信息

---

① 郭琦,罗斌元. 融资约束、会计信息质量与投资效率[J]. 中南财经政法大学学报,2013(1): 102-109.
② 刘行,叶康涛. 企业的避税活动会影响投资效率吗?[J] 会计研究,2013(6): 47-53.
③ 蔡吉甫. 会计信息质量与公司投资效率——基于2006年会计准则趋同前后深沪两市经验数据的比较研究[J]. 管理评论,2013,25(4): 166-176.
④ 狄为,乔晓杰. 管理层权力、信息披露质量与投资效率[J]. 工业技术经济,2014(3): 58-65.
⑤ 肖珉,任春艳,张芬芳. 信息不对称、制度约束与投资效率——基于不同产权安排的实证研究[J]. 投资研究,2014,33(1): 24-34.

质量作用于企业投资效率的机理,研究发现会计信息通过融资约束、代理问题、投资机会识别渠道作用于企业投资效率,高质量的会计信息能够提高企业投资效率①。张琛和刘银国(2015)从公司投资行为视角考察会计稳健性对自由现金流代理成本的影响,其研究结果表明,非效率投资在我国企业普遍存在;较高的会计稳健性具有抑制非效率投资的作用,并在一定程度上降低了自由现金流的代理成本②。李海凤和史燕平(2015)以深市上市公司2003—2012年的数据为样本,从行业和公司两个层面实证检验上市公司信息披露质量对资本配置效率的影响③。

1.2.2.2 基于委托代理理论的视角

饶育蕾和汪玉英(2006)采用2001—2003年非金融类上市企业作为研究样本,分析了"投资—现金流"敏感性受到企业股权结构影响的程度,研究结果表明大股东持股比例与"投资—现金流"敏感性呈负相关关系,而且当企业属于国有控股时,这一现象表现得更为明显④。魏明海和柳建华(2007)指出第一大股东的持股比例与企业的过度投资行为之间表现出"倒U"形关系,并在此基础上研究分析了国有控股上市企业的现金股利与其过度投资行为之间的关系⑤。其研究结果表明,企业的管理者因现金股利的发放而导致由其控制的自由现金流减少,一定程度上对其过度投资行为起到了抑制作用。而且较低的政府干预程度和良好的法制环境对于降低企业的非效率投资行为具有重要的促进作用。安灵等

---

① 罗斌元.会计信息质量对企业投资效率的作用机理[J].商业研究,2014(6):64-75.

② 张琛,刘银国.会计稳健性与自由现金流的代理成本:基于公司投资行为的考察[J].管理工程学报,2015,29(1):98-105.

③ 李海凤,史燕平.信息披露质量影响资本配置效率实证检验[J].重庆大学学报(社会科学版),2015,21(2):42-47.

④ 饶育蕾,汪玉英.中国上市公司大股东对投资影响的实证研究[J].南开经济评论,2006(5):67-73.

⑤ 魏明海,柳建华.国企分红、治理因素与过度投资[J].管理世界,2007(4):88-95.

(2008)以2001—2005年的700多家上市企业为研究样本,运用以海洋博弈模型为基础测算出的Shapley指数对样本企业的股权集中度以及其制衡程度进行了计算,检验结果表明,在对企业的非效率投资行为的影响上,第一大股东的实际控制力的作用表现出先减弱后增强再进一步减弱的非线性变化趋势;而且,股权制衡对企业过度投资的抑制作用在民营企业以及县属企业中表现得更为明显①。程仲鸣等(2008)的研究结果表明,在法律环境不完善的条件下,采用金字塔式的股权结构连接方式可以在一定程度上对企业的过度投资行为起到有效的抑制作用②。俞红海等(2010)采用动态模型分析方法对企业的过度投资行为进行了研究,分析结果表明,企业的控制权和现金流权的分离程度与其过度投资行为呈现出正相关关系,这一现象在国有企业表现得更为明显③。同时,企业可以采取提升现金流权的水平、增加独立董事的比例等途径来对企业的过度投资行为进行一定程度的抑制。窦炜等(2011)从绝对控股大股东和多个大股东共同控股两种不同的模式出发研究了企业的投资效率受到股权制衡的影响程度,实证分析结果表明,在绝对控股大股东的股权制衡模式下,企业过度投资的非效率投资行为发生的概率会明显降低,在多个大股东共同控股的股权制衡模式下,企业的过度投资行为表现得更为严重④。

从理论上讲,作为公司治理机制的重要组成部分之一,企业激励机制的丰富和完善可以有效地协调企业内部控制人和外部投资者之间的利益关系,对二者之间的代理矛盾的缓解具有积极的作用。辛清泉等(2007)选取2000—2004年的上市企业为研究样本,以管理者薪酬作为切入点研

---

① 安灵,刘质,白艺昕. 股权制衡、终极所有权性质与上市企业效率投资[J]. 管理工程学报,2008(2):122-129.

② 程仲鸣,夏新平,余明桂. 政府干预、金字塔结构与地方国有上市公司投资[J]. 管理世界,2008(9):37-47.

③ 俞红海,徐龙炳,陈百助. 终极控股股东控股权与自由现金流过度投资[J]. 经济研究,2010(8):103-114.

④ 窦炜,刘星,安灵. 股权集中、控制权配置与公司非效率投资行为——兼论大股东的监督抑或合谋?[J]. 管理科学学报,2011(11):81-96.

究了其对投资效率的影响,并对其投资过度与投资不足的问题进行了测算,检验结果表明,管理者现金薪酬与企业的过度投资水平呈现出负相关关系①。但是管理者现金薪酬在央企和民企中表现的效果较差。吕长江和张海平(2011)选取2006—2009年实施股权激励的企业作为研究样本,以股权激励作为切入点对其影响投资效率的程度进行了研究,检验结果表明企业实施股权激励政策可以提高其投资效率,这主要是股权激励政策的实施减少了管理者与股东之间的利益冲突,缓解了企业的委托代理问题②。于文超等(2012)选取2004—2009年的非金融类上市企业作为研究样本,以企业高管参政议政为切入点研究了其对国有企业管理者工作积极性的影响,实证检验结果表明企业的高管参政议政对企业的过度投资行为具有明显的抑制作用,但是这一作用受当地制度环境的约束较为明显③。

刘昌国(2006)对管理者持股比例、独立董事比例影响企业过度投资行为的问题进行了研究,实证检验结果表明这两大因素对企业的过度投资行为具有一定的抑制作用,但是机构投资者的持股比例越高,企业的过度投资行为越明显,这与其和企业内部控制人的合谋行为及其市场投机行为有密切的关系④。唐雪松等(2007)以2000—2002年制造业上市企业作为研究对象,对其过度投资问题进行了研究,检验结果表明企业管理者的持股比例以及控股股东的股权性质对抑制企业的过度投资行为具有积极的作用⑤。覃家琦(2010)研究了企业的战略委员会对其过度投资

---

① 辛清泉,林斌,王彦超.政府控制、经理薪酬与资本投资[J].经济研究,2007(8):110-122.

② 吕长江,张海平.股权激励计划对公司投资行为的影响[J].管理世界,2011(11):118-126.

③ 于文超,李任玉,何勤英.国有企业高管参政议政、政治激励与过度投资[J].经济评论,2012(6):65-73.

④ 刘昌国.公司治理机制、自由现金流与上市公司过度投资行为研究[J].经济科学,2006(4):50-58.

⑤ 唐雪松,周晓苏,马如静.上市公司过度投资行为及其制约机制的实证研究[J].会计研究,2007(7):44-52.

行为的影响,结果表明企业的战略委员会对其过度投资行为具有一定的推动作用,但是随着战略委员会学历层次的不断提高、年龄层次的不断增大,这一作用会相对减弱①。李云鹤等(2011)从企业的生命周期的视角出发,选取2002—2007年的6000家企业作为样本,对处于生命周期不同阶段的企业的投资效率受到其治理结构影响的问题进行了实证分析,检验结果表明过度投资行为在企业的成长期表现得比较严重,而在企业的成熟期及衰退期则有所缓解,但是企业的投资不足问题受到生命周期影响的程度不大②。吴超鹏等(2012)以2002—2009年的近1400家企业作为研究样本对企业的投资效率受风险投资影响的问题进行了研究,实证检验结果表明风险投资的存在对于抑制企业的过度投资及投资不足问题具有积极的作用③。王茂林等(2014)以2006—2011年上市企业作为研究样本,对企业现金股利的分配受管理层权力影响的问题进行了研究,结果表明管理层权力削弱了现金股利对企业非效率投资的影响④。

贾海涛(2013)通过构建博弈模型和委托代理模型对政府、银行各方的行为倾向对中小企业融资效率的影响进行了分析⑤。李莉等(2014)以控制幻觉理论为基础,从管理者过度自信的视角分析并检验了公司治理的内部监督机制对过度投资行为的影响路径,其研究结果表明管理者过度自信是企业产生过度投资行为的重要原因,而董事长和总经理两职分离则对企业的过度投资行为产生了显著的抑制作用⑥。董红晔和李小

---

① 覃家琦. 战略委员会与上市公司过度投资行为[J]. 金融研究,2010(6):124-142.

② 李云鹤,李湛,唐松莲. 企业生命周期公司治理与公司资本配置效率[J]. 南开管理评论,2011(3):110-121.

③ 吴超鹏,吴世农,程静雅. 风险投资对上市公司投融资行为影响的实证研究[J]. 经济研究,2012(1):105-119.

④ 王茂林,何玉润,林慧婷. 管理层权力、现金股利与企业投资效率[J]. 南开管理评论,2014(2):13-22.

⑤ 贾海涛. 政府行为与中小企业融资困境破解——基于序列博弈和委托代理的研究[J]. 西安电子科技大学学报(社会科学版),2013,23(6):42-49.

⑥ 李莉,关宇航,顾春霞. 治理监督机制对中国上市公司过度投资行为的影响研究——论代理理论的适用性[J]. 管理评论,2014,26(5):139-148.

荣（2014）从高管权力视角出发，借助社会心理学理论、委托代理理论和高管权力理论解释国有企业过度投资严重的问题，其实证研究表明，高管权力的增大是国有企业过度投资严重的重要影响因素，特别是当政府干预低时，高管权力能很好地解释国有企业的过度投资问题①。杨招军等（2015）采用实物期权与均衡定价理论，研究委托—代理冲突下的企业投融资决策问题。该研究考虑管理者拥有企业投融资决策权时，其如何同时选择投资时机、投资规模及资本结构，分析了管理者持股与项目风险（不确定性）对企业非效率投融资的影响②。

1.2.2.3 基于行为金融学的视角

郝颖等（2005）以2001—2003年的900余家企业作为研究样本对企业管理者过度自信行为对企业投资行为的影响进行了实证分析，结果表明管理者的过度自信会导致企业的投资水平提升，同时也会表现出较高的"投资—现金流"敏感性③。姜付秀等（2009）选取2003—2005年的近500家企业对企业管理者特征和企业投资效率之间的关系进行了实证分析，结果表明管理层的学历层次与年龄层次与企业的过度投资呈现出负相关关系，但是如果企业有具有经济与管理类教育背景的高级管理人员，尤其是董事长，那么它的过度投资问题往往比较严重④。花贵如等（2010）以我国证券市场为基础对投资者情绪影响企业投资行为的程度及其所引发的经济后果进行了实证分析，检验结果表明投资者情绪一方面会加剧企业的过度投资行为，另一方面也会对企业的投资不足问题予

---

① 董红晔,李小荣. 国有企业高管权力与过度投资[J]. 经济管理,2014,36(10): 75-87.

② 杨招军,夏鑫,甘柳. 委托代理冲突下的企业投融资决策[J]. 经济数学,2015,32(2): 7-14.

③ 郝颖,刘星,林朝南. 我国上市公司高管人员过度自信与投资决策的实证研究[J]. 中国管理科学,2005(10): 142-148.

④ 姜付秀,伊志宏,苏飞. 管理者背景特征与企业过度投资行为[J]. 管理世界,2009(1): 130-139.

以缓解①。在此基础上,花贵如等(2011)引入企业管理者和外部投资者的有限理性,从心理学的角度对投资者情绪所产生的对企业投资行为的影响进行了分析,并以 2002—2008 年的企业为研究样本进行了实证分析②。

李云鹤和李湛(2011)对我国企业过度投资行为的主要原因进行了实证分析,结果表明代理问题是导致我国企业过度投资的最主要原因,同时管理者的过度自信也会影响企业的投资行为③。朱磊和唐蓓(2011)选取 2007—2009 年的上市企业对企业董事会的治理结构和投资效率之间的关系进行了研究,实证结果表明管理者的过度自信程度越高,企业的过度投资行为越严重④。陈运森和谢德仁(2011)深入研究了独立董事制度对企业投资效率的影响,检验结果表明独立董事的网络集中度与企业抑制过度投资、缓解投资不足的能力呈现出正相关关系,但是在具有较强政府干预的地域,这一作用会明显减弱⑤。李焰等(2011)以 2004—2009 年的非金融类上市企业作为研究对象,对企业管理者的背景特征与企业的投资行为及企业经营业绩之间的关系进行了实证分析,检验结果表明管理者的年龄越大、任期越长,其投资行为越趋保守,投资效率越趋低下⑥。刘志远和靳光辉(2013)对股权集中制度背景下企业的投资效率受到投资者情绪影响的问题进行了研究,实证分析结果表明股东持股

---

① 花贵如,刘志远,许骞. 投资情绪、企业投资行为与资源配置效率[J]. 会计研究,2010(11): 49-55.
② 花贵如,刘志远,许骞. 投资者情绪、管理者乐观主义与企业投资行为[J]. 金融研究,2011(9): 178-191.
③ 李云鹤,李湛. 自由现金流代理成本假说还是过度自信假说?——中国上市公司投资—现金流敏感性的实证研究[J]. 管理工程学报,2011(3): 155-161.
④ 朱磊,唐蓓. 董事会治理、CEO过度自信与企业过度投资行为——基于2007—2009 面板数据的实证分析[C]. 中国会计学会 2011 学术年会论文集.
⑤ 陈运森,谢德仁. 网络位置、独立董事治理与投资效率[J]. 管理世界,2011(7): 113-127.
⑥ 李焰,秦义虎,张肖飞. 企业产权、管理者背景特征与投资效率[J]. 管理世界,2011(1): 135-143.

比例和企业两权分离程度对投资者情绪影响企业非效率投资的问题具有调节作用①。崔晓蕾等(2014)基于中国沪、深两市上市公司1998—2010年的样本数据,从过度投资的视角研究了投资者情绪对企业资源配置效率的影响,并进一步分析了容易受到投资者情绪影响而产生过度投资行为的企业类型②。研究结果表明,在中国市场上投资者情绪对公司过度投资行为有显著的影响。李永壮(2014)以金融相关理论为突破点,从投资决策心理机制出发,按照投资决策中管理者所具有的过度自信、嫉妒心理、风险规避、羊群效应等非理性典型心理特征,分别探讨其所导致的企业投资异化行为及造成的企业价值增长或毁损问题③。

通过以上文献可以看出,国内外的学者们对经济领域存在的大量非效率投资问题已从多种理论角度出发进行了解释和分析。首先,是借助于信息经济学相关理论,主要包括委托代理理论以及信息不对称理论;其次,学者们突破了理性人假说的限制,开始从投资者和管理者非理性的角度来研究企业的投资行为,主要包括投资者情绪以及管理者过度自信等视角;最后,学者们开始关注管理者的个人特征对企业的投资效率的影响,主要包括管理者的年龄、教育背景等。

1.2.3 国内外研究述评

根据国内外学者的研究成果可以看出,关于企业投资效率问题的研究已经相对成熟。然而,混合所有制企业是我国经济发展的主力军,对具

---

① 刘志远,靳光辉. 投资者情绪与公司投资效率——基于股东持股比例及两权分离调节作用的实证研究[J]. 管理评论,2013(5):82-91.
② 崔晓蕾,何婧,徐龙炳. 投资者情绪对企业资源配置效率的影响——基于过度投资的视角[J]. 上海财经大学学报,2014,16(3):86-94.
③ 李永壮. 管理者非理性行为对企业投资影响研究[J]. 南开学报(哲学社会科学版),2014(4):150-156.

有中国特色的混合所有制企业的投资效率问题的研究还远远不够。在以往的研究中,其研究对象多少会涉及混合所有制企业,但是仅仅将其作为一般的企业来进行研究,并未能充分挖掘混合所有制企业的独特性质,进而研究这些性质对管理者行为、投资者行为以及企业投资行为的影响。研究我国混合所有制企业的投资问题最根本的目的就是解决混合所有制企业的发展问题,促进我国经济体制改革目标的实现,通过对企业微观行为的研究来解决宏观上的经济发展问题,通过突出企业的财务管理目标来帮助国家经济发展目标的实现。混合所有制企业作为我国社会主义市场经济体制中一种重要的企业制度,其良好发展必将为整个国家的经济发展增添新的活力与动力。

虽然混合所有制企业是我国一种重要的企业制度形式,但是根据其产业、行业类别的不同,其经营领域也具有极大的差异。考虑到各个产业、各个行业具有不同的经济特色,在进行投资效率的相关研究时必须加以区分。在以往的研究中,这方面研究工作做得很不充分。

就目前而言,对混合所有制企业投资内涵及其投资行为的研究,包括对其经营效果的考察和度量,需要在以往企业投资行为研究的基础上进行更全面深入的分析。从微观层面来看,在对企业的投资效率进行实证模型分析时,仅仅以对内投资项目的相关基础财务指标作为评价变量,而对外投资指标、人力资本以及债权股权结构等因素往往没有进行充分考量。从宏观层面来看,一方面对经济波动的影响没有加以考量,另一方面反映市场风险因素的经济政策等相关指标也没有进行针对性的充分考察。此外,在从企业内部对影响企业投资效率的因素进行分析时,现有的研究成果仅仅对投资效率均值进行回归分析,而没有分析企业投资效率水平的不同和相关影响因素的差异。考虑到混合所有制企业的制度结构的特殊性,混合所有制企业需要对其进行充分的挖掘和利用,进而使其制度的特殊性发挥更大的作用,通过进一步规范混合所有制企业的投资行为,进一步提升混合所有制企业的投资效率。

1.3 主要研究内容

本书试图在我国建设具有中国特色社会主义市场经济体系的背景下,对我国混合所有制企业的投资效率问题进行研究和分析,具体内容如下:

(1)对我国混合所有制企业投资效率影响因素进行分析。首先对其外部影响因素进行分析,主要从宏观经济环境、宏观经济政策等方面对我国混合所有制企业的投资效率进行相关分析。接着对其内部影响因素进行分析,主要从公司治理、融资途径、资产特性、产品市场等方面对我国混合所有制企业的投资效率进行相关分析。

(2)宏观经济波动对企业投资行为的影响机制。首先从宏观经济因素与企业行为的一般性分析出发,探讨宏观经济因素对企业投资的影响。接着运用实物期权理论分析宏观经济因素与企业投资行为的关系,包括经济危机对企业投资行为的影响。

(3)构建基于宏观经济波动的混合所有制企业投资效率评价模型。基于混合所有制企业的特性以及宏观经济波动的影响,建立基于宏观经济波动的企业投资效率评价模型,并从行业、规模、大股东特征以及区域特征等方面对混合所有制企业投资效率的特征进行分析。在此基础上从行业、规模、大股东特征以及经济区域四个角度对模型的有效性进行实证分析。

(4)对基于宏观经济波动的混合所有制企业投资效率的影响因素进行实证分析。首先对混合所有制企业投资效率与宏观影响因素的相关性进行分析。接着运用结构方程模型对混合所有制企业投资效率的微观影响因素进行实证分析。最后根据基于宏观经济波动的混合所有制企业投资效率的影响因素分析结果,有针对性地提出提升我国混合所有制企业投资效率的政策建议。

1.4 研究方法和技术路线

1.4.1 研究方法

考虑到基于宏观经济波动的混合所有制企业投资效率研究的独特性和复杂性,需要综合使用多种研究方法。

1.4.1.1 规范研究:文献归纳与演绎

本书的规范研究主要是通过对国内外相关文献的归纳和演绎来构建基于宏观经济波动的混合所有制企业投资效率的理论模型。通过详细分析和整理企业投资效率方面的理论研究成果,本书总结出以往研究中的主要结论与研究不足,并在此基础上进行创新,提出本书的理论基础;然后,结合我国混合所有制企业的投资现状,从理论层面上分析宏观经济波动对我国混合所有制企业投资效率的影响机制,并进一步构建基于宏观经济波动的混合所有制企业投资效率评价模型,为后续的实证研究提供理论框架与模型。

1.4.1.2 实证研究:统计分析与模型检验

(1)统计分析:为确保本文研究的规范性与科学性,首先需要对样本数据进行统计分析,其基本步骤主要包括:一是对样本数据进行描述性统计分析,用来分析样本企业的特征;二是探索性与验证性因子分析,用来进行指标体系的测试工作,对各项指标进行信度与效度检验;三是相关性分析,用来分析各指标之间的相关性。

(2)模型检验:对于基于宏观经济波动的混合所有制企业投资效率评价模型,我们主要采用回归分析和相关分析等从行业、规模、大股东特征以及经济区域四个角度对模型的有效性进行检验,并在此基础上对我国混合所有制企业投资效率的影响因素进行实证分析。

1.4.2 技术路线

本书的基本研究思路是:以宏观经济波动为逻辑起点,描述、归纳混合所有制企业的投资行为及其特点,分析比较混合所有制企业的投资效率及其影响因素。在此基础上,分析宏观经济波动对企业投资的影响机制,构建基于宏观经济波动的混合所有制企业投资效率评价模型,并对混合所有制企业投资效率的特征与影响因素进行分析。最后提出提升混合所有制企业投资效率的政策建议。本书的技术路线如图1-1所示。

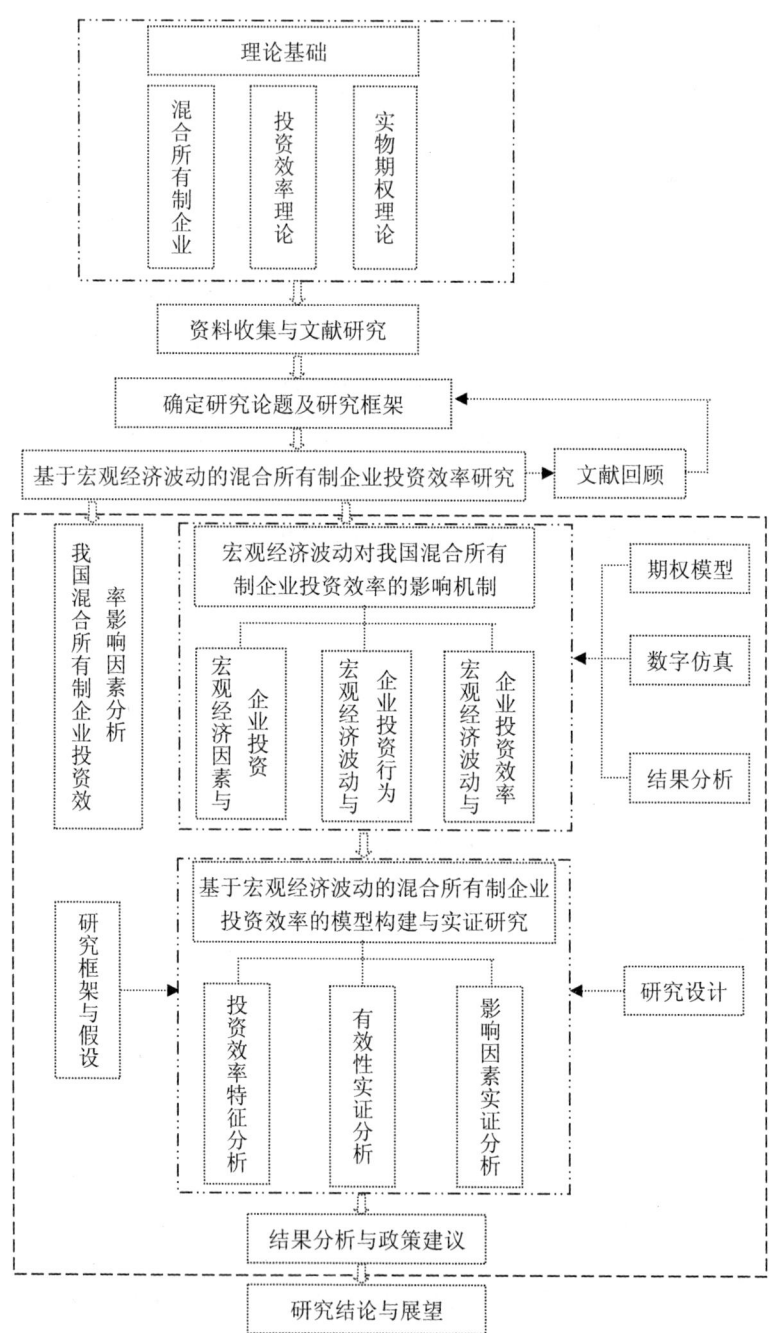

图 1-1 技术路线图

第 2 章　混合所有制企业与投资效率

2.1　混合所有制企业

2.1.1　混合所有制企业的内涵及其形式

随着改革开放的不断深入与发展,我国的所有制结构逐步从单一的公有制向多种所有制发展,特别是混合所有制在我国经济社会中的地位愈加突出。从宏观经济发展角度看,随着具有中国特色的社会主义市场经济体系的不断发展和完善,以公有制经济为主体、多种所有制经济并存发展的新型经济格局业已形成;从微观经济发展角度看,随着投资主体的多元化发展,不同的经济成分相互融合、相互渗透、相互促进,产生众多的混合所有制企业。作为一种新型的所有制形态,混合所有制介于公有制与私有制之间,基于二者发展衍生而来,形式上则表现为两种以上基本所有制的合并重组。作为一种特殊的产权制度,混合所有制适应了我国社会主义市场经济体制的发展需要,适应了投资主体多元化趋势渐涨、经济运行社会化程度加深的形势需要。当前学术界关于混合所有制的论述颇多,概括而言,混合所有制可以划分为宏观与微观两层含义。从宏观上来讲,混合所有制就是在国家的经济结构中公有制与非公有制并存发展的经济格局；从微观上来讲，混合所有制就是公有制与非公有制的产权主体共同出资形成的企业组织形式，换言之，混合所有制企业即为混合所有制在微观层面的具体体现。

混合所有制企业突破了行业、地域、所有制性质的制约与束缚，将国有资本、集体资本、个体资本、私营资本、国外资本以及其他社会法人资本进行混合，实现了不同所有制形式、地域以及所有者主体各自优势的相互融合。混合所有制企业既有别于传统意义上的国有企业，也不同于私营企业、外资企业；它一方面维持了国有企业的基本性质，另一方面融合了私营企业、外资企业的优势，可以按照市场经济的基本原则来进行运营和管理。根据我国的具体情况，混合所有制企业包含以下几种实现形式：兼具公有资本和私有资本的股份制企业、兼有公有资本和私有资本以及劳动联合性质的股份合作企业、中外合资经营企业、中外合作经营企业等。

按照国有资本与非国有资本融合的方式与层级，混合所有制企业可以划分为Ⅰ、Ⅱ、Ⅲ、Ⅳ等不同的形式①②。混合所有制企业Ⅰ是国有资本与非国有资本直接混合所产生的混合所有制企业；混合所有制企业Ⅱ是以混合所有制企业Ⅰ作为出资主体与其他非国有资本混合所产生的混合所有制企业；混合所有制企业Ⅲ、Ⅳ等依次类推。其中，不同层级的混合所有制企业作为出资主体所产生的新混合所有制企业，以出资方所处较高层级作为基准来确定其所处的层级，如图2-1所示。

本书所探讨的混合所有制企业系国有资本与非国有资本混合而产生的企业，包括混合所有制企业Ⅰ、Ⅱ、Ⅲ等不同的层级，特别是以国有控股、国有参股的股份制上市企业作为主要研究对象。

---

① 谢军，黄建华. 混合所有制经济下我国企业国有产权管理模式[J]. 中国市场，2010(52)：8-12.

② 谢军，黄建华. 试析中国混合所有制企业公司治理的特殊性[J]. 经济师，2012(10)：22, 30.

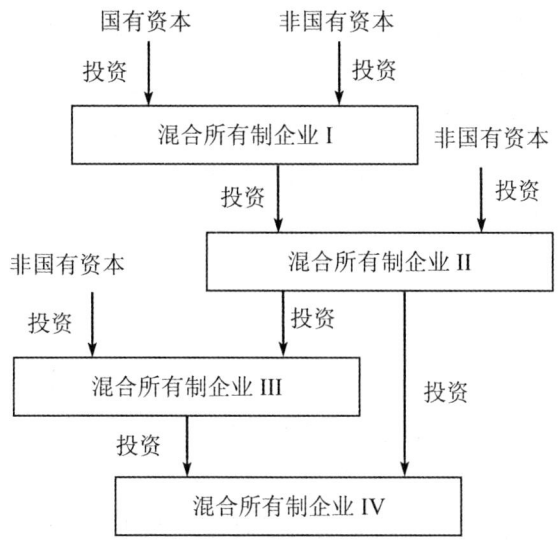

图 2-1 混合所有制企业的层级与资本混合形式

2.1.2 中国混合所有制企业产生和发展的历史进程

随着改革开放进程的逐步推进,我国关于所有制改革的理论也不断推陈出新。根据我国经济体制改革和所有制发展变化历程,大致可以把我国混合所有制企业的发展过程划分为三个阶段:

第一阶段为萌芽孕育阶段,大致时间为 1978 年至 20 世纪 90 年代初。在我国农村经济的发展过程中,萌发孕育出了混合所有制企业形态。我国的改革开放政策最先是在农村实施的。在当时的农村经济中,主要存在两种所有制形态,一是公有制,一是私有制。两种所有制形式的财产共同使用、收益共享、风险共担的联合方式,就是早期的混合所有制企业形态,这其中包括乡镇集体所有企业与国有企业、个体企业的联合经营以及村属企业与个体企业的联合经营,等等。伴随着改革开放进程的不断加快,在农村经济中出现了新的混合所有制企业形态,即农村的合作社,农民们把十分有限的生产资源进行集中,提升了他们的生产力水平。另外，乡镇企业的快速发展以及外资企业的逐步兴起也对混合所有制企业的发展产生了极大的促进作用。

第二阶段为发展成熟阶段，大致时间为20世纪90年代初至90年代末。这一阶段我国混合所有制企业得到了快速发展，特别是侨资企业、外资企业以及中外合资企业如雨后春笋般的出现推动着我国不断加快企业改制的脚步。邓小平南方讲话和十四大的召开，我国股份制试点工作继续深入贯彻落实，公有制的实现形式也在积极寻求新的突破，我国的所有制改革正式向制度创新的领域迈进。以股份制和股份合作制为基础，通过引入外资以及合资合作的方式，将原有的缺乏活力的公有制中小型企业进行兼并、联合以及出售，从而将其改造成为"自主经营、自负盈亏、自我发展、自我约束"的新的法人实体，这样不仅在所有制形态上实现了产权的多元化，而且提高了企业的市场综合竞争能力。

第三阶段为深化完善阶段，大致时间为2000年以后。在这一阶段，我国混合所有制企业制度继续深化完善，并成为我国国民经济发展中的中坚力量。在这一时期，围绕着现代企业制度的建立这一核心工作，我国不断对国有企业进行公司化改造，推动我国股份制企业的繁荣发展。在国有企业的改革中，改革主要集中在两个方面：一是将国有性质的中小企业进行私有化改造，二是推进国有性质的大型企业建立现代企业制度。国有企业的公司化改革推进了国有企业产权多元化发展。虽然部分国有企业仍以国有独资企业的形式存在，但是大多数通过改制上市以及吸收个体、私营以及外资等非公有制经济成分从而发展成为现代企业形式。国有企业的深化改革，推动了国有控股、国有参股等新型企业的蓬勃发展，为我国混合所有制企业的发展奠定了良好的基础。在当前的经济发展中，混合所有制企业的市场比重不断扩大。

具有中国特色的混合所有制企业的产生发展是我国改革开放的重要成果，体现了中国共产党对制度创新问题的高度重视，在我国坚持社会主义市场经济体制，实行以公有制为主体、多种所有制共同发展的基本经济制度是历史发展的必然结果。混合所有制企业的发展顺应了我国经济制度发展的历史需要,为我国经济发展做出了巨大的贡献。一般来说,具有中国特色的混合所有制企业发展的动因主要体现在三个方面:一是我国生产力发展的必然结果。生产力的发展要求企业的产权制度进行变革。随着生产社会化程度以及专业化程度的逐步提升,企业的生产规模不断扩大,集聚的生产要素进一步增多。而资本来源的多元化则必然导致混合所有制企业的产生。我国生产力的发展需要单一所有制形式的企业向多种所有制形式联合的混合所有制企业发展,混合所有制企业也必然要发展成为我国主要的企业形式之一。二是我国社会主义市场经济体制自我完善的需要。具有中国特色的社会主义市场经济体制的自我完善要求在坚持基本经济制度的基础上,促进资本的流动与融合。混合所有制企业的独特性不仅有利于巩固公有制的主体地位,而且有利于各种所有制形式的共同发展,有利于促进社会主义国家经济的繁荣。混合所有制企业的发展打破了原有的行业、地域以及所有制形式的界限,有利于在更加广泛的范围内调动生产资源,调节经济发展,维护社会主义国家制度的稳定与发展。三是改革开放以来我国实施的所有制改革的基本政策直接推动的结果。自中国共产党十一届三中全会以来,我国在所有制理论方面不断推陈出新,从发展个体经济、发展多种经济成分、发展非公有制经济,到大力发展混合所有制、建立现代产权制度,再到以现代产权制度为基础,发展混合所有制经济,这一系列关于所有制改革的重大方针政策直接推动着我国混合所有制企业一步步前进。

2.2 投资效率

2.2.1 企业投资理论

"投资"一词既具有动词词性又具有名词词性。从其动词词性的角度来看,投资是指特定经济主体为了在未来可预见的时期内获得收益或资金增值,在一定时期内向一定领域投放一定资金或实物的货币等价物的经济行为。从其名词词性的角度来看,投资是指所投入的资金或所投标的。从经济学研究的角度来讲,投资进一步划分为"金融"和"经济"两重含义,前者专指证券投资,后者则主要是实物资产投资和资本投资。从企业发展的角度来看,投资的根本动机就是获取投资收益,不管何种形式的投资,只要可以获取经济收益,企业均可以从事。在本书的研究中,投资的含义主要是指企业为获取经济收益而利用资金(包括自有资金和融资资金)的一种经济行为,特别是企业所从事的固定资产投资、无形资产投资以及长期资产投资等。

学术界对企业投资行为的研究非常丰富,目前较为流行的投资理论主要包括投资加速器理论、新古典投资理论、托宾 Q 理论等。下面简要介绍之。

(1) 投资加速器理论

投资加速器理论主要是研究投资变动与收入(或者消费)变动之间的关联关系①。投资加速器理论核心思想是,产出需求会对资本需求产生影响,资本需求的变动是由产出变动引起的,投资只有在产出增加导致资本需求增加的情况下才会发生。投资加速器理论的关注点不是投资的成本因素,而是注重预期的影响。投资加速器理论可以用如下公式加以表示:

$$I_t = a(Y_t - Y_{t-1}) \tag{2-1}$$

其中,I 指投资,Y 指收入(或者消费),a 指投资加速系数。

一般认为,投资加速器理论核心思想和观点主要体现在以下几个方面:一是投资是预期收入(或者消费)增量的函数,与预期收入(或者消费)无关。换言之,投资规模的大小主要是受到预期收入(或者消费)变

---

① Clark M. Business Acceleration and the law of demand: A technical factor in economic cycle[J]. Journal of Political Economy, 1917, 25(3): 217-235.

动量的制约,与预期收入(或者消费)的大小没有关联。二是投资加速系数反映了投资对预期收入(或者消费)变动量的敏感程度。如果投资加速系数小于1,则说明投资对预期收入(或者消费)变动量的敏感度较小,预期收入(或者消费)变动量的大幅变动只能产生投资的小幅变化;如果投资加速系数大于1,则说明投资对预期收入(或者消费)变动量的敏感度较大,预期收入(或者消费)变动量的小幅变动可以产生投资的大幅变化。三是要实现投资规模不变,则要求预期收入(或者消费)维持一定的增长率,预期收入(或者消费)增长率的变动必然引起投资规模的变动。四是投资规模也可以小于零,也就是说当预期收入(或者消费)增长率小于零时,必然会出现负向投资,这就要求企业不能存在闲置资本。投资加速器理论在一定程度上解释了企业投资行为产生的原因,但是这一理论也存在诸多不足,它无法解释资本存量不足的企业依靠多种方式投资的行为,也无法解释外部机会如何对企业投资发挥作用。

(2)新古典投资理论

Jorgenson(1963,1966,1971)在投资函数模型中加入新古典生产函数,建立了新古典投资函数模型①②③。Jorgenson 认为在生产函数中不同的生产要素之间存在可替代性。新古典投资理论认为,企业活动的根本目的就是在现有技术水平的基础上,实现其资本价值的最大化。企业活动就是为了获取当前最大的经济收益,而这一经济收益又受到总收益以及投资成本以及资本租赁价格的影响。企业在进行投资决策时需要考虑的一个核心因素就是资本租赁价格。企业的投资需求通过企业生产规模和资本租赁价格也即一定的条件下所需要的设备厂房的数量来表示,

---

① Jorgenson D. W. Capital theory and investment behavior[J]. The American Economic Review,1963,53(2):247-259.

② Jorgenson D. W. Econometric studies of investment behavior:A survey[J]. Journal of Economic Literature,1971,9(4):1111-1147.

③ Jorgenson D. W. Rational distributed lag function[J]. Econometrica,1966,32(1):135-149.

企业的生产规模和资本租赁价格一旦确定,相应的企业的投资规模就可以确定。企业租赁资本的需求曲线实际上就是资本的边际收益曲线。当资本的边际收益与资本租赁价格相等时企业的资本存量就是企业的最优资本存量,而在企业的最优资本存量确定的情况下,其相应的投资规模就可以确定了。

此外,投资与税收之间的关联性也是新古典投资理论的研究内容之一。新古典投资理论认为税收政策借助于加速折旧、投资抵免以及折旧政策等路径来对投资发挥作用,投资规模、投资时间以及投资结构都与税收政策存在显著的关联关系。虽然新古典投资理论将更多的影响因素纳入到了企业投资行为的研究框架之中,与投资加速器理论相比取得了很大进步,但是它仍然无法解释外部机会如何对企业投资发挥作用。

(3) 托宾 Q 理论

托宾 Q 理论提出了一个研究企业投资决策的新视角,它主要从企业的市场价值与其资产重置价值之间的大小关系上来研究企业的投资行为①。一般来说,托宾 Q 比率就等于企业的市场价值与其资产重置价值的比例关系。如果企业的托宾 Q 比率相对较高,则企业的投资规模就会相对较大。也就是说,当企业的市场价值比它的账面价值大时,企业通常会扩大投资规模。如果企业的托宾 Q 比率相对较低,则企业的投资规模就会相对较小。换言之,当企业的市场价值比它的账面价值小时,企业通常会缩小投资规模。如果企业的托宾 Q 比率等于1,此时企业会保持一定的投资水平,维持一种动态平衡。学者们普遍认为,企业的成长机会可以通过托宾 Q 比率来体现。如果企业的托宾 Q 比率大于1,则说明该企业的成长性相对较好,市场预期也比较好;反之亦然。可以说托宾 Q 理论在一定程度上弥补了前两种理论的不足,特别是外部机会对企业投资的影响机制问题。然而托宾 Q 理论仍然不是一个完美的理论,该理论需

---

① Tobin J. A general equilibrium approach to monetary theory[J]. Journal of Money, Credit and Banking, 1969, 1(1): 15-29.

要一个前提——一个相对比较完善、市场化程度很高的资本市场。

2.2.2　投资效率理论

效率(Efficiency)是由著名的古典经济学家 Adam Smith 在其闻名遐迩的名著《国民财富的性质和原因的研究》中提出来的。作为哲学范畴的一个重要词语,"效率"一词,在物理学中作为一个科学概念从 19 世纪开始被广泛应用。20 世纪初,随着科学管理理论的逐步发展并大行其道,经济管理领域也开始关注效率这一物理学概念。在经济管理领域的应用中,效率与生产率关系密切,都是被用来衡量研究对象的投入与产出之间关系的。

从目前经济学的研究视角来看,效率具有两重意义。其一,效率是指经济活动主体资源配置的有效程度,其二,效率是指经济活动主体对劳动时间配置的有效程度。一般来说,经济活动主体资源配置的有效程度越高,那么其投入产出水平也就越高,该经济活动主体的经济行为也就越有效率。如果经济活动主体能够节省更多的劳动时间,那么它的经济行为也就更有效率。在本书对混合所有制企业投资效率的研究中,主要是考虑经济活动主体资源配置的有效程度,也就是说混合所有制企业的投资效率是指混合所有制企业运用资金的有效程度。企业的投资行为都是发生在其生产过程中,在企业的生产过程这一框架下,投入可以用资金来衡量,而产出就表现为企业的经营利润等方面。因此,从一定意义上来说,企业的投资效率与其生产效率存在着密切的关系。同时,企业的投资效率也与其资源配置的效率存在关联,企业的投资行为本身就是企业将资金在不同的领域进行配置,企业资金配置得越有效,那么企业的投资效率也就越高。当企业的资金配置实现最优时,企业的投资效率也就是最优的。

企业的投资行为与其生产过程存在紧密的关系,投资效率不仅具有经济效益的特征,也具有微观企业经营的特征。通常来说,企业的投资效率主要表现在以下几个方面：一是企业投入的合理程度。根据自身的经营状况，企业会根据自身的发展需要设定一个预期的投资规模。如果企业的实际投资规模与其预期投资规模不相符，这就表示企业的投资行为不是有效率的。再进一步，如果企业的实际投资规模大于预期投资规模，这就表示企业发生了投资过度的行为；如果企业的实际投资规模小于其预期投资规模，这就表示企业发生了投资不足的行为。这两个方面都是企业非效率投资的具体体现。二是企业投入的收益程度。企业进行投资的根本目的还是促进企业产出的增加，那么企业投入的资源所产生的收益水平的高低就可以作为衡量企业投资效率的标准。三是企业投入的资源配置有效性。也就是从投入与产出两个角度来同时衡量企业的投资行为，判断企业是否以最小的投资获得了最大的收益回报。

企业的投资效率具有多重特征，不仅层次丰富，综合性强，而且特别强调时效。因此，企业在其投资的整个过程中，要努力做到在最短的时间内确定最佳的投资领域，确定最优的投资规模，确定最为合理的投资结构，实现企业市场竞争力的全面提升，推动企业持续健康发展。企业投资效率的提升主要是为了实现更高的经营收益。具体而言，企业投资效率的提升就是要实现企业投资风险与其收益能力的平衡，实现未来现金流现值的最大化以及企业经济价值的全面提升。

一是企业投资风险与其收益能力的平衡。这里的收益能力不单指企业经营结果的盈亏与否，更多的是强调企业所具备的实现其经济价值增值以及获取更高经济收益的能力。企业的收益能力强，这说明企业在其生产经营的各个环节都能实现更多的现金流入或者更少的现金流出。企业的投资风险主要是指企业在其投资过程中可能遇到的各种相关的不确定性事件和因素。投资风险是与投资活动相伴相生的，它是一个不能忽视的客观存在。一般来说，企业投资周期的长短与投资风险的大小存在一定的关联。当企业投资周期较短时，企业未来收益的不确定性通常比较小；而当企业投资周期比较长时，则其未来收益的不确定性会随之增大。根据普遍存在的经济规律，企业投资活动的投资风险与其收益能力正相关,企业投资项目的风险越高其收益往往越大,其收益相对较小则其风险也随之降低。企业在进行投资活动时,需要综合平衡投资风险与其收益能力,实现风险一定时收益的最大化,或者收益一定时风险的最小化。

二是未来现金流现值的最大化。企业投资项目的收益往往都是通过其未来现金流的现值来进行衡量的。与之相关的一个重要概念即是折现率,折现率的高低直接关乎未来现金流的现值水平。通常来说,折现率与当时宏观经济中的利率、贴现率等经济变量有关,但与它们又存在一定差别。折现率是未来收益时间价值的重要体现,未来现金流剔除时间价值即为现值。因此,未来现金流的时间价值越高,其现值越低;其时间价值越低,现值越高。在企业的投资活动中,折现率更多的是体现投资项目的综合成本,是投资资金的机会成本以及投资风险的表现。从企业投资成本的视角来衡量,企业投资项目的综合成本越高,那么相应的企业未来现金流的折现率越高,其未来现金流现值水平越低;反之亦然。从企业投资风险的视角来衡量,企业投资项目风险水平越高,其未来现金流的折现率越高,其未来现金流现值水平越低;反之亦然。从企业投资资金机会成本的视角来衡量,企业投资资金的机会成本越高,其未来现金流的折现率越高,其未来现金流现值水平越低;反之亦然。从企业投资项目收益的视角来衡量,企业未来现金流的折现率越高,那么企业的投资项目收益越低。

三是企业经济价值的最大化。企业要通过投资活动实现经济价值的最大化需要凭借优良的经营管理机制,完成投资结构、融资成本、现金流以及经营利润等多重目标,处理好企业与利益关联方的关系,进而维持企业持续健康发展。在企业的经营过程中,企业经济价值最大化的实现表明投资者利益最大化的实现,这在现代企业制度中是非常关键的因素。因此,企业选定的投资项目的优劣往往通过其给企业创造的经济价值来衡量。

2.3 实物期权

目前在投资领域得以广泛运用的实物期权理论根植于传统的金融期权理论,起先被用来做因传统的净现金流贴现法则(Discounted Cash Flow Method)无法适用于解释陷入困境的企业的决策选择及评价管理灵活性企业进行战略决策项目时的理论补充①,随后逐步被应用在未来不确定条件下而进行的投资风险管理和投资决策实务领域。

2.3.1 期权理论

从学理上讲,期权可简单理解为一种选择权,是指期权持有者有权在将来某一特定时间内以事先约定的价格买入或卖出某种资产的权利,而该项权利的获得往往是建立在事先给付一定金额的权利金的基础上的;而事先约定的时间通常被称为到期日(Expiration Date),事先约定的价格被称为执行价格(Exercise Price),事先给付的权利金被称为期权费(Option Premium);而根据到期日前期权持有人是否有权行使期权,期权又可以被分成美式期权(Amercian Option)和欧式期权(European Option)两种基本形式。

目前比较常用的期权定价方法主要有二叉树(Binomial Tree)和布莱克—斯科尔斯—默顿模型(Black-Scholes-Merton Model)。

(1)二叉树

二叉树理论主要是由 Cox、Ross 和 Rubinstein(1979)提出的,它建立在股票价格服从随机漫步(Radom Wark)的前提假设基础上,用特定期限

---

① Johnathan Mun. Real Options Analysis: Tools and Techniques for Valuing Strategic Investments and Decisions[M]. New Jersey,John Wiley & Sons Inc.,2002.

内股票可能出现价格变动路径的图形予以形象表示①。假定股票价格为 S_0，期权价格为 f_0，期权期限为 T，设定股票价格从 S_0 上升至 S_0u 时，对应的期权价格为 f；股票价格从 S_0 下降至 S_0d 时，对应的期权价格是 f_d，其中 $u>1, d<1$。考察一个由 Δ 股股票的长头寸和一份期权的短头寸组成的交易组合，可以找到一个 Δ 使得交易组合不具有任何风险。

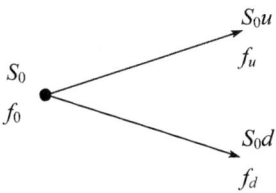

图 2-2 二叉树模型中的股票价格和期权价格（一）

如果股票价格上涨，在期权到期日交易组合的价值是 $S_0u\Delta - f_u$
如果股票价格下跌，在期权到期日交易组合的价值是 $S_0d\Delta - f_d$
根据无套利原理，可得：

$$\Delta = \frac{f_u - f_d}{S_0u - S_0d} \tag{2-2}$$

设定无风险利率为 r，交易组合的贴现值为 $(S_0u\Delta - f_u)e^{-rT}$
而构造交易组合的初始成本为 $S_0\Delta - f_0$
令 $(S_0u\Delta - f_u)e^{-rT} = S_0\Delta - f_0$，可得 $f_0 = S_0\Delta(1 - ue^{-rT}) + f_u e^{-rT}$
将 (2-2) 带入以上公式并化简，可得到

$$f_0 = e^{-rT}[pf_u + (1-p)f_d] \tag{2-3}$$

其中，$p = \dfrac{e^{-rT} - d}{u - d}$。

为了使二叉树模型与现实股票市场中的价格变化相一致，通常根据

---

① Cox J.C, S. Ross, M. Rubinstein. Option Pricing: a Simplified Approach[J]. Financial Economics, 1979(7): 229-263.

股票价格的变动频率来确定 u 和 d，假定现实世界与风险中性世界中的股票价格波动率是一样的，其中，现实世界股票价格上升的概率为 p^*，风险中性世界股票价格上升的概率为 p，如图 2-3 所示。

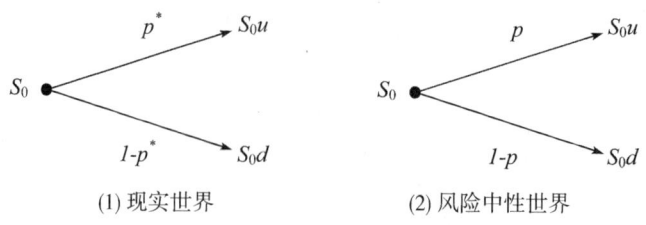

(1) 现实世界　　　　　　(2) 风险中性世界

图 2-3　二叉树模型中的股票价格和期权价格（二）

在现实世界里，在一小段时间 Δt 之后，股票价格的期望值是 $\Delta t e^{u\Delta t}$，具体对应在二叉树上的股票价格期望是 $p^* S_0 u + (1-p^*) S_0 d$，为了使股票的收益期望值与二叉树的参数一致，必须有 $p^* S_0 u + (1-p^*) S_0 d = S_0 e^{u\Delta t}$，即

$$p^* = \frac{e^{u\Delta T} - d}{u - d} \tag{2-4}$$

设定 σ 为股票价格的波动率，且 σ 是使得 $\sigma\sqrt{\Delta t}$ 为股票价格在一小段时间 Δt 内收益的标准差，$\sigma^2 \Delta t$ 是收益的方差。

对应图 2-3(1) 的二叉树，现实世界中股票价格收益的方差为

$$p^* u^2 + (1-p^*) d^2 - [p^* u + (1-p^*) d]^2$$

股票价格的波动率要与二叉树的参数一致，必须满足

$$p^* u^2 + (1-p^*) d^2 - [p^* u + (1-p^*) d]^2 = \sigma^2 \Delta t \tag{2-5}$$

将公式 (2-4) 代入公式 (2-5) 中，可以得到

$$e^{u\Delta t}(u+d) - ud - e^{2u\Delta t} = \sigma^2 \Delta t$$

求解上述方程可得

$$u = e^{\sigma\sqrt{\Delta t}}$$
$$d = e^{-\sigma\sqrt{\Delta t}}$$

对应图 2-3(2)的二叉树,风险中性世界中股票价格收益的方差为

$$pu^2+(1-p)d^2-[pu+(1-p)d]^2=e^{r\Delta t}(u+d)-ud-e^{2r\Delta t}$$

将 $u=e^{\sigma\sqrt{\Delta t}}$ 和 $d=e^{-\sigma\sqrt{\Delta t}}$ 代入上式发现,风险中性世界中股票价格收益的方差近似等于 $\sigma^2\Delta t$①。

(2)布莱克—斯科尔斯—默顿模型

布莱克—斯科尔斯—默顿模型主要是由 Fisher Black、Myron Scholes 和 Robert Merton(1973)提出的,该模型是建立在零息股票的价格波动百分比服从正态分布的理论假设基础上的②③。该模型的基本假设主要包括:

(a)股票期望年收益率 μ_t 和股票价格年波动率 σ_t 不变。

(b)交易费用和税收为零。

(c)标的股票具有无限可分性。

(d)股票市场存在卖空机制。

(e)标的股票不发放股利。

(f)没有无风险套利的可能性。

(g)交易可随时进行。

(h)无风险利率 r 不变。

设定股票价格 S_t 满足如下条件:

$$dS_t=S_t\mu_t dt+\sigma_t S_t d\omega_t \qquad (2-6)$$

$$dS_t^0=S_t^0 r_t dt \qquad (2-7)$$

其中,$\hat{\omega}_t$ 为概率空间 $(\Omega,\Im_t,P)$ 上的布朗运动,$\Im_t$ 为与时间 t 有关的信息流。

---

① John C. Hull. Options, Futures, and Other Derivatives, 8th Edition [M]. New York, Pearson Education, Inc., 2012.

② Fischer Black, Myron Scholes. The Pricing of Options and Corporate Liabilities [J]. Journal of Political Economy, 1973, 81(3): 637-654.

③ Robert C. Merton. Theory of Rational Option Pricing [J]. The Bell Journal of Economics and Management Science, 1973, 4(1): 141-183.

$$E_t(d\hat{\omega}_t) = 0$$

$$E_t(d\hat{\omega}_t^2) = dt$$

$$E_t\left(\frac{dS_t}{S_t}\right) = u_t dt$$

$$\text{var}_t\left(\frac{dS_t}{S_t}\right) = \sigma_t^2 dt$$

其中,σ_l 为股票的波动率(扩散系数);u_l 为漂移系数。式(2-6)的解为:

$$S_t = S_0 \exp\left\{\int_0^t \left(u_l - \frac{1}{2}\sigma_l^2\right) dl + \int_0^t \sigma_l d\hat{\omega}_l\right\} \qquad (2\text{-}8)$$

对于任意的 t,令

$$x_t = \ln S_t = \ln S_0 + \left\{\int_0^t \left(u_l - \frac{1}{2}\sigma_l^2\right) dl + \int_0^t \sigma_l d\hat{\omega}_l\right\}$$

由于 x_t 是服从期望值为 μ_t^x、方差为 υ_t^x 的正态分布,故 S_t 称为对数正态过程。

$$\mu_t^x = \ln S_0 + \int_0^t \left(u_l - \frac{1}{2}\sigma_l^2\right) dl$$

$$\upsilon_t^x = \int_0^t \sigma_l^2 dl$$

设 Q 是在概率空间 $(\Omega, \Im_t, P)$ 上的概率测度:

$$\frac{dQ}{dp} = \exp\left\{-\int_0^T \lambda_s d\hat{\omega}_s - \frac{1}{2}\int_0^T \lambda_s^2 ds\right\}$$

则

$$d\omega_t = d\hat{\omega}_s + \lambda_t dt$$

是 Q 布朗运动。

$$\frac{dS_t}{S_t} = \mu_t + \sigma_t d\hat{\omega}_s = r_t dt + \sigma_t(d\hat{\omega}_s + \lambda_t dt) = r_t dt + \sigma_t d\omega$$

其中,$r_t = (\mu_t - \sigma_t dt)$。

因此,股票价格服从对数自然分布。

根据以上分析,可以得到股票期权的价格为

$$\Gamma(t,S_t) = E_Q[e^{-\int_t^T r_s ds} h(S_t) \mid \Im_t] = \int e^{-r(T-t)} h[S_t e^{\sigma\sqrt{T-t}y-\left(\frac{1}{2}\sigma^2-r\right)(T-t)}] \frac{1}{\sqrt{2\pi}} e^{-\frac{y^2}{2}} dy$$

对于看涨期权来说,此处的 $h(s) = (s-X)^+$。

$$\begin{cases} \Gamma(t,S_t) = S_t N[d_1(S_t)] - Xe^{-r(T-t)} N[d_2(S_t)] \\ d_2(S_t) = \dfrac{1}{\sigma\sqrt{T-t}} \ln\left(\dfrac{S_t}{Xe^{-r(T-t)}}\right) - \dfrac{1}{2}\sigma\sqrt{T-t} \\ d_1(S_t) = d_2(S_t) + \sigma\sqrt{T-t} \end{cases}$$

其中,N 为标准正态分布函数,X 为执行价格。

根据以上分析,从看涨期权的角度来讲,投资者套期保值策略为持有 $N(d_1)$ 股股票。

2.3.2 实物期权理论

实物期权最初是由 Stewart Myers(1977)提出的,其核心观点在于,一个公司投资项目带来的现金流量所产生的收益具体涵盖两部分:一部分是来自目前所掌控资产的具体运用;另外一部分是源于对未来不确定性投资机会的选择①。实物期权理论是指运用期权理论的时候,利用金融理论、经济分析、管理科学、决策科学、统计学和经济模型估计实物资产的一种系统方法和整体解决方案②。

企业在进行投资决策时,实物期权方法与传统方法(比较常用的是现金流贴现法、敏感性分析法和场景分析法)相比,可以通过对项目战略性地创造期权来规避风险并谋求超额回报。相较于现金流贴现法等传统决策方法设定的不可修正或逆转的单一静态决策路线而言,实物期权法

---

① Stewart Myers. Determinants of Corporate Borrowing[J]. Journal of Financial Economics,1977(5):147-175.

② Johnathan Mun. Real Options Analysis:Tools and Techniques for Valuing Strategic Investments and Decisions[M]. New Jersey,John Wiley & Sons Inc.,2002.

则是在环境不确定性和管理层决策灵活性的紧密结合的基础上所选用的制定最优战略的多重动态决策路线。这是因为,管理层可以根据环境变化,在未来存在不确定性时,适时灵活地放弃或修正公司战略;当信息充分、未来可期时,管理层则可以选择最利于公司发展的战略去执行。

实物期权理论与金融期权理论既有联系,又有区别。实物期权理论是金融期权理论在实物资产投资领域的具体运用,但实物期权和金融期权两者之间仍然存在着如下显著性差异:一是偿还期限不同,前者一般长达数年,甚至无限,后者一般只有短短数月;二是标的变量不同,前者的标的变量是指投资项目的现金流量,后者则是股票价格等标的资产的价格;三是企业管理者对期权价值的影响力不同,前者可以通过管理者自由决策的方式适时增大期权价值,后者从理论上讲则不能通过管理者对证券交易市场施加影响而操控期权价值;四是标的物价值不同,前者相比后者要大很多;五是市场可比性不同,前者一般缺乏参照标的进行比较,后者在市场上一般有相对较为充分的同类参考标的进行比较;六是选用的方法存在差异,前者主要选用二叉网格图(Binomial Lattices)和闭合结构方程(Closed-form Structural Equations)等技术,后者主要选用偏微分方程(Partial-differential Equations)和奇异期权模拟(Exotic Option Parametric Simulations)等技术。

比较常见的实物期权形式主要有:①放弃期权(Abandonment Option),是指企业中途放弃已经施行的项目,而改为将项目资产在外部市场出售或转投至企业其他业务领域。在这种情况下,放弃期权的价值则为项目出售的市场价值或资产转向所产生的机会成本。②扩展期权(Expansion Option),是指企业积极迎合外部积极的市场环境,适时扩大相应项目的生产和投资规模。在这种情况下,项目的价值为净现值与拓展期权价值之和。③收缩期权(Contraction Option),是指企业积极适应不利的外部市场环境,适时缩减相应项目的生产和投资规模。在这种情况下,项目的价值为净现值与缩减期权价值之和。④选择期权(Chooser Option),是指企业在约定时间将期权形式确定为看涨或是看跌并予以执行的期权。⑤转换期权(Switching Option),是指企业根据市场环境变化,将持有的期权在看跌期权与看涨期权之间进行转换。⑥混合期权(Compound Option),是指企业面对非线性迷乱的动态市场环境,以对冲的形式同时买入和卖出价格及到期日均相同的看涨和看跌期权,用以消除投资风险。此外,实物期权还有可变成交价期权(Changing Price Option)、隐含波动率期权(Implied Volatility Option)、计时期权(Timing Option)、限制性期权(Restriction Option)等相对不太常见的其他几种表现形式。

2.4 企业投资效率评价方法

综合现有的研究成果可以发现,学者们评价企业投资效率的数学方法主要包括指标度量法、参数前沿面法和非参数前沿面法三种类型。而计量经济学和统计学的进一步发展,也促使不同的投资效率评价方法不断创新和完善,并在相应的研究领域发挥着自身的优势。

(1)指标度量法

该方法主要通过企业的财务指标来度量企业的经营管理水平和能力进而实现对企业投资效率的衡量,其中经常采用的财务指标主要包括反映企业成本和费用的财务指标,反映企业盈利能力的财务指标以及反映企业资产配置水平的财务指标等,而企业的经营管理能力则是企业的营运能力、风险规避能力以及成本控制水平的综合体现①。在现有的研究中,衡量企业投资效率的度量指标主要有以下几种:

一是资本回报率(Return on Invested Capital)。该指标指的是企业每投入一单位资本所创造的净利润,也就是企业每一单位新增投资所创造的新增价值。该指标是衡量企业新增投资使用效果的直接方法。一般来

---

① 覃家琦,齐寅峰,李莉. 微观企业投资效率的度量:基于全要素生产率的理论分析[J]. 经济评论,2009(2):133-141.

说,企业的资本回报率越高,则表示企业的投资效率越高;而企业的资本回报率越低,则表示企业的投资效率越低。

二是资本产出比率(Capital-output Ratio)。该指标指的是企业的每一单位产出所需要投入的资本量。一般来说,企业的资本产出比率越高,则表示企业每一单位产出所投入的资本量越高,而企业每一单位新增投资所创造的产出也就越低,企业的投资效率也越低;反之,则表示企业每一单位产出所投入的资本量越低,而企业每一单位新增投资所创造的产出也就越高,企业的投资效率也越高。该指标属于衡量企业新增投资使用效果的间接方法。

三是投资产出比率(Investment-output Ratio)。该指标指的是企业的每一单位产出所需要的新增投资量。一般来说,企业的投资产出比率越高,则表示企业的投资效率越低;而企业的投资产出比率越低,则表示企业的投资效率越高。投资产出比率与资本产出比率的差别就在于前者指的是资本流量,而后者指的是资本存量。

四是投资效率指数(Investment Efficiency Index)。该指标来源于宏观经济学中的新古典增长理论,主要是通过社会投资总量偏离社会最佳投资规模的程度来衡量某经济体的投资效率。如果社会投资总量大于最佳投资规模,则表示该经济体产生了投资过度的问题;如果社会投资总量小于最佳投资规模,则表示该经济体产生了投资不足的问题。将这一思想引入到微观企业个体投资效率的研究中,那么企业的投资效率指数就是指企业的实际投资规模偏离其最佳投资规模的程度。企业的实际投资规模偏离最佳投资规模的程度越低,则表示企业的投资效率越高;反之,则表示企业的投资效率越低。

(2)参数前沿面法

该方法是传统生产函数理论的延伸。通常情况下,需要根据研究对象确定一种对应的生产函数,在此基础上采用合适的方法来估计生产前沿面上的函数参数,从而构造出相应的前沿生产函数。在现有的研究中,随机前沿面法(Stochastic Frontier Approach,SFA)是使用最多的参数前沿面法①。

随机前沿面法(SFA)属于参数分析方法,该方法中的生产前沿函数需要借助于计量经济学方法来确定。Aigner and Meeusen(1977)正式提出了随机前沿面法(SFA)的首个模型 $\ln q_i = x_i'\beta_i + v_i - u_i$②③。其中,$q_i$ 表示第 i 个的评价单元(DMU)的产出,x_i' 表示第 i 个评价单元(DMU)的投入向量;β_i 表示第 i 个评价单元(DMU)的投入向量所对应的参数向量;u_i 表示第 i 个评价单元(DMU)与技术无效有关的非负随机变量,v_i 表示第 i 个评价单元(DMU)所对应的外界随机冲击造成的"噪音"。在对模型的求解过程中,往往采用普通最小二乘法(OLS)对其参数进行估计。

(3)非参数前沿面法

数据包络分析(Data Envelopment Analysis,DEA)是经典的非参数前沿面法④。DEA 理论是一种应用非常广泛的效率评价方法,它由 A. Charnes 和 W. W. Cooper 等首先提出并不断发展完善。DEA 理论的核心思想就是确定研究对象的生产前沿面,因此对研究对象经济活动有效性的分析主要依据其与生产前沿面之间的距离来进行。随着学者们对 DEA 理论的研究不断深入,探究研究对象内部结构的问题逐步受到重视,并因此而产生了网络 DEA 模型。

随机前沿面法(SFA)以及数据包络分析(DEA)都是基本的参数前沿面分析方法。随机前沿面法(SFA)的精髓就是对评价单元(DMU)的技术无效性和随机冲击效应进行综合考量。但是企业的生产经营过程大多

---

① 舒伯利·C. 昆伯卡. 随机边界分析[M]. 上海:复旦大学出版社,2007.

② D. Aigner, L. C. A. Knox, P. Schmidt. Formulation and Estimation of Stochastic Frontier Production Function Models[J]. Journal of Econometrics, 1977(6): 21-37.

③ W. Meeusen, van Den Broeck. Efficiency estimation from Cobb-Douglas Production Function with Composed Error[J]. International Economic Review, 1977, 18: 435-444.

④ 魏权龄. 评价相对有效性的数据包络分析模型——DEA 和网络 DEA[M]. 北京:中国人民大学出版社,2012.

非常复杂,与之对应的生产函数形式也难以准确设定。因此,随机前沿面法(SFA)在对企业经营效率的评价过程中存在着诸多的局限。数据包络分析(DEA)不需要预先设定生产函数形式,从而避免了在函数设定时所固有的主观性。因此,数据包络分析(DEA)在对企业经营效率进行评价时不仅运算更为简单,而且主观性误差也得以避免。

  目前,对于投资效率研究中哪种方法最优,还没有统一意见得出,但是研究中样本数据的可取性、研究目的、研究重点等都将影响评价方法的选择。考虑到需要研究宏观经济波动对企业投资效率的影响,而参数前沿面法和非参数前沿面法均不能有效地将该因素纳入模型框架。因此,我们将选择指标度量法中的投资效率指数来衡量企业的投资效率,并以此为基础进行深入研究。

第3章 中国混合所有制企业投资效率影响因素分析

3.1 我国混合所有制企业投资支出特征分析

混合所有制企业的投资支出主要涵盖长期投资、固定资产、无形资产等范畴,本章将重点分析我国混合所有制企业投资支出的基本特征。为了便于对不同规模的混合所有制企业进行比较,本章对投资支出进行标准化处理,分别采用长期投资净值改变量与其年末总资产之比、固定资产净值改变量与其年末总资产之比、无形资产净值改变量与其年末总资产之比分别表示长期投资、固定资产投资、无形资产投资,购建固定资产、无形资产和长期资产所支付的现金与处置固定资产、无形资产和长期资产所收回的现金之和表示投资总支出。其中,长期投资由长期股权投资、长期应收款以及其他长期投资构成;固定资产净值为固定资产剔除累计折旧与固定资产减值准备的净额;无形资产净值为无形资产剔除摊销与减值准备的净额。本章所采用的数据来源于锐思金融研究数据库(www.resset.cn)和各企业年报数据。

为了排除异常值的干扰和对研究对象进行连续性比较,本章对研究样本进行了细致的筛选。在筛选过程中,我们主要考虑了以下因素:①选取2003年12月31日前上市,自2004年至2014年一直处于正常上市状态且未发生导致其主营业务发生变化的重大资产重组的混合所有制企业;②剔除金融行业的混合所有制企业,主要是鉴于金融企业的投融资行为与实体企业存在显著的差异;③剔除数据不全的混合所有制企业。根据这一筛选标准,我们最终选取640家上市混合所有制企业进行分析。

3.1.1 混合所有制企业投资支出的基本特征

根据选定的混合所有制企业样本,我们可以得到混合所有制企业投资结构的描述性统计,如表3-1所示。

表3-1　　**2004—2014年混合所有制企业投资结构描述性分析**

投资结构	年份	均值	标准差	均值的置信区间（95%的置信水平）	
				下限	上限
长期投资	2004	0.0087	0.0401	0.0053	0.0121
	2005	−0.0017	0.0436	−0.0053	0.0020
	2006	0.0055	0.0473	0.0015	0.0095
	2007	0.0217	0.0997	0.0132	0.0301
	2008	−0.0165	0.1005	−0.0250	−0.0081
	2009	0.0127	0.0552	0.0080	0.0173
	2010	0.0092	0.0556	0.0045	0.0139
	2011	0.0058	0.0510	0.0015	0.0101
	2012	0.0091	0.0421	0.0055	0.0126
	2013	0.0026	0.0405	−0.0008	0.0060
	2014	0.0105	0.0472	0.0065	0.0145
	2004—2014	0.0061	0.0616	0.0046	0.0077

续表

投资结构	年 份	均 值	标准差	均值的置信区间 (95%的置信水平)	
				下 限	上 限
固定资产投资	2004	0.0387	0.0993	0.0303	0.0470
	2005	0.0280	0.0874	0.0206	0.0353
	2006	0.0234	0.0944	0.0154	0.0313
	2007	−0.0028	0.1111	−0.0121	0.0066
	2008	0.0102	0.1360	−0.0013	0.0217
	2009	0.0160	0.1236	0.0056	0.0264
	2010	0.0181	0.0915	0.0104	0.0258
	2011	0.0177	0.0876	0.0104	0.0251
	2012	0.0229	0.0787	0.0163	0.0295
	2013	0.0170	0.0844	0.0099	0.0241
	2014	0.0142	0.0775	0.0077	0.0208
	2004—2014	0.0183	0.0996	0.0158	0.0208
无形资产投资	2004	0.0040	0.0278	0.0016	0.0063
	2005	0.0029	0.0252	0.0008	0.0050
	2006	0.0026	0.0380	−0.0006	0.0058
	2007	0.0097	0.0436	0.0060	0.0134
	2008	0.0107	0.0610	0.0056	0.0158
	2009	0.0044	0.0269	0.0021	0.0067
	2010	0.0024	0.0395	−0.0009	0.0057
	2011	0.0051	0.0241	0.0031	0.0071
	2012	0.0037	0.0329	0.0010	0.0065
	2013	0.0052	0.0357	0.0022	0.0082
	2014	0.0044	0.0252	0.0023	0.0066
	2004—2014	0.0050	0.0361	0.0041	0.0059

续表

投资结构	年份	均值	标准差	均值的置信区间（95%的置信水平）	
				下限	上限
总投资	2004	0.0514	0.1095	0.0421	0.0606
	2005	0.0292	0.1006	0.0207	0.0376
	2006	0.0315	0.1132	0.0220	0.0410
	2007	0.0286	0.1497	0.0160	0.0412
	2008	0.0043	0.1745	−0.0104	0.0190
	2009	0.0331	0.1411	0.0212	0.0449
	2010	0.0297	0.1116	0.0203	0.0391
	2011	0.0286	0.1059	0.0197	0.0375
	2012	0.0357	0.0969	0.0276	0.0439
	2013	0.0249	0.1155	0.0151	0.0346
	2014	0.0291	0.0967	0.0210	0.0373
	2004—2014	0.0295	0.1226	0.0264	0.0326

在以往的研究中，学者们普遍关注的是企业的投资总支出，这一指标是企业投资支出总体状况的具体体现，是衡量企业投资水平的关键指标。从表3-1和图3-1可以发现，2004—2014年我国混合所有制企业的平均投资总支出呈现出先降后升继而小幅波动的变化趋势。其中，2008年混合所有制企业的平均投资总支出水平达到最低，仅占混合所有制企业总资产的0.43%；而2009年混合所有制企业的平均投资总支出又迅速上升，超过了2005—2007年的最高水平。这一变化趋势与我国这一时期的宏观经济形势基本保持一致。特别是随着美国次债危机迅速演变为全球性的金融危机后，我国为了有效降低金融危机的负面影响，维护国家经济与金融的稳定，开始实施庞大的国民经济刺激计划，从而使混合所有制企业的平均投资总支出脱离2008年的低点，并维持在较高的规模

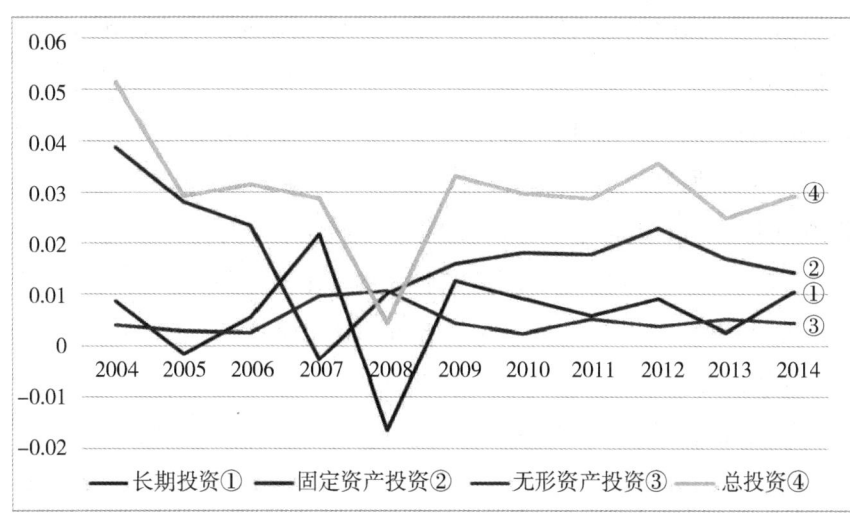

图 3-1 2004—2014 年混合所有制企业投资结构变化趋势图

水平上。

根据投资总支出的构成,固定资产投资在总投资中所占比重较大。这取决于固定资产是企业维持正常的生产经营所不可或缺的基本条件,固定资产的稳定投入对于促进企业持续健康发展具有重要的影响和作用。根据表 3-1,可以发现混合所有制企业的固定资产投资约占投资总支出的 62%,这说明混合所有制企业非常重视生产经营设备的更新与改造,但也不可避免地存在重复建设的可能。根据图 3-1,2004—2014 年混合所有制企业的固定资产投资呈现出先降后升继而小幅波动的变化趋势,与投资总支出的基本变化走势相似。其中,2007 年混合所有制企业的固定资产投资水平最低,此后混合所有制企业的固定资产投资水平逐步攀升,并在 2012 年达到新高点。在美国次债危机后全球经济不景气的情况下,我国混合所有制企业固定资产投资持续增长,这说明混合所有制企业非常重视自身主营业务的发展,但也在一定程度上说明混合所有制企业存在着重复建设以及投资过度的现象。

2004—2014 年,我国混合所有制企业的长期投资呈现出先升后降再升继而小幅波动的变化趋势。这一变化趋势与我国金融市场特别是股票市场的发展密切相关,这说明我国混合所有制企业对参与金融市场非常积极。而 2007 年与 2008 年混合所有制企业长期投资的剧烈攀升与下降,也反映出这两年股票市场的骤热骤冷。在金融市场持续低迷的情况下,我国混合所有制企业长期投资的迅速回升,说明混合所有制企业在积极地利用金融市场,通过持有其他企业的股权实现自身的发展战略。

2004—2014 年我国混合所有制企业的无形资产投资呈现出先升后降的趋势。相较于固定资产投资与长期投资,我国混合所有制企业无形资产投资的变化非常平稳。这说明我国混合所有制企业很重视产品的创新与研发,很重视无形资产对企业核心竞争力形成与巩固的价值与影响。

综合以上分析可以发现,我国混合所有制企业的投资水平都在不断发生变化,呈现出差异化的分布特征与规律。我国的宏观经济发展状况、宏观经济政策的调控、行业的发展状况等因素会对混合所有制企业的投资产生交互影响,最终表现在混合所有制企业投资水平的升降变化上。此外,我国混合所有制企业的投资结构相对合理,但还是存在着一定的优化和提升空间,特别是每一家混合所有制企业需要根据自身的条件及面临的问题进行适度调节。

3.1.2 混合所有制企业投资支出的行业特征

每个行业都有自身的发展特性,而企业的投资支出也会表现出行业差异性。从行业的角度来对混合所有制企业的投资支出进行分析,对于探讨其投资行为也至关重要。在本书所选定的研究样本中,囊括了农、林、牧、渔业,采矿业,制造业,电力、热力、燃气及水生产和供应业,建筑业,批发和零售业,交通运输、仓储和邮政业,住宿和餐饮业,信息传输、软件和信息技术服务业,房地产业,租赁和商务服务业,水利、环境和公共设施管理业,居民服务、修理和其他服务业,文化、体育和娱乐业,综合共 15 个行业门类。我们通过计算得到混合所有制企业投资结构分行业描述性统计,如表 3-2 所示。

表 3-2　2004—2014 年混合所有制企业投资结构分行业描述性统计

投资结构	行业	均值	标准差	均值的置信区间（95%的置信水平）	
				下限	上限
长期投资	农、林、牧、渔业	0.0049	0.0591	−0.0066	0.0163
	采矿业	0.0032	0.0428	−0.0026	0.0091
	制造业	0.0043	0.0638	0.0021	0.0064
	电力、热力、燃气及水生产和供应业	0.0114	0.0633	0.0056	0.0172
	建筑业	0.0068	0.0697	−0.0074	0.0209
	批发和零售业	0.0108	0.0516	0.0065	0.0150
	交通运输、仓储和邮政业	0.0091	0.0548	0.0027	0.0154
	住宿和餐饮业	0.0102	0.0400	−0.0046	0.0250
	信息传输、软件和信息技术服务业	0.0096	0.0517	−0.0039	0.0232
	房地产业	0.0047	0.0650	−0.0012	0.0107
	租赁和商务服务业	0.0046	0.0944	−0.0146	0.0238
	水利、环境和公共设施管理业	0.0041	0.0477	−0.0176	0.0258
	居民服务、修理和其他服务业	−0.0012	0.0143	−0.0104	0.0080
	文化、体育和娱乐业	0.0113	0.0346	−0.0015	0.0242
	综合	0.0140	0.0531	0.0063	0.0216
固定资产投资	农、林、牧、渔业	0.0031	0.0629	−0.0091	0.0153
	采矿业	0.0390	0.1071	0.0243	0.0536
	制造业	0.0191	0.0936	0.0159	0.0223
	电力、热力、燃气及水生产和供应业	0.0494	0.1352	0.0371	0.0617
	建筑业	0.0103	0.0528	−0.0004	0.0210
	批发和零售业	0.0063	0.0818	−0.0004	0.0130
	交通运输、仓储和邮政业	0.0288	0.1398	0.0126	0.0449
	住宿和餐饮业	−0.0065	0.0561	−0.0273	0.0143
	信息传输、软件和信息技术服务业	0.0187	0.0482	0.0061	0.0314
	房地产业	−0.0061	0.1020	−0.0154	0.0032

续表

投资结构	行业	均值	标准差	均值的置信区间（95%的置信水平）	
				下限	上限
固定资产投资	租赁和商务服务业	0.0118	0.1231	-0.0132	0.0368
	水利、环境和公共设施管理业	0.0126	0.0925	-0.0294	0.0546
	居民服务、修理和其他服务业	-0.0086	0.0231	-0.0235	0.0062
	文化、体育和娱乐业	0.0334	0.1153	-0.0094	0.0762
	综合	0.0056	0.0663	-0.0039	0.0152
无形资产投资	农、林、牧、渔业	0.0072	0.0331	0.0008	0.0137
	采矿业	0.0174	0.0741	0.0072	0.0275
	制造业	0.0043	0.0245	0.0034	0.0051
	电力、热力、燃气及水生产和供应业	0.0061	0.0386	0.0026	0.0096
	建筑业	0.0070	0.0365	-0.0005	0.0144
	批发和零售业	0.0054	0.0341	0.0026	0.0082
	交通运输、仓储和邮政业	0.0104	0.0658	0.0028	0.0179
	住宿和餐饮业	0.0004	0.0238	-0.0084	0.0092
	信息传输、软件和信息技术服务业	0.0058	0.0379	-0.0041	0.0158
	房地产业	-0.0008	0.0507	-0.0054	0.0038
	租赁和商务服务业	0.0047	0.0291	-0.0012	0.0106
	水利、环境和公共设施管理业	0.0175	0.0562	-0.0080	0.0430
	居民服务、修理和其他服务业	0.0000	0.0007	-0.0004	0.0005
	文化、体育和娱乐业	0.0001	0.0210	-0.0077	0.0078
	综合	0.0039	0.0359	-0.0012	0.0091
总投资	农、林、牧、渔业	0.0152	0.0741	0.0009	0.0296
	采矿业	0.0596	0.1343	0.0412	0.0780
	制造业	0.0276	0.1195	0.0235	0.0317
	电力、热力、燃气及水生产和供应业	0.0668	0.1535	0.0529	0.0808
	建筑业	0.0240	0.0931	0.0051	0.0429

续表

投资结构	行 业	均 值	标准差	均值的置信区间（95%的置信水平）	
				下 限	上 限
总投资	批发和零售业	0.0224	0.0921	0.0148	0.0300
	交通运输、仓储和邮政业	0.0482	0.1446	0.0315	0.0649
	住宿和餐饮业	0.0041	0.0788	−0.0251	0.0334
	信息传输、软件和信息技术服务业	0.0342	0.0899	0.0106	0.0578
	房地产业	−0.0021	0.1329	−0.0142	0.0100
	租赁和商务服务业	0.0211	0.1647	−0.0124	0.0545
	水利、环境和公共设施管理业	0.0342	0.0995	−0.0110	0.0794
	居民服务、修理和其他服务业	−0.0098	0.0334	−0.0313	0.0116
	文化、体育和娱乐业	0.0448	0.1286	−0.0029	0.0925
	综合	0.0235	0.0938	0.0100	0.0370

从表3-2可以看出，2004—2014年各行业投资总支出从高到低依次为电力、热力、燃气及水生产和供应业，采矿业，交通运输、仓储和邮政业，文化、体育和娱乐业，信息传输、软件和信息技术服务业，水利、环境和公共设施管理业，制造业，建筑业，综合，批发和零售业，租赁和商务服务业，农、林、牧、渔业，住宿和餐饮业，房地产业，居民服务、修理和其他服务业，分别占总资产的6.68%、5.96%、4.82%、4.48%、3.42%、3.42%、2.76%、2.40%、2.35%、2.24%、2.11%、1.52%、0.41%、−0.21%、−0.98%。

从投资结构的行业纵向角度来看，综合类行业的长期投资水平最高，占总资产的1.40%，居民服务、修理和其他服务业的长期投资水平最低，仅占总资产的−0.12%；电力、热力、燃气及水生产和供应业的固定资产投资水平最高，占总资产的4.94%，居民服务、修理和其他服务业的固定资产投资水平最低，仅占总资产的−0.86%；水利、环境和公共设施管理业的无形资产投资水平最高，占总资产的1.75%，房地产业的无形资产投资水平最低,仅占总资产的-0.08%。

从投资结构的行业横向角度来看,批发和零售业和综合类行业长期投资高于固定资产投资,高于无形资产投资;住宿和餐饮业、房地产业的长期投资高于无形资产投资,高于固定资产投资;电力、热力、燃气及水生产和供应业,信息传输、软件和信息技术服务业,文化、体育和娱乐业的固定资产投资高于长期投资,高于无形资产投资;采矿业,交通运输、仓储和邮政业,建筑业,租赁和商务服务业和制造业的固定资产投资高于无形资产投资,高于长期投资;农、林、牧、渔业,居民服务、修理和其他服务业的无形资产投资高于长期投资,高于固定资产投资;水利、环境和公共设施管理业的无形资产投资高于固定资产投资,高于长期资产投资。

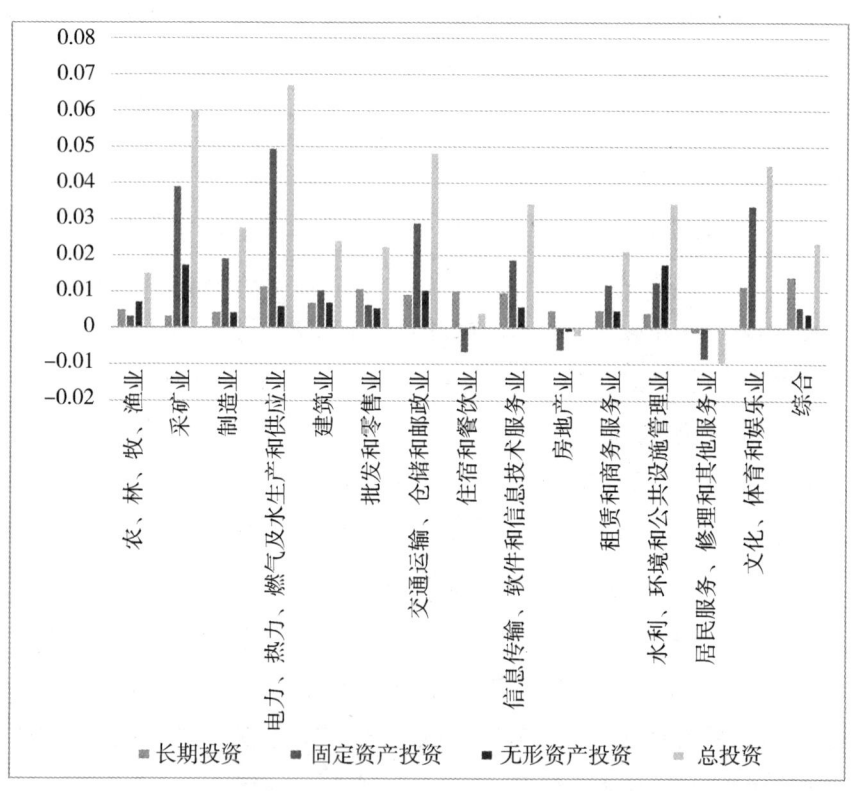

图3-2 2004—2014年混合所有制企业各行业投资支出构成图

一般而言,固定资产投资高于长期投资和无形资产投资行业的混合所有制企业,整体规模往往较大,整个行业的利润空间有限,因此多寻求以规模扩张的方式来获取更大的经营利润。对于无形资产投资高于长期投资和固定资产投资行业的混合所有制企业,多属于处于扩张阶段的成长性企业,对产品研发创新的需求比较高;同时,这类企业往往面临较大的市场风险,因而在进行投资特别是固定资产投资时更为谨慎。

3.1.3 大股东控制与混合所有制企业投资支出

一般情况下,不管是处于绝对控股地位还是相对控股地位的大股东都会对企业的投资行为发挥重要的影响,对投资资金的流向处于支配地位。随着我国企业的股权结构和股权性质越来越复杂与多样,大股东也因而成为企业投资行为最为关键的决策者。鉴于大股东对企业投资的关键作用,我们特分析大股东的股权性质及其持股规模对混合所有制企业投资支出的影响。

根据混合所有制企业第一大股东的股东性质,我们将研究样本分为非国有股东和国有股东两组,对其投资支出进行比较分析。我们按照第一大股东股权性质分类计算得到混合所有制企业投资结构描述性统计结果,如表3-3所示。

表3-3 2004—2014年混合所有制企业投资结构描述性统计(大股东性质)

投资结构	第一大股东性质	均值	标准差	均值的置信区间(95%的置信水平)	
				下限	上限
长期投资	非国有股东	0.0079	0.0774	0.0029	0.0129
	国有股东	0.0058	0.0583	0.0042	0.0074
固定资产投资	非国有股东	0.0149	0.0858	0.0094	0.0205
	国有股东	0.0189	0.1019	0.0161	0.0217

续表

投资结构	第一大股东性质	均值	标准差	均值的置信区间（95%的置信水平）	
				下限	上限
无形资产投资	非国有股东	0.0030	0.0455	0.0001	0.0059
	国有股东	0.0054	0.0342	0.0044	0.0063
总投资	非国有股东	0.0258	0.1266	0.0177	0.0340
	国有股东	0.0301	0.1219	0.0268	0.0335

从表3-3和图3-3可以看出，第一大股东为国有股东的混合所有制企业投资总支出高于第一大股东为非国有股东的混合所有制企业。第一大股东为国有股东的混合所有制企业投资总支出的变化趋势更加契合我国宏观经济的变化，受到国家宏观经济政策的影响也更大；而第一大股东为非国有股东的混合所有制企业投资总支出的变化趋势呈波浪形，与宏观经济走势差异较大。从投资结构的角度来看，第一大股东为国有股东的混合所有制企业固定资产投资和无形资产投资水平更高，说明这类混合所有制企业更加注重通过规模扩张、产品研发来促进企业的发展；而第

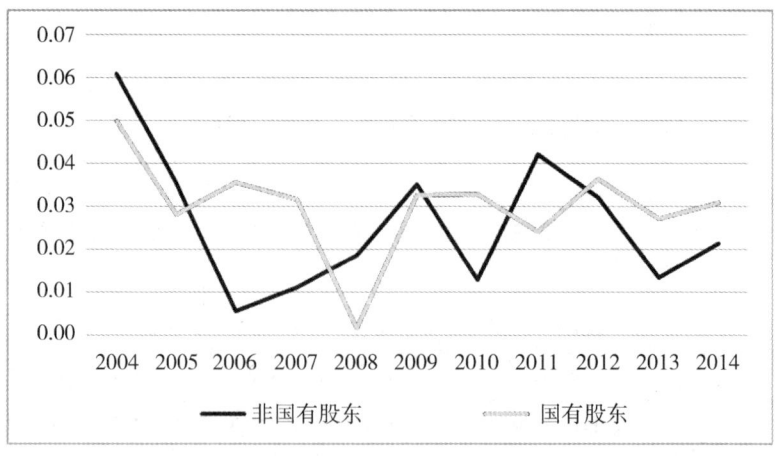

图3-3　2004—2014年混合所有制企业投资支出变化趋势图(大股东性质)

一大股东为非国有股东的混合所有制企业长期投资水平更高,说明这类混合所有制企业更加注重通过持有相关企业的股权来实现自身的战略意图。

根据混合所有制企业第一大股东的持股比例,我们将研究样本分为四组:第一组为股权分散组,第一大股东持股比例为0%~15%;第二组为股权低度集中组,第一大股东持股比例为15%~30%;第三组为股权高度集中组,第一大股东持股比例为30%~50%;第四组为大股东绝对控股组,第一大股东持股比例为50%~100%。我们通过计算得到混合所有制企业投资结构按第一大股东股权集中度分类的描述性统计,如表3-4所示。

表3-4　2004—2014年混合所有制企业投资结构描述性统计
（大股东股权集中度）

投资结构	第一大股东股权集中度	均值	标准差	均值的置信区间（95%的置信水平）	
				下限	上限
长期投资	0%~15%	0.0091	0.1055	-0.0025	0.0208
	15%~30%	0.0062	0.0605	0.0035	0.0089
	30%~50%	0.0051	0.0589	0.0027	0.0076
	50%~100%	0.0069	0.0544	0.0041	0.0096
固定资产投资	0%~15%	0.0182	0.0754	0.0098	0.0265
	15%~30%	0.0102	0.1067	0.0054	0.0151
	30%~50%	0.0188	0.0955	0.0148	0.0228
	50%~100%	0.0274	0.1000	0.0225	0.0324
无形资产投资	0%~15%	0.0036	0.0185	0.0016	0.0057
	15%~30%	0.0035	0.0410	0.0016	0.0053
	30%~50%	0.0061	0.0357	0.0046	0.0076
	50%~100%	0.0057	0.0331	0.0040	0.0073

续表

投资结构	第一大股东股权集中度	均 值	标准差	均值的置信区间（95%的置信水平）	
				下 限	上 限
总投资	0%~15%	0.0309	0.1333	0.0162	0.0457
	15%~30%	0.0199	0.1310	0.0139	0.0258
	30%~50%	0.0300	0.1195	0.0250	0.0350
	50%~100%	0.0399	0.1133	0.0343	0.0456

从表3-4可以看出，四组混合所有制企业的投资总支出有着较为明显的差异，随着第一大股东持股比例的逐渐增加，混合所有制企业的投资支出先减后增。这说明混合所有制企业的股权过度分散和过度集中时，混合所有制企业更倾向于进行投资，在这两种情况下都存在着过度投资的现象。而从投资结构的角度来看，长期投资、固定资产投资、无形资产投资随着第一大股东持股比例的增加也基本呈现出先减后增的趋势。从图3-4可以看出，2004—2014年混合所有制企业的投资支出在不同的第

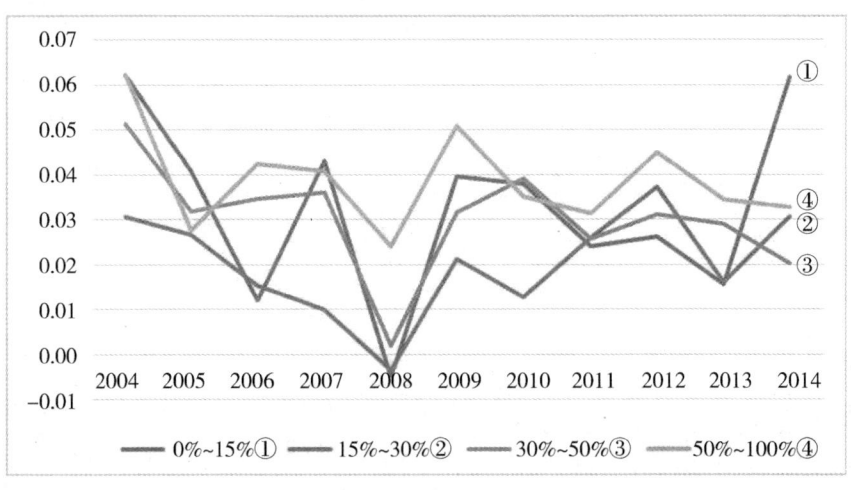

图3-4 2004—2014年混合所有制企业投资支出变化趋势图（大股东股权集中度）

一大股东持股比例下基本都呈现出波浪形的变化趋势,但是大股东绝对控股的混合所有制企业波动幅度较小,股权分散的混合所有制企业波动幅度较大,而股权低度集中和股权高度集中的混合所有制企业波动幅度适中。

在依据第一大股东股权性质和持股比例对混合所有制企业投资支出产生影响进行分析的基础上,我们综合这两个因素来比较不同的混合所有制企业的投资支出情况。我们通过计算得到混合所有制企业投资结构按第一大股东股权性质和股权集中度分类的描述性统计,如表3-5所示。

表3-5　　2004—2014年混合所有制企业投资结构描述性统计

(大股东性质和股权集中度)

投资结构	第一大股东股权集中度	第一大股东性质	均值	标准差	均值的置信区间(95%的置信水平)	
					下限	上限
长期投资	0%~15%	非国有股权	0.0183	0.1018	-0.0028	0.0395
		国有股权	0.0055	0.1069	-0.0085	0.0195
	15%~30%	非国有股权	0.0071	0.0782	0.0003	0.0139
		国有股权	0.0059	0.0524	0.0031	0.0087
	30%~50%	非国有股权	0.0068	0.0722	-0.0023	0.0159
		国有股权	0.0049	0.0570	0.0024	0.0075
	50%~100%	非国有股权	0.0048	0.0508	-0.0065	0.0161
		国有股权	0.0070	0.0546	0.0042	0.0097
固定资产投资	0%~15%	非国有股权	0.0156	0.0751	0.0000	0.0312
		国有股权	0.0192	0.0757	0.0093	0.0291
	15%~30%	非国有股权	0.0096	0.0947	0.0013	0.0178
		国有股权	0.0105	0.1109	0.0046	0.0164
	30%~50%	非国有股权	0.0202	0.0751	0.0107	0.0296
		国有股权	0.0186	0.0977	0.0143	0.0229
	50%~100%	非国有股权	0.0334	0.0620	0.0196	0.0472
		国有股权	0.0271	0.1016	0.0219	0.0323

续表

投资结构	第一大股东股权集中度	第一大股东性质	均值	标准差	均值的置信区间（95%的置信水平）	
					下限	上限
无形资产投资	0%~15%	非国有股权	0.0031	0.0245	−0.0020	0.0082
		国有股权	0.0038	0.0156	0.0018	0.0059
	15%~30%	非国有股权	0.0013	0.0538	−0.0034	0.0060
		国有股权	0.0043	0.0350	0.0024	0.0061
	30%~50%	非国有股权	0.0054	0.0361	0.0009	0.0100
		国有股权	0.0062	0.0356	0.0046	0.0077
	50%~100%	非国有股权	0.0067	0.0254	0.0010	0.0123
		国有股权	0.0056	0.0335	0.0039	0.0073
总资产	0%~15%	非国有股权	0.0370	0.1311	0.0098	0.0643
		国有股权	0.0285	0.1344	0.0110	0.0461
	15%~30%	非国有股权	0.0179	0.1377	0.0059	0.0299
		国有股权	0.0206	0.1285	0.0138	0.0275
	30%~50%	非国有股权	0.0324	0.1116	0.0183	0.0464
		国有股权	0.0297	0.1204	0.0244	0.0350
	50%~100%	非国有股权	0.0449	0.0769	0.0278	0.0620
		国有股权	0.0397	0.1149	0.0338	0.0455

从表3-5可以看出，四组混合所有制企业中，不同大股东性质企业的投资总支出有着较为明显的差异。其中，在股权分散、股权高度集中、大股东绝对控股的混合所有制企业中，第一大股东属于非国有股东的混合所有制企业投资总支出水平明显高于第一大股东为国有股东的混合所有制企业；而股权低度集中的混合所有制企业则恰恰相反。从投资结构的角度来看，股权分散、股权低度集中和股权高度集中的非国有大股东混合所有制企业的长期投资明显高于国有大股东混合所有制企业；股

权高度集中和大股东绝对控股的非国有大股东混合所有制企业的固定资产投资明显高于国有大股东混合所有制企业；大股东绝对控股的非国有大股东混合所有制企业的无形资产投资明显高于国有大股东混合所有制企业。

相比较而言，非国有大股东混合所有制企业的股权越分散，越倾向于进行长期投资，通过持有其他相关企业的股权来促进自身的发展；其股权越集中，越倾向于进行固定资产和无形资产投资，通过扩大企业经营规模和加大产品研发投入来促进企业发展。而国有大股东混合所有制企业则随着股权逐步集中，长期投资、固定资产投资、无形资产投资变化非常平缓，仅呈现出小幅增长，这可能与国有大股东混合所有制企业的投资策略更倾向于实施国家和政府确定的产业发展战略有关。

从图3-5可以看出，虽然非国有大股东混合所有制企业和国有大股东混合所有制企业的投资支出均呈现出无规律的波浪形变化趋势，但是国有大股东混合所有制企业投资支出的波动幅度明显小于非国有大股东混合所有制企业。这说明随着宏观经济的波动变化，国有大股东混合所有制企业的投资行为更为稳健，注重企业自身的长期可持续发展；而非国有大股东混合所有制企业的投资行为更为积极，紧随宏观经济环境的变化调整自身的投资行为，寻求企业短期利益的最大化。

3.1.4　不同规模混合所有制企业的投资支出

通常情况下，企业规模越大，其掌握的生产资源就越多，投融资能力也更强，从而也可以更好地利用各种投资机会。而企业的规模较小，则其拥有的生产资源、投资机会均会受到诸多制约。因此，混合所有制企业的经营规模也必然会对其投资支出产生制约与影响。

为了比较不同经营规模的混合所有制企业的投资支出状况，我们将混合所有制企业按其规模大小均等地划分为五组：依据混合所有制企业经营规模从小到大的标准，第一组为小规模企业，第二组为较小规模企

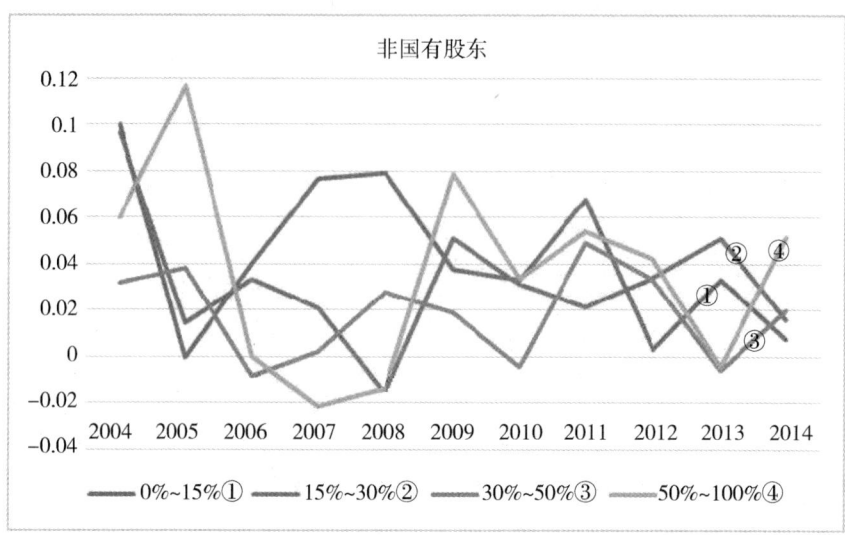

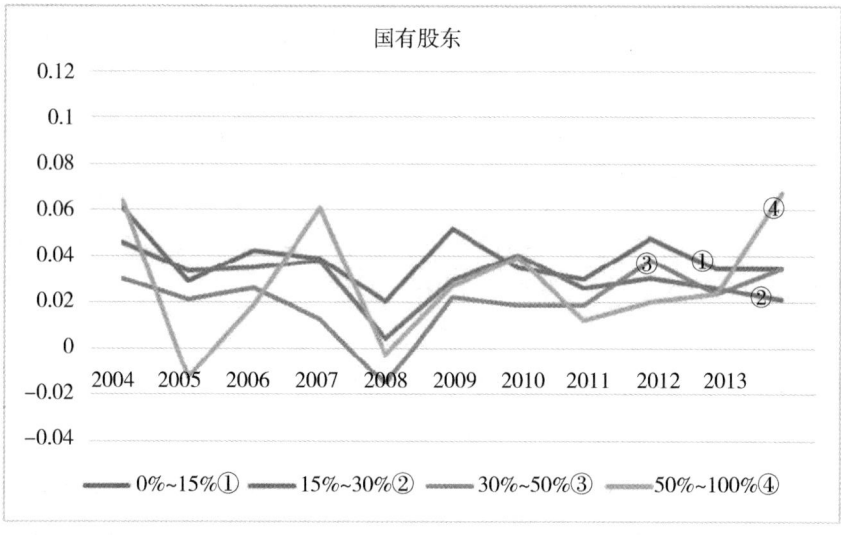

图 3-5　2004—2014 年混合所有制企业投资支出变化趋势图(大股东性质和股权集中度)

业,第三组为中等规模企业,第四组为较大规模企业,第五组为大规模企业。我们通过计算得到混合所有制企业投资结构按经营规模分类的描述性统计,如表 3-6 所示。

表 3-6　2004—2014 年混合所有制企业投资结构分规模描述性统计

投资结构	企业规模	均　值	标准差	均值的置信区间（95%的置信水平）	
				下　限	上　限
长期投资	小规模企业	0.0019	0.0629	-0.0016	0.0055
	较小规模企业	0.0038	0.0583	0.0005	0.0071
	中等规模企业	0.0069	0.0634	0.0033	0.0105
	较大规模企业	0.0080	0.0550	0.0048	0.0111
	大规模企业	0.0100	0.0676	0.0062	0.0138
固定资产投资	小规模企业	-0.0036	0.1084	-0.0098	0.0025
	较小规模企业	0.0075	0.0897	0.0024	0.0126
	中等规模企业	0.0187	0.0979	0.0131	0.0243
	较大规模企业	0.0285	0.0988	0.0229	0.0341
	大规模企业	0.0405	0.0962	0.0351	0.0460
无形资产投资	小规模企业	0.0017	0.0296	0.0000	0.0034
	较小规模企业	0.0046	0.0349	0.0026	0.0066
	中等规模企业	0.0058	0.0407	0.0034	0.0081
	较大规模企业	0.0068	0.0405	0.0045	0.0091
	大规模企业	0.0062	0.0337	0.0043	0.0081
总投资	小规模企业	0.0000	0.1353	-0.0076	0.0077
	较小规模企业	0.0159	0.1097	0.0097	0.0222
	中等规模企业	0.0314	0.1230	0.0244	0.0384
	较大规模企业	0.0433	0.1151	0.0367	0.0498
	大规模企业	0.0567	0.1207	0.0499	0.0636

从表 3-6 可以看出，不同规模的混合所有制企业的投资总支出表现出明显的差异，且随着经营规模的逐步增长，混合所有制企业的投资总支出也随之上升。从投资结构的角度来看，混合所有制企业的长期投资、固

定资产投资、无形资产投资均随着其经营规模的增长而上升,这说明混合所有制企业的经营规模越大越倾向于通过扩大规模来保持和加强行业地位。从图3-6可以看出,2004—2014年小规模混合所有制企业、较小规模混合所有制企业、中等规模混合所有制企业的投资总支出基本呈现出先降后升的变化趋势;而较大规模混合所有制企业、大规模混合所有制企业则呈现出无规律的波动,但始终维持在较高的水平上。这说明混合所有制企业的经营规模越小,越倾向于根据宏观经济环境的变化来调整自身的投资行为;而混合所有制企业的经营规模越大,越倾向于维持相对稳定的投资,这一方面是混合所有制企业维持正常发展的需要,另一方面也可能有借助宏观经济环境的变化来巩固和强化自身行业优势的考虑。

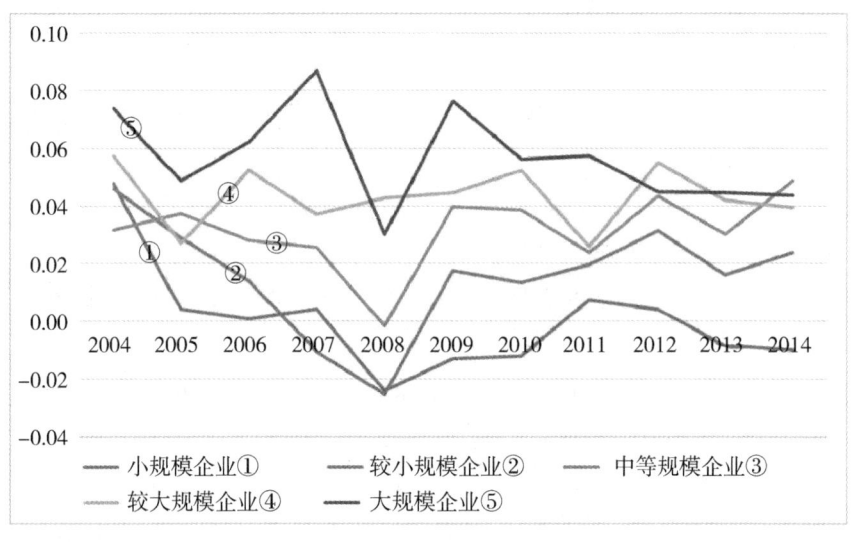

图3-6　2004—2014年混合所有制企业不同规模投资支出变化趋势图

本节从多个角度对混合所有制企业的投资支出和投资结构进行了分析。从时间维度来看,混合所有制企业的投资支出与我国的宏观经济波动和宏观经济政策密切相关,特别是美国次贷危机爆发后,其投资支出水平表现出先降后升的较大波动。而从企业横向维度比较来看,混合所有制所处行业、其大股东性质及其股权集中度、经营规模大小等因素都对其投资支出水平和结构产生了显著影响。虽然这些分析对了解混合所有制企业的投资行为起到很大帮助,但是混合所有制企业的投资有效性问题还需要借助于效率评价理论进行深入的探讨和分析。

3.2 我国混合所有制企业投资效率宏观影响因素分析

众所周知,宏观经济学一方面研究国民经济结构及其表现形式,另一方面研究政府部门采取的试图影响和调节国民经济表现的经济政策。从中不难理解,宏观经济政策的调整与实施主要是服务于国家的宏观经济结构及其表现。本节重点从宏观经济环境(亦即宏观经济结构及其表现)和宏观经济政策两方面来分析宏观影响因素对我国混合所有制企业投资效率的影响。

3.2.1 宏观经济环境因素

改革开放 30 多年以来,我国的宏观经济环境发生了翻天覆地的变化,推动了我国各类产业和企业的发展,特别是混合所有制企业逐渐发展成为我国社会主义市场经济建设的主力军之一。在改革的进程中,通过国有企业的市场化、股份制改造以及其他多种形式孕育出来的混合所有制企业充分把握我国经济快速发展的良好契机,不断提升其市场竞争力,在我国经济发展中发挥着日益重要的作用。因此,我国宏观经济环境的发展变化对于混合所有制企业投资效率的变动具有重要的影响。通常情况下,描述宏观经济运行环境的指标主要采用国内生产总值(GDP)、通货膨胀率、失业率等。

(1)国内生产总值。它是指一个经济体(国家或地区)在一定时期内(一般以年或季度为时间节点)生产的产品与服务的货币总价值。与之相伴而生的国内生产总值增长率是衡量某一经济体经济发展状况的重要指标。国内生产总值增长率越高,说明该经济体越具有发展活力,整体经济形势越好;反之则说明其经济发展疲软,经济形势低迷。然而,国内生产总值及其增长率仅能达到对整体经济形势的初步了解,无法探究宏观经济运行的特征及其规律性,无法真实地反映宏观经济运行的整体质量。因此,在实际的研究过程中,往往更多地关注一个较长时间段宏观经济的动态变化。这方面的研究主要集中在以下领域:其一,对国内生产总值增长率的历史变化进行动态比较,探究其波动规律,寻找经济发展的周期特性;其二,对宏观经济结构的历史变化进行动态比较,探究不同历史时期不同产业的发展变化;其三,对不同历史时期的物价及通货膨胀状况进行比较,探究物价及通货膨胀变动对宏观经济运行的影响机制。

(2)通货膨胀率。通货膨胀是信用货币制度下的特有产物,通常是指在一定时间内,某经济体出现的物价水平持续上涨,货币购买力持续下跌的现象。一般来说,通货膨胀率是对物价水平上涨幅度的度量。在我国与之相关的指标主要有消费价格指数(CPI)、生产者价格指数(PPI)、国内生产总值价格折算指数(GDP implicit deflator)等。其中,消费价格指数(CPI)是最常使用的通货膨胀率替代指标。一般来说,通货膨胀现象与宏观经济发展相伴相生。在宏观经济扩张阶段,往往会产生不同程度的通货膨胀;而在宏观经济衰退阶段则往往伴随着通货紧缩(与通货膨胀相对的概念,指的是一定时期内物价水平的持续下跌)。以往的研究成果表明,通货膨胀并不总是有害的,适度的通货膨胀率对于促进经济发展具有重要的作用。

(3)失业率。所谓失业率就是指某一经济体的失业人数占其劳动总人口的比例。著名经济学家 Arthur M. Okun 提出的"奥肯法则"首次阐述了宏观经济变动与失业变动之间的数量关系,为政府部门调节本国经济发展与失业问题提供了重要参考。在我国,由于统计制度上的缺陷,目前只登记城镇失业人口,官方公布的失业率数据即为城镇登记失业率,学者普遍认为该数据与我国实际失业率存在较大偏差①。

根据学者们对宏观经济发展数据的研究成果,宏观经济发展呈现出一定的周期性,分为繁荣、衰退、萧条、复苏四个不同的发展阶段。作为表征宏观经济发展状况的宏观经济变量也呈现出一定的周期性特征,宏观经济变量的变动与宏观经济形势的变动表现出高度的相关性。

3.2.2 宏观经济政策因素

作为政府部门调节国家宏观经济发展状况的重要工具,宏观经济政策对宏观经济发展走势具有很大的影响。一般来说,宏观经济政策主要有四大目标:持续均衡的经济增长、充分就业、物价水平稳定、国际收支平衡。宏观经济政策根据宏观经济发展状况,围绕这四大目标不断地调整变化。通常情况下,宏观经济政策工具主要包括需求管理政策、供给管理政策、国际经济政策。其中,需求管理政策是凯恩斯主义的重要体现,主要是通过调节社会总需求来实现经济政策目标,它包括财政政策和货币政策。供给管理政策是供给学派经济理论的重要体现,主要是通过调节社会总供给来影响宏观经济发展,它包括收入政策、指数化政策、就业政策和经济增长政策等内容。在政府部门对宏观经济的调整过程中,财政政策和货币政策是最常使用的政策工具。

财政政策是政府部门根据一定时期政治、经济、社会发展的需要而实施的指导财政工作的措施和原则,以期通过调整国家财政支出和税收政策来影响宏观经济发展。其中,财政支出包括政府购买和政府转移支付两种主要形式,前者是政府一系列经济活动支出的总和,对社会总需求具有重要影响,体现的是经济效益;后者是进行收入转移和再分配的重要形式,体现的是社会公平。税收政策是政府部门取得财政收入的重要手段,

---

① 徐小飞,龚德恩. 关于失业与经济增长关系的理论研究与实证分析[J]. 产业与科技论坛,2006(8):56-57.

具有强制性、无偿性等基本特点。税收政策主要通过两种方式实现对宏观经济发展的影响：一是通过调节企业所得税税率、个人所得税税率等来影响微观经济个体的收入水平；二是通过调节消费税率、增值税税率来影响微观经济个体的行为，改变其消费、生产水平，实现对宏观经济活动的干预。

根据财政政策调节国民经济总量与结构的功能差异，财政政策又可进一步分为扩张性财政政策、紧缩性财政政策和中性财政政策。其中，扩张性财政政策主要是通过扩大国债发行规模、降低相关税率以及提高政府购买与转移支付水平等财政分配活动来扩大社会总需求的整体规模；紧缩性财政政策主要是通过缩小国债发行规模、提高相关税率以及缩减政府支付和转移支付规模等方式来控制社会总需求的整体规模。中性财政政策主要是政府部门根据自身需要采取相关的财政活动，其核心是以不刻意扩大或缩减社会总需求为目的。

货币政策是政府部门(特指中央银行)调节货币供应量与社会信用量的各项措施，包括控制货币发行、控制和调节对政府的贷款、推行公开市场业务、改变存款准备金率、调整再贴现率、选择性信用管制、直接信用管制等举措。其中，法定存款准备金率政策、再贴现政策、公开市场业务属于一般性货币政策工具，消费者信用控制、证券市场信用控制、优惠利率、预缴进口保证金等属于选择性货币政策工具，直接信用控制、间接信用指导等属于补充性货币政策工具①。而根据货币政策运用目标的差异，货币政策又分为紧缩性货币政策与扩张性货币政策。前者是中央银行通过降低货币供应量实现紧缩宏观经济的目的，后者则是中央银行通过提高货币供应量实现扩张宏观经济的目的。

运用宏观经济政策的根本目的是调节宏观经济的发展状况。在宏观经济衰退阶段，宏观经济政策主要是用来刺激经济增长，推动经济复苏；在宏观经济繁荣阶段，宏观经济政策主要是用来抑制经济过快增长，抑制

---

① 刘善伟. 货币政策：如何影响经济命脉[J]. 中国青年, 2015(6)：48-50.

高通货膨胀的发生。然而,无论采用何种形式的宏观经济政策,都是通过直接或者间接的方式来影响微观经济个体的行为,通过微观经济个体行为的协同效应来实现对宏观经济发展的影响。因此,本书所研究的混合所有制企业的投资行为既不能忽略宏观经济环境因素的影响,也不能忽略宏观经济政策因素的影响。

3.3 我国混合所有制企业投资效率微观影响因素分析

我们在上一节对影响混合所有制企业投资行为及其投资效率的宏观影响因素进行了分析。对混合所有制企业个体而言,宏观影响因素属于外生变量,企业无法控制,但企业可以通过调节自身的行为来适应宏观影响因素的变化。接下来我们将从混合所有制企业自身出发,探究影响其投资效率的内部因素。根据学者们的研究成果,本节主要从公司治理、资产特性、融资途径和产品市场四个方面来分析混合所有制企业投资效率的影响因素。

3.3.1 公司治理

公司治理主要包括股东治理、董事会与管理层治理以及监事会等内容。股东治理主要是指由企业的股权结构所形成的股东权利差异与股东之间的相互制衡机制。董事会则是股东与企业管理层之间进行有效沟通的桥梁与通道。监事会则起到监督董事会与管理层行为、保护股东利益的作用。

3.3.1.1 股东治理

股东治理主要是借助于大股东控制、股权制衡程度、国有股权比例、流通股比例等方式表现出来的。

(1)大股东控制。毫无疑问,企业股东与管理层之间、大股东与小股东之间的利益冲突是企业代理问题的核心所在。在对企业管理层的监督过程中,需要支付额外的成本,而因此所获得的收益则属于全体股东共享,这导致在股权比较分散的混合所有制企业中,中小股东普遍存在着回避监管的倾向,这也在客观上造成了中小股东对企业管理层的监督缺失。然而,当大股东股权集中度较高时,往往可以避免这种监督缺失现象的出现。对大股东来说,其在企业中的利益非常集中,而且也具有影响企业管理层的能力,因此倾向于对企业管理层实施监督与管理。大股东股权集中度越高,这种倾向越突出。这是由于大股东的持股比例越高,对企业管理层的制约能力就会越强,从而有利于提高混合所有制企业的投资效率。但是大股东股权集中程度的提高,往往又会加剧大股东与小股东之间的利益冲突,这是因为大股东股权集中度过高,使得大股东具有通过对企业的控制以获取私人利益的能力,这样就会对中小投资者的利益造成侵害,产生新的代理问题。因此,在各项制度尚需进一步完善的情况下,大股东控制也可能会对混合所有制企业的投资效率产生不利影响。

(2)股权制衡程度。一家企业的股权制衡程度往往体现在企业的第二至第十大股东的股权集中程度上,它不仅体现了其他股东对企业的投资决策及其投资效率的影响程度,更体现了其他股东对大股东控制行为的抑制与约束,从而避免大股东利用自身的控制能力损害企业的整体利益。但是,当大股东股权集中程度非常高时,其他股东则无法对大股东的行为形成有效的制约。此时,第二至第十大股东为了自身利益往往会附和大股东的行为,共同侵犯其他股东的利益,从而对混合所有制企业的投资效率带来不利影响。

(3)国有股权比例。在混合所有制企业中,国有股权对企业的投资决策及其投资效率也具有重要的影响。目前我国资本市场尚待完善,无法有效地保护中小投资者的合法权益。很多混合所有制企业都是通过原来的国有企业剥离上市的,国有企业从自身的整体利益出发,往往会利用自己在混合所有制企业中的控制权以关联交易的形式进行利益转移,进而损害其他股东的利益。因此,混合所有制企业中国有股权的比例较高,就有可能造成其投资效率降低。

(4)流通股比例。我国资本市场制度的不健全,使得资本市场中流通股的股东权利不能有效地发挥出来。这就造成企业流通股的比例越高,那么企业管理层的权力受到的监督与约束往往就会越少,从而使得管理层为了实现自身利益的最大化而扩大企业的投资支出规模,造成企业的投资效率降低。

此外,混合所有制企业召开股东大会的频率及其机构投资者的持股比例对其投资效率也具有重要影响。在股东大会中,一方面中小股东往往没有有效的话语权,难以制约大股东的过度投资行为;另一方面股东大会的召开频率对混合所有制企业投资效率也会带来影响,通常情况下,机构投资者具有监督企业投资行为的积极性,这对抑制企业的低效率投资、保护中小投资者利益具有重要意义。但是资本市场监管制度的不健全也为机构投资者与企业管理层联合攫取企业股东的利益提供了便利,而这种行为的存在则大大降低了混合所有制企业的投资效率。

3.3.1.2 董事会与管理层治理

企业股东与企业的管理层存在着不可避免的代理冲突问题。在企业的日常经营过程中,企业管理层掌握的信息往往更全面,这就使得股东无法对企业的管理层进行有效的监管。这时候董事会的作用就会显得异常重要。通常情况下,董事会不仅要发挥监督管理层的职能,还要对企业的重要经济行为进行决策。这两方面作用的实现对混合所有制企业的投资效率均具有重要的影响。

(1)董事会规模。一般来说,如果企业董事会规模过大,则不利于董事会职能的有效发挥。许多企业董事会效率低下都是因其董事数量过多导致的。虽然说董事会规模的适度扩大有利于董事会监控职能的发挥,但是随之带来的沟通成本、利益平衡成本等也会随之增加,这直接导致董事会规模扩大的正效应被抵消掉。但是,如果董事会规模过小,虽然可以提高其决策效率,但其决策质量往往会比较差。因此,只有适度的董事会规模才可以起到促进企业投资效率提升的作用。

(2)独立董事规模。在董事会中,一般都有内部董事与外部董事之分,外部董事即为独立董事。通常情况下,企业的独立董事与企业管理层不存在关联关系,因此对管理层的监督更具客观性。在董事会进行决策时,决策结果往往都是企业内部董事与独立董事各自态度的综合反映。内部董事在企业决策中往往会对自身利益的实现程度关注较多,而独立董事由于其与企业不存在过多的利益关联,对决策项目的评价更多的是从企业的整体利益出发。但有时独立董事为了保持自己良好的声誉也会利用自己的投票权与内部董事进行信息交换。独立董事的存在对企业管理层的机会主义倾向具有很好的抑制作用,适度的独立董事规模不仅有利于优化董事会结构,提高董事会决策的有效性,而且在企业长远发展战略的制定与危机处理中往往会发挥关键性作用和影响。

(3)董事长持股比例。在一般的投资决策过程中,首先是企业的管理层制定投资项目的可行性方案并报请企业战略委员会审核,最后再报请董事会以及董事长批准落实。在这一过程中,企业的管理层大多会倾向于进行过度投资。董事长作为董事会中的核心人物,如何辨别企业管理层的不良倾向与动机,一方面与其专业能力有关,另一方面则取决于其进行辨别的动力。在董事长持股比例较低时,董事长往往缺乏足够的动力对管理层进行监督。在董事长持股比例比较高时,不仅使其具有更高的决策权,而且能够推动其调动相关资源来推动投资项目的实施,对企业投资效率的提升非常有帮助。

(4)管理层薪酬和管理层持股比例。根据企业代理理论,企业的股东与管理层之间利益并不一致,即他们之间存在代理成本。在企业投资决策过程中,这种利益的不一致往往是产生非效率投资问题的根源。在以两权分离为核心的现代企业中,管理层选择的投资规模往往会高于企业的最优投资规模,也就是说管理层存在着牺牲投资者利益来换取企业规模扩张的倾向。一方面企业规模的扩大,包括企业投资规模的扩大可以带动管理层权力的扩大,便于其掌握更多的资源;另一方面企业规模的扩大,包括企业投资规模的扩大会增加企业的经营业绩,从而使他们获得更高的报酬。

3.3.1.3 监事会

监事会通常是由企业股东大会授权成立的,其核心职能是监督企业的董事会和管理层的行为,保护投资者的利益,增加企业的价值。监事一般由企业股东、职工代表或者是相关领域的专家来担任,其行为直接对股东大会负责,是与董事会平行的机构,具有很强的独立性,可以对混合所有制企业的投资行为发挥显著的影响。监事会主要借助于其监管能力与监管意愿两个方面来发挥其对企业投资效率的影响。一般来说,监事会履行其职责的能力越强,对董事会和管理层的监督就会越有效,从而对企业投资效率的提升越有帮助;监事会履行其职责的意愿越强,对董事会和管理层的监督也会越有效,对企业投资效率的提升也越有帮助。监事会的监管能力与其成员的教育背景、工作经验、声誉背景以及海外经历等因素密切相关。通常来说,监事会成员的教育背景越好、工作经验越丰富,为企业投资决策提供的支持就会越多;监事会成员的声誉越好,那么其监管的权威性就会越强;监事会成员的海外经历越丰富,越有利于企业拓宽视野,提高决策的有效性。此外,如果监事会成员持有企业的股票,往往会提高其进行监管的意愿,及时制止企业的非效率投资行为。

3.3.2 融资途径

一般来说,混合所有制企业的融资途径主要分为内部融资与外部融资两种方式。前者主要来源于自身经营活动产生的现金流以及企业的留存收益;后者又进一步分为股权融资与债权融资。对于混合所有制企业而言,适当的融资方式对提升其投资决策及其投资效率具有重要意义。

3.3.2.1 内部融资与外部融资

企业的内部融资对于促进企业持续健康发展具有重要作用。内部融资具有原始性、自主性、低成本性和抗风险性等特点。相对于外部融资，它可以减少信息不对称问题及与此相关的激励问题，节约交易费用，降低融资成本，增强企业剩余控制权①。在其投资决策过程中，企业内部融资成本之所以低于企业外部融资成本，是因为企业内部融资成本即为其损失的机会成本，它通常低于股权和债权资金所要求的必要回报。然而，企业内部融资能力及其增长，要受到企业的盈利能力、净资产规模和未来收益预期等方面的制约②。

鉴于企业内部融资的诸多优点，企业在进行投资决策时往往倾向于进行内部融资。而内部融资也为企业投资项目的顺利落实提供了有力的保障。通常情况下，企业的内部融资规模越大，那么其投资规模也会随之扩大。因此，混合所有制企业在进行投资决策时有效地利用内部融资的程度对于提高其投资效率作用很大，但也要避免内部融资规模过大可能引发的投资过度问题。

外部融资包括股权融资和债权融资两种方式。其中，股权融资指的是企业的原有股东出让部分企业所有权，通过增资扩股方式进行融资；债权融资指的是企业通过提供一定的抵押和担保向银行等机构或个体借入资金的方式进行融资。对企业而言，前者不存在还本付息的压力，而后者则必须在到期时还本付息。因此，前者往往用来满足企业的长期资金需求，而后者则用以解决企业的短期资金需求。

学者们以往的研究发现，我国的上市企业偏重于股权融资，这一方面是股权融资成本偏低所致，另一方面则是由于企业的大股东与中小股东的利益冲突导致的，大股东往往可以在股权融资中获得更高的个人收益，

---

① 宋亚伟. 略论融资租赁与中小企业融资[J]. 产权导刊，2013(5)：69-71.
② 邱伟松，吴至运. 中外高新技术企业金融支持路径比较研究[J]. 财经纵横，2012(9)：29-30.

实现自身利益的最大化。而债权融资成本较高,必然会对企业股东的收益产生损害。债权融资的各项附加条款往往都会对企业的投资行为形成一定的制约,抑制企业投资规模的扩大。因此,企业的负债比率越高,其受到的投资约束越大,企业的投资规模就越小。

3.3.2.2 资本结构与融资约束

这里的资本结构指的是企业的融资结构中资产和负债的比例关系,即通常所说的资产负债率。企业的债权融资对企业投资行为所形成的约束是企业的资本结构影响其投资效率的根源。

企业的债权融资对企业投资决策的影响主要体现在两个方面:一是企业的债权融资可以很好地抑制企业的过度投资行为。企业的管理层在企业运营过程中虽然存在着与企业股东之间的利益冲突,但是企业管理层的利益也与企业的持续稳定发展以及良好的经营业绩密切相关。在企业债权融资比重过高时,企业的破产风险随之迅速攀升,从而对企业的投资能力与投资行为产生巨大的制约。在这种情况下,企业管理层出于维护自身利益的考虑,往往会提高与企业股东合作的积极性,在充分遵循股东意愿的基础上,抑制企业规模的盲目扩张,避免过度投资行为的发生,从而有效地提升企业的投资效率。二是企业的债权融资也可能会造成企业投资不足问题的产生。虽然说企业负债规模的扩大,使得企业管理层面临的还本付息压力上升,有利于降低企业低效率投资的规模。但是企业负债水平的升高也会给企业管理层带来企业破产的风险与压力,从而使其放弃很多优质的投资机会,造成企业投资不足以及投资效率的下降。

债权融资对于调节企业股东及其管理层之间的利益冲突也具有一定的作用,而这种调节作用进一步会对企业的投资效率产生影响。债权融资所带来的债务本金及其利息的支付有效地降低了企业管理层可支配现金流的规模,债权融资所带来的监管与破产风险压力,也制约了企业管理层行为的盲目与冲动性。对企业投资决策而言,债权融资的期限差异也会对其投资行为产生很大的影响。通常来说,短期债券融资更容易造成企业的非效率投资问题。在债券融资规模相同的条件下,企业短期债权融资的增加可以更为有效地制约企业管理层的过度投资冲动。一方面是短期债权融资规模的变化对企业价值变动的敏感性较小,而短期债权融资所造成的还本付息的压力则相对较大,使得企业管理层不得不冻结部分现金流,导致其可用于项目投资的资金规模缩小。另一方面是短期债权融资规模的扩大提高了企业的财务风险,从而促使企业提高其投资决策的有效性,避免非效率投资的发生。由此可见,短期债券融资可以更好地制约企业的过度投资倾向。同时,短期债权融资规模的扩大也会进一步增加投资不足的程度。短期债权融资不仅期限短,而且具有清偿的优先权。而债权融资契约的频繁签订也会对企业的经营管理者造成无形的压力,迫使其抛弃对债权人更为有利的投资项目,加剧企业的投资不足问题。因此,企业的短期债权融资对其投资决策及其投资效率具有更大的影响。

融资约束是指企业的内部融资及其外部融资渠道运行不畅,使得企业的资金规模无法保障其正常的投资需求。因此,融资约束对企业投资效率的影响也不容忽视,在企业的可用资金规模较小时,企业往往无法对优质的投资项目进行投资;同时由于外部融资的高成本降低了企业管理层外部融资的积极性,最终使企业做出降低投资支出的决策。这种情况的发生,对于投资过度的企业而言,可以降低其非效率投资程度,提高其投资效率;但对于投资不足的企业而言,则使其较小的投资规模雪上加霜,投资效率进一步降低。在企业的可用资金规模较大时,企业的管理层在扩大经营规模、提升经营业绩、增加经营管理报酬等意愿的驱使下,企业往往会倾向于扩大投资规模,在无法寻求到优质投资项目的时候,这部分投资资金就会流向高风险、低收益的项目,从而增加了企业的投资风险,给企业造成不必要的投资损失,降低了企业的投资效率。

3.3.3 资产特性

这里所说的资产特性主要是指企业资金的充足性及其流动性。混合所有制企业在进行投资决策时,如果有充足的资金支持,则有利于投资项目的快速实施。然而,并不是混合所有制企业的流动资金越多越好。如果企业的资金过多,则容易导致企业资金的滥用,造成企业的投资效率低下。那么,混合所有制企业的投资决策及其投资效率与资产特性存在怎样的关系呢?

(1)资产流动性。通常情况下,流动资产是反映企业资产流动性的核心指标。所谓流动资产指的是可以在一年或者超过一年的一个营业周期内变现或者运用的资产。流动资产在周转过程中,从货币形态开始,依次改变其形态,最后又回到货币形态(货币资金→储备资金、固定资金→生产资金→成品资金→货币资金),各种形态的资金与生产流通紧密相结合,周转速度快,变现能力强。对混合所有制企业而言,其流动资产的规模越大,则其在一定时间内可用于项目投资的资金就越充足。因此,混合所有制企业的投资决策及其投资效率与资产流动性密切相关,特别是企业的投资规模往往与资产的流动性存在着正相关关系。

(2)现金持有量。这是反映企业现金留存规模的重要指标,包括现金和有价证券两部分。其中,现金指的是在生产过程中暂时停留在货币形态的资金,包括库存现金、银行存款以及其他货币资金。有价证券是企业现金的一种转移形式,有价证券变现能力强,可以随时兑换成现金。在其他条件不变的情况下,企业现金持有量比例越高,那么企业可以自由支配的投资资金也就越丰富,这可能造成企业过度投资行为的产生。在企业进行投资决策的过程中,企业的现金持有规模往往与其投资水平正相关,而现金持有比例的过高或过低都不利于混合所有制企业投资效率的提高。

(3)经营活动产生的现金流。企业在进行外部融资时往往会受到诸多制约,造成企业正常的投资资金需求无法得到满足。因此,企业在进行外部融资的同时,也越来越重视企业内部融资的作用。通常情况下,在企业外部融资约束没有发生变化的条件下,企业的投资水平及其投资效率与其内部融资能力存在着一定的正相关关系。企业的内部融资主要来源之一即为其生产经营活动所产生的现金流,其中扣除了企业利润分配以及经营基本需求的剩余资金往往可以用来进行企业项目投资。在实际情况中,企业在经营过程中所逐步积累的剩余现金流大多都用于企业投资。同时由于企业股东与管理层之间的利益冲突,也就不可避免地产生了投资过度的问题。

(4) 利润分配现金流。一般来说,企业在对其投资者进行股利分配或者是向其债权人支付利息时都会造成企业自有资金规模的降低。换言之,企业用于投资资金的供给减少了,这势必会造成对企业投资行为的制约。这种现象对于投资过度的企业来说,可以在一定程度上抑制其投资过度的行为,提高其投资效率;但对于投资不足的企业来说,原有的不足的投资规模进一步降低,企业投资效率下降。

3.3.4 产品市场

企业的产品市场状况对其投资决策及其投资效率具有重要的影响。产品市场不仅关系到混合所有制企业投资的方向,还关系到其投资规模。产品市场中对企业行为的影响因素众多,我们主要从产品市场经营风险、产品市场竞争力和企业多元化投资三个角度探讨产品市场因素对混合所有制企业投资行为及其投资效率的影响。

所谓风险就是企业所面临的未来的不确定性。混合所有制企业进行项目投资时同样面临诸多风险,这些风险既可能为企业创造收益,也可能给企业造成损失。此处所称的产品市场经营风险主要是指企业在其运营过程中可能会为其带来亏损的事件。经过改革开放30多年的发展,我国买方市场已然形成,致使很多企业都不同程度地存在产品积压的问题。

在这种情况下，企业为了争夺产品市场，提高自身的产品销售收入，不断地进行赊购赊销行为，从而导致企业的应收账款迅速攀升。加之我国尚无完备的企业信用信息数据库，而出于成本因素的考虑，企业也无法独立地对赊购赊销方的信用状况进行深入调查，从而造成很多企业的应收账款因无法收回而发生坏账损失，导致企业的经营与财务风险增加。毫无疑问，企业的投资行为及其投资效率必然要受到其经营风险的影响与制约，且企业的经营风险越高，那么企业的投资规模必然会越低。

产品市场竞争力是企业基于自身经济利益的考虑，在产品市场中提升自己的综合实力，限制其他同类产品采取同向行为的能力。企业的产品市场竞争力的强弱对其投资效率具有重要影响。产品市场之间的相互竞争会对企业的投资效率发挥积极的作用。在产品市场相互竞争非常强烈的情况下，同类企业之间必然展开激烈的争夺与厮杀，企业为了保持自身的产品市场竞争力就需要对其拟投资项目的各项信息进行细致深入的调查与研究，审慎地进行投资决策，这样既有利于企业资金的有效利用，也可以大大提升企业的投资效率。然而，产品市场之间的过度竞争也存在着降低企业投资效率的消极作用。在产品市场相互竞争非常强烈的情况下，企业为了避免自己的市场份额被其他企业夺取，往往会进一步扩大投资支出规模来维护和扩大自己的市场份额，因而企业的运营成本也将大幅提升。企业在这种情况下所增加的投资支出往往不能为其创造新的收益与价值，从而直接导致企业的投资效率降低。同时，产品市场之间的过度竞争会导致企业管理销售费用激增，刺激企业的融资需求。这时往往会使企业的债权融资规模扩大，进而又抑制了企业的投资能力与意愿，导致企业的投资效率低下。

在我国混合所有制企业中，普遍存在着多元化经营与投资的倾向。企业的多元化投资可能会对其投资效率的提升发挥积极的影响，也可能对其投资效率的提升造成不利的影响。通常情况下，企业的投资越趋向于多元化方向发展，则企业的价值创造单元就会越丰富，而企业的经营收益也会越稳定，对于企业投资风险的分散大有裨益，且企业也可以享受规模经济所带来的收益。企业经营领域的多元化同样为企业创造了更为丰富的投资机会,从而便于企业在更广泛的领域内进行比较分析,做出最佳的项目投资决策。同时,企业投资的多元化发展也有利于企业整合内部的各项资源,实现企业不同部门之间的资源优势互补,扩大企业投资资金的规模,提升企业的投资效率。然而,任何事物往往都有其两面性。企业投资的多元化发展也可能造成企业管理层对企业投资资金的过度使用,带来企业之间的无效率竞争,从而损害企业的经济价值,对企业的持续健康发展造成一定的危害。加之企业管理层与股东之间利益冲突的存在,在企业资金比较充沛的情况下,企业管理层往往会借助于投资多元化来扩大企业的经营规模,造成企业的投资过度。这种情形虽然使企业管理层的收益扩大,但实际上则是对投资者的利益造成了损害,不利于企业投资效率的提升。

第4章 宏观经济波动与企业投资行为关系研究

4.1 宏观经济波动的度量

4.1.1 我国宏观经济波动的度量

Taylor and Woodford 指出,对某个国家或地区的宏观经济波动的有效衡量方法就是测度其总产出或者其他相关经济指标相对于它们的长期发展趋势的偏离程度。美国国家经济研究局(National Bureau of Economic Research,NBER)下属的经济波动周期确定委员会在研究经济周期性波动的过程中主要采用国内总产出、国民总收入、国内就业规模、国内贸易总额等相关指标,其中使用最多、最基本的指标即为国内生产总值 GDP,并以此为基础研究和分析其他宏观经济指标[1]。因此,本书在对我国宏观经济周期性波动进行分析时,主要测度我国实际 GDP 相对于潜在 GDP 的偏离程度,用数学表达式表示为:

---

[1] 刘畅,高铁梅. 中国电力行业周期波动特征及电力需求影响因素分析——基于景气分析及误差修正模型的研究[J]. 资源科学,2011,33(1):169-177.

$$y_t = y_t^{trend} + \varepsilon_t = y^* + y_t^{gap} \tag{4-1}$$

其中，y_t 表示实际国内生产总值 GDP，y_t^{trend} 表示实际国内生产总值 GDP 的长期发展趋势，y^* 表示潜在的国内生产总值 GDP，ε_t 表示随机变量，y_t^{gap} 表示实际国内生产总值 GDP 相对于潜在的国内生产总值 GDP 的偏离程度，即本书所有估测的宏观经济周期性波动度量指标。

何为潜在的国内生产总值 GDP 呢？在经典的经济学理论中，潜在的国内生产总值 GDP 就是指在国内价格水平相对稳定、技术条件相对确定以及国内充分就业的条件下，一国利用现有的资本和劳动力可以实现的最大产出。然而，从该定义出发来度量潜在的国内生产总值 GDP 操作起来非常困难，一方面一国调动其所有的生产要素可以实现的最大产出水平难以准确度量，另一方面来自各个方面的统计数据往往也很难符合要求。而经济合作与发展组织（Organization for Economic Co-operation and Development，OECD）给出的潜在国内生产总值 GDP 的定义对于测度潜在国内生产总值 GDP 更具操作性。它将潜在国内生产总值 GDP 定义为在通货膨胀相对稳定的条件下，一国中期的国内总产出水平。按照这一定义，一国的潜在国内生产总值 GDP 近似于它的实际国内生产总值 GDP 的长期发展趋势，即 $y^* \approx y_t^{trend}$。目前，在学术界对于潜在的国内生产总值 GDP 的主要度量方法有两种：一是单变量工具法，一是生产函数法。本书主要采用生产函数法来测算我国的潜在国内生产总值 GDP，并依据实际国内生产总值 GDP 相对于潜在国内生产总值 GDP 的偏离程度来度量我国的宏观经济周期性波动。

利用生产函数法对宏观经济波动进行测度的基本原理是国内总产出规模由资本存量、劳动力投入以及当前的技术水平即生产三要素决定，也就是说国内总产出可以由这三个生产要素的函数来表示。本书选取标准的 Cobb-Douglas 函数进行分析和计算：

$$Y_t = A_t * L_t^{\alpha} * K_t^{\beta} \tag{4-2}$$

其中，Y_t 表示实际国内生产总值 GDP，A_t 表示当时的技术水平，L_t 表示国内劳动力规模，K_t 表示国内资本存量，α 表示劳动力对国内生产总值

GDP 的贡献程度，β 表示资本存量对国内生产总值 GDP 的贡献程度。本书对(4-2)式两边取对数可以得到：

$$\ln Y_t = \ln A_t + \alpha \ln L_t + \beta \ln K_t \tag{4-3}$$

在规模报酬不变的假设下，可以得到 $\alpha+\beta=1$。又考虑到在中期的时间跨度下，技术水平一般不会发生显著的变化，因此可以认为 $\ln A_t$ 为一个常数。结合(4-1)式可以得到：

$$\varepsilon_t^* = \ln\frac{Y_t}{L_t} - \ln\frac{Y_t^*}{L_t} = \ln\frac{Y_t}{L_t} - \beta\ln\frac{K_t}{L_t} - c \tag{4-4}$$

其中，ε_t^* 表示实际国内生产总值 GDP 相对于潜在国内生产总值 GDP 的偏离程度，即宏观经济的波动，Y_t、Y_t^* 分别表示实际国内生产总值 GDP、潜在国内生产总值 GDP，c 表示对技术水平的度量，是一个常数。

为了能够更准确地估计(4-4)式的系数，本书借鉴 Jorg Scheibe (2003)的研究思路引入时间滞后变量，进一步得到如下回归方程①：

$$\Delta\left(\ln\frac{Y_t}{L_t}\right) = c + \gamma\Delta\left(\ln\frac{Y_{t-1}}{L_{t-1}}\right) + \delta\Delta\left(\ln\frac{K_t}{L_t}\right) + \zeta\left(\ln\frac{Y_{t-1}}{L_{t-1}}\right) + \xi\left(\ln\frac{K_{t-1}}{L_{t-1}}\right) + \varepsilon_t \tag{4-5}$$

考虑到我国社会主义市场经济建设刚刚起步，我国的统计制度存在种种缺陷和不足，这使得我国的宏观经济统计数据的准确性有待商榷。因此，由(4-5)式估计出来的 β 的长期趋势值 $\beta^* = -\xi/\zeta$ 则可以排除短期因素的干扰，从而在一定程度上弥补我国统计数据的不足。

考虑到我国经济制度的发展历史以及相关数据的可得性，本书采用我国 1980—2014 年的宏观经济统计数据进行回归检验，原始数据来源于中华人民共和国国家统计局官方网站(http://www.stats.gov.cn/)。Eviews 6.0 回归结果如表 4-1 所示：

---

① Jorg Scheibe. The Chinese Output Gap during the Reform Period 1978-2002 [R]. Working Paper, University of Oxford, 2003(179).

表 4-1　　我国宏观经济波动测度模型回归结果

Variable	Coefficient	Std. Error	t-Statistic	Prob.
c	0.103161	0.067666	1.524556	0.1386
$\Delta\left(\ln\dfrac{Y_{t-1}}{L_{t-1}}\right)$	0.350928	0.116628	3.008947	0.0055
$\Delta\left(\ln\dfrac{K_t}{L_t}\right)$	0.379871	0.069684	5.451358	0.0000
$\ln\dfrac{Y_{t-1}}{L_{t-1}}$	-0.112641	0.076362	-1.475090	0.1513
$\ln\dfrac{K_{t-1}}{L_{t-1}}$	0.086088	0.061032	1.410539	0.1694
R-squared	0.762713	Mean dependent var		0.129646
Adjusted R-squared	0.714529	S.D. dependent var		0.069248
S.E. of regression	0.042993	Akaike info criterion		-3.316819
Sum squared resid	0.051756	Schwarz criterion		-3.090076
Log likelihood	59.72752	Hannan-Quinn criter.		-3.240527
F-statistic	13.75385	Durbin-Watson stat		2.054206
Prob(F-statistic)	0.000003			

从表 4-1 可以看出,该回归模型的 Adjusted R-squared 为 0.7145,表明其整体拟合效果较好;其 F 值为 13.7539,表明所有协变量对 $\Delta\ln(Y_t/L_t)$ 具有联合显著性影响。从各变量回归系数的角度来看,常数项 c、$\ln(Y_{t-1}/L_{t-1})$、$\ln(K_{t-1}/L_{t-1})$ 在 10% 的水平下仍不显著,但其 Prob. 值相对较低。因此,该模型的回归结果是可以接受的。根据其回归结果,可以得到 β 的值为 0.7643,将 β 的值代入(4-4)式进一步回归得到 c 的值为 0.7447。从而,可以得到我国宏观经济波动测度方程为:

$$\varepsilon_t^* = \ln\frac{Y_t}{L_t} - 0.7814\ln\frac{K_t}{L_t} - 0.7664 \qquad (4\text{-}6)$$

将我国 1980—2014 年的宏观经济数据代入(4-6)式可以得出我国 1981—2014 年的经济波动情况,如图 4-1 所示。

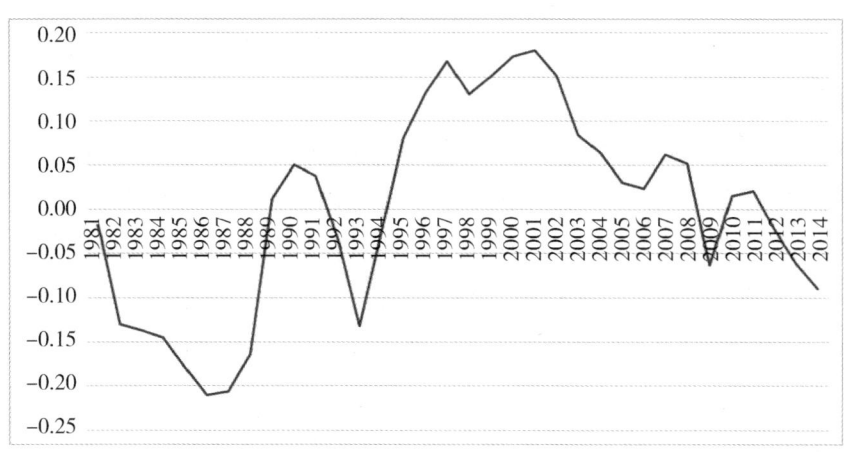

图 4-1　我国 1981—2014 年宏观经济波动变化趋势图

从图 4-1 可以看出,我国宏观经济发展一直处于起伏波动中。其中 1981—1990 年可以划为第一次经济波动周期,1991—2001 年可以划为第二次经济波动周期,2002—2011 年可以划为第三次经济波动周期,2012 年以后可以划为第四次经济波动周期。整体而言,本书对宏观经济波动的测算与我国宏观经济的实际走势完全一致,与实际经济波动变化趋势的吻合为本书指标设置的合理性和精确性提供了支撑①。

4.1.2　我国宏观经济波动与宏观经济变量的关系分析

本书在上一节分析和计算了我国宏观经济周期性波动的变化。下文

---

① 南士敬,赵春艳. 我国经济周期各阶段的非线性转换特征分析[J]. 统计与决策,2015(13): 126-130.

将分析宏观经济波动与主要经济变量之间的关联关系。

首先,本书将分析宏观经济波动与宏观经济环境变量之间的关系。根据上一章的分析,本书选定以下几个反映宏观经济环境的变量进行分析:(1)国内生产总值(GDP),考虑到国内生产总值的绝对值往往比较大以及通货膨胀因素的影响,本书选取国内生产总值的增长率进行分析。(2)失业率,由于目前我国只对城镇登记失业人口进行统计,因此本书选取城镇登记失业率进行分析。(3)通货膨胀率,在以往的研究中,学者们基本上都采用居民消费价格指数(CPI)来反映国内的通货膨胀状况,因此本书也采用居民消费价格指数的增长率来作为通货膨胀率的替代指标进行分析。根据图4-2,1995—2014年我国主要宏观经济环境变量的变化趋势与宏观经济波动的变化趋势存在较大的差异,特别是在2004年之前毫无相关性可言。但是在2004年之后,宏观经济波动与国内生产总值增长率和通货膨胀率的变化开始表现出趋同的倾向。

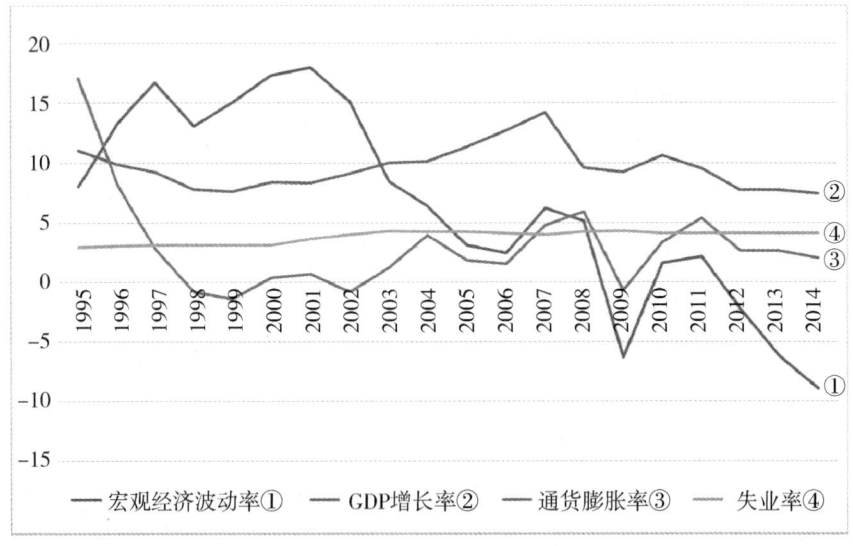

图4-2　1995—2014年宏观经济波动与经济环境变量变化趋势图

表 4-2　　**宏观经济波动与经济环境变量相关性分析**

(1) 1995—2014 年数据

		宏观经济波动率	GDP 增长率	通货膨胀率	失业率
宏观经济波动率	Pearson 相关性	1	-0.018	-0.051	-0.679**
	显著性(双侧)		0.939	0.831	0.001
	N	20	20	20	20
GDP 增长率	Pearson 相关性	-0.018	1	0.368	0.208
	显著性(双侧)	0.939		0.110	0.378
	N	20	20	20	20
通货膨胀率	Pearson 相关性	-0.051	0.368	1	-0.272
	显著性(双侧)	0.831	0.110		0.246
	N	20	20	20	20
失业率	Pearson 相关性	-0.679**	0.208	-0.272	1
	显著性(双侧)	0.001	0.378	0.246	
	N	20	20	20	20

**:在 0.01 水平(双侧)上显著相关。

(2) 1995—2004 年数据

		宏观经济波动率	GDP 增长率	通货膨胀率	失业率
宏观经济波动率	Pearson 相关性	1	-0.718*	-0.506	-0.389
	显著性(双侧)		0.019	0.135	0.267
	N	10	10	10	10
GDP 增长率	Pearson 相关性	-0.718*	1	0.798**	0.220
	显著性(双侧)	0.019		0.006	0.541
	N	10	10	10	10
通货膨胀率	Pearson 相关性	-0.506	0.798**	1	-0.347
	显著性(双侧)	0.135	0.006		0.325
	N	10	10	10	10
失业率	Pearson 相关性	-0.389	0.220	-0.347	1
	显著性(双侧)	0.267	0.541	0.325	
	N	10	10	10	10

*:在 0.05 水平(双侧)上显著相关。

**:在 0.01 水平(双侧)上显著相关。

(3) 2004—2014 年数据

		宏观经济波动率	GDP 增长率	通货膨胀率	失业率
宏观经济波动率	Pearson 相关性	1	0.721*	0.634*	−0.121
	显著性(双侧)		0.012	0.036	0.722
	N	11	11	11	11
GDP 增长率	Pearson 相关性	0.721*	1	0.177	−0.279
	显著性(双侧)	0.012		0.602	0.407
	N	11	11	11	11
通货膨胀率	Pearson 相关性	0.634*	0.177	1	−0.426
	显著性(双侧)	0.036	0.602		0.191
	N	11	11	11	11
失业率	Pearson 相关性	−0.121	−0.279	−0.426	1
	显著性(双侧)	0.722	0.407	0.191	
	N	11	11	11	11

*:在0.05水平(双侧)上显著相关。

从表4-2可以看出,1995—2014年宏观经济波动的变化与国内生产总值增长率和通货膨胀率的变化不存在显著的相关关系,而与失业率的变化表现出显著的负相关关系;1995—2004年宏观经济波动的变化与国内生产总值增长率的变化表现出显著的负相关关系,而与通货膨胀率和失业率的变化则不存在显著的相关关系;2004—2014年宏观经济波动的变化与国内生产总值增长率与通货膨胀率的变化表现出显著的正相关关系,而与失业率的变化则不存在显著的相关关系。

下文将分析一下宏观经济波动与宏观经济政策变量之间的关系。宏观经济政策分为财政政策和货币政策两大类。其中,财政政策又分为支出型政策和收入型政策,前者主要通过财政转移支付来实现对经济的干预,后者则主要通过税收政策来实现对经济的影响。因此,本书采用财政支出增长率和税收增长率来表征我国财政政策的变化。货币政策最终目标是通过调节货币供应量来干预经济发展,而利率的调整则是最常使用的货币政策工具。因此,本书采用广义货币供应量(M2)增长率和实际利率来表征我国货币政策的变化。在这里,实际利率以一年期贷款基准利率减去通货膨胀率加以表示。1995—2014年我国宏观经济波动与宏观经济政策变量变化趋势如图4-3所示。

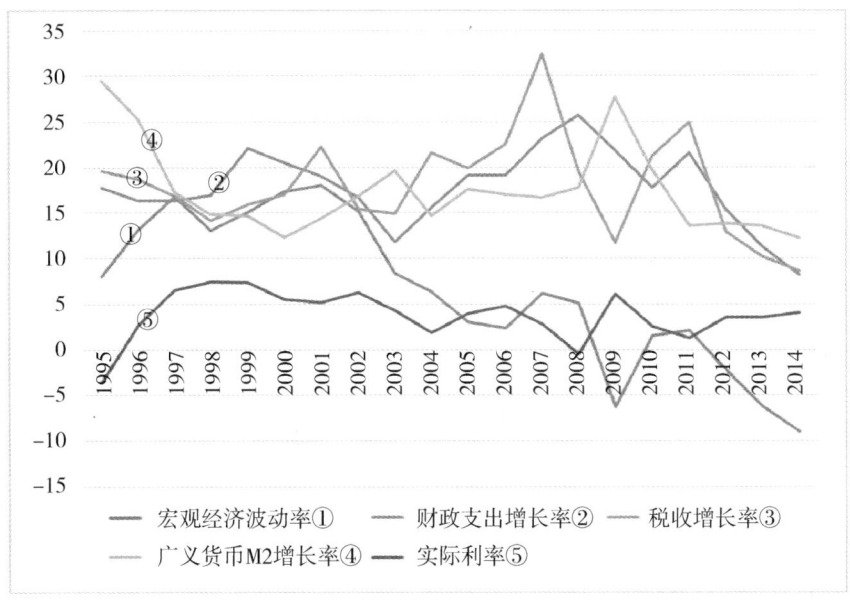

图4-3　1995—2014年宏观经济波动与经济政策变量变化趋势图

表4-3　　　宏观经济波动与经济政策变量相关性分析

(1) 1995—2014年数据

		宏观经济波动率	财政支出增长率	税收增长率	广义货币M2增长率	实际利率
宏观经济波动率	Pearson相关性	1	0.283	0.289	−0.033	0.266
	显著性(双侧)		0.227	0.216	0.889	0.257
	N	20	20	20	20	20
财政支出增长率	Pearson相关性	0.283	1	0.592**	0.167	−0.108
	显著性(双侧)	0.227		0.006	0.482	0.650
	N	20	20	20	20	20

续表

		宏观经济波动率	财政支出增长率	税收增长率	广义货币M2增长率	实际利率
税收增长率	Pearson 相关性	0.289	0.592**	1	0.039	-0.350
	显著性(双侧)	0.216	0.006		0.871	0.130
	N	20	20	20	20	20
广义货币M2增长率	Pearson 相关性	-0.033	0.167	0.039	1	-0.384
	显著性(双侧)	0.889	0.482	0.871		0.095
	N	20	20	20	20	20
实际利率	Pearson 相关性	0.266	-0.108	-0.350	-0.384	1
	显著性(双侧)	0.257	0.650	0.130	0.095	
	N	20	20	20	20	20

**：在 0.01 水平(双侧)上显著相关。

(2) 1995—2004 年数据

		宏观经济波动率	财政支出增长率	税收增长率	广义货币M2增长率	实际利率
宏观经济波动率	Pearson 相关性	1	0.576	-0.136	-0.471	0.669*
	显著性(双侧)		0.082	0.707	0.170	0.034
	N	10	10	10	10	10
财政支出增长率	Pearson 相关性	0.576	1	0.131	-0.304	0.202
	显著性(双侧)	0.082		0.719	0.393	0.575
	N	10	10	10	10	10
税收增长率	Pearson 相关性	-0.136	0.131	1	0.143	-0.539
	显著性(双侧)	0.707	0.719		0.693	0.108
	N	10	10	10	10	10
广义货币M2增长率	Pearson 相关性	-0.471	-0.304	0.143	1	-0.783**
	显著性(双侧)	0.170	0.393	0.693		0.007
	N	10	10	10	10	10

续表

		宏观经济波动率	财政支出增长率	税收增长率	广义货币M2增长率	实际利率
实际利率	Pearson 相关性	0.669*	0.202	−0.539	−0.783**	1
	显著性(双侧)	0.034	0.575	0.108	0.007	
	N	10	10	10	10	10

*:在 0.05 水平(双侧)上显著相关。

**:在 0.01 水平(双侧)上显著相关。

(3) 2004—2014 年数据

		宏观经济波动率	财政支出增长率	税收增长率	广义货币M2增长率	实际利率
宏观经济波动率	Pearson 相关性	1	0.643*	0.873**	−0.038	−0.593
	显著性(双侧)		0.033	0.000	0.911	0.054
	N	11	11	11	11	11
财政支出增长率	Pearson 相关性	0.643*	1	0.648*	0.530	−0.338
	显著性(双侧)	0.033		0.031	0.093	0.309
	N	11	11	11	11	11
税收增长率	Pearson 相关性	0.873**	0.648*	1	−0.009	−0.413
	显著性(双侧)	0.000	0.031		0.979	0.206
	N	11	11	11	11	11
广义货币M2增长率	Pearson 相关性	−0.038	0.530	−0.009	1	0.392
	显著性(双侧)	0.911	0.093	0.979		0.233
	N	11	11	11	11	11
实际利率	Pearson 相关性	−0.593	−0.338	−0.413	0.392	1
	显著性(双侧)	0.054	0.309	0.206	0.233	
	N	11	11	11	11	11

*:在 0.05 水平(双侧)上显著相关。

**:在 0.01 水平(双侧)上显著相关。

从表4-3可以看出,1995—2014年宏观经济波动的变化与财政支出增长率、税收增长率、广义货币M2增长率以及实际利率的变化均不存在显著的相关关系;1995—2004年宏观经济波动的变化仅与实际利率的变化表现出显著的正相关关系,而与财政支出增长率、税收增长率和广义货币M2增长率则不存在显著的相关关系;2004—2014年宏观经济波动的变化与财政支出增长率和税收增长率的变化表现出显著的正相关关系,而与广义货币M2增长率和实际利率则不存在显著的相关关系。

4.2 宏观经济波动与企业投资

众所周知,人们在股票市场进行投资时,不仅要考虑相应企业的经营状况,还要时刻关注宏观经济的发展变化,研究其对行业发展、企业经营所带来的各种影响。如同人们在证券市场进行股票投资一样,企业作为一个独立的、理性的微观经济主体,在进行投融资活动时也必须考虑宏观经济因素的变化对自身的作用和影响。

4.2.1 宏观经济因素与企业行为的一般性分析

根据前文的内容,宏观经济因素包含两个方面内容,一是反映宏观经济运行状况的宏观经济环境变量,另一是调节宏观经济运行质量的宏观经济政策变量,在此不予赘述。

企业行为主要是指企业在经营过程中所实施的各项制度与措施,诸如企业的治理结构、经营管理模式、发展战略、投资规模、融资结构、财务制度、人才培养等。然而,尽管企业行为包罗万象、不同企业行为千差万别,但企业行为的最终目的就是创造产出,这又反映在企业经营业绩、生产规模、利润水平等方面。而宏观经济正是由一个个独立的企业行为及其行为结果构成的。

根据整体与个体的辩证关系,微观企业是宏观经济的组成分子,微观企业虽然具有明确的独立性,但要受到宏观经济的影响与制约;微观企业要在宏观经济中平稳运营,需要与宏观经济达到平衡;宏观经济发生变化,微观企业也要随之变化,而众多微观企业的变化又反过来影响宏观经济的变化,从而使微观企业与宏观经济维持在动态的平衡关系中。因此,宏观经济因素与企业行为的关系可以表述如下:假设宏观经济和微观企业处于平衡关系中,此时,宏观经济因素发生变化,比如中央银行为了调节当前的流动性不足问题,采取扩张性货币政策,降低了银行贷款基准利率。宏观经济因素的变化将对企业行为发挥影响,由于银行贷款基准利率的降低,使得企业的融资成本降低,企业随之提高自身的融资规模,增加自身的投资支出。企业行为的变化又必然作用于企业的产出水平,由于企业的融资规模上升使得企业现有生产规模上升,企业投资规模上升使得企业扩大再生产得以顺利实施,最终使得企业产出规模上升,经营业绩突出。企业产出的变化又影响到宏观经济的整体表现,由于众多企业产出规模上升,使得宏观经济总产出规模提升,经济增长加快,宏观经济发展表现良好。宏观经济整体表现的变化,促使政府部门采取新的宏观经济政策,以期对宏观经济产生新的影响,达到政府的预期。这样又开始了新一轮的宏观经济因素与企业行为的相互作用与影响,从而使得宏观经济与微观企业维持动态的平衡关系。

然而,根据"理性人"的假设,企业会根据历史信息和已掌握的当前信息对未来的宏观经济因素变动进行预期,从而在宏观经济因素发生变动之前调整自身的行为,则上述宏观经济因素与企业行为之间的变动关系就成为宏观经济因素预期与企业行为之间的变动关系,但问题的实质并未发生变化。

根据宏观经济因素与企业行为的变动关系,宏观经济因素对企业行为的影响方式主要有以下三种情形:一是影响宏观经济发展预期,二是影响企业的经营成本,三是影响企业的经营环境。通常情况下,企业行为都是在多种宏观经济因素的共同作用下发生变化的,不同的宏观经济因素对企业行为的影响程度往往存在着较大的差异,而不同企业对相同的宏观经济因素的敏感性同样存在着较大的差异。因此,在研究宏观经济因素与企业行为之间的关系时,根据宏观经济因素的特征和企业行为特点,选取恰当的指标和变量是该问题的核心。

4.2.2 宏观经济因素对企业投资的影响

根据前文的分析,宏观经济因素的变化会对企业的投资行为产生影响。这里的企业投资主要是指企业对房屋、建筑物、机器、设备等能够形成生产能力物质技术基础的固定资产投资以及对无形资产、长期股权的投资等。通常情况下,企业的投资规模越大,企业的产出水平越高,企业的经营业绩越好。换言之,企业之所以进行投资,是因为企业预期新增的投资可以带来新的收益,提高企业的利润水平。基于这样的判断,企业在进行投资时必然要考虑三个因素:投资成本、投资收益和对未来的预期。下文将分析这三个因素与宏观经济因素存在怎样的关系。

(1)企业投资成本。企业投资的固定资产、无形资产以及长期股权等往往都要使用或者持有很长一段时间,对其投资成本的估测往往比较复杂。企业投资成本一方面是指企业所购置的固定资产、无形资产以及长期股权等资产的价格,另一方面是指企业为购置相应的资产而进行融资的成本以及所需缴纳的税费。前者受到市场供求状况的影响,而后者受到国家利率政策和税收政策的影响。因此,宏观经济运行状况和宏观经济政策会对企业的投资行为产生不可忽视的影响。

(2)企业投资收益。对于企业而言,当其现有固定资产的生产能力不足以满足市场对其产品的需求时,企业就需要进行投资来扩大自身的生产规模,而新增的投资也将会为企业带来更高的收益;当其现有固定资产的生产能力尚有剩余时,企业往往不会进行投资或者不急于进行投资。也就是说,市场的需求状况对企业的投资行为具有重要影响。而企业因市场需求变化而引起的企业产出变化最终又决定了宏观经济的产出水平,而宏观经济产出水平的变化又反过来作用于企业的投资行为。也就是说,宏观经济发展水平及其企业收益的影响会对企业投资行为发挥作用。根据以往的研究成果,企业的投资行为对宏观经济波动的敏感性很高,当宏观经济总产出水平上升时,企业的平均投资规模会随之升高;而当宏观经济总产出水平下降时,企业的平均投资规模也会随之降低。

(3) 企业对未来的预期。企业对宏观经济发展水平以及对宏观经济政策的预期,决定了企业对自身未来发展的信心,而这又进一步决定着企业的投资行为。当企业预期宏观经济发展将趋于衰退时,企业往往会降低投资规模;而当企业预期宏观经济发展将趋于繁荣时,企业也会提高投资规模,扩大生产能力。因此,企业的投资行为与对宏观经济未来变化的预期有着密切的联系,而企业也需要承担相应的人力、物力成本来对其投资项目进行研究,从而努力降低投资决策的不确定性程度。

通常情况下,在宏观经济趋于繁荣的时候,企业投资规模趋于扩大。企业投资规模的扩大,则伴随着企业资金需求的上升,企业往往需要进行外部融资来满足自身的投资需求。与此同时,政府部门出于调节因宏观经济繁荣而带来的通货膨胀问题,往往需要采取紧缩性的货币政策,提高市场利率,进而提升企业的融资成本。如果企业新增投资所带来的收益较高,则货币政策的变化对企业投资行为的影响程度会削弱,企业仍表现出较高的投资热情。

在宏观经济趋于衰退的时候,企业投资规模趋于缩小。这是因为宏观经济的衰退,降低了项目收益水平,延长了项目投资的回收期限。此时,为了挽救经济的下行,促进宏观经济好转,政府部门会逐步实施宽松的财政政策和扩张性货币政策,降低市场利率水平,降低企业融资成本,进而降低企业投资成本,增加企业收益,促进和鼓励企业投资。而随着企业投资的增加,宏观经济也必然有所好转。

以上所述分析了宏观经济因素与企业投资行为之间的关系。企业的投资行为随着宏观经济的波动而起伏变化,其投资规模因宏观经济政策的调整时而扩大时而缩小。因此,研究企业的投资行为不能忽视宏观经济因素的影响,而宏观经济因素与企业投资行为之间的关联关系也需要进行更为深入细致的分析。

4.3 宏观经济波动与企业投资行为关系分析

一般而言,在宏观经济繁荣的过程中,企业不可以过于乐观;而在宏观经济衰退的过程中,企业也不可以过于悲观。这是因为企业投资项目的收益率受到诸多复杂因素的影响与制约,往往不会简单地伴随着宏观经济的繁荣而上升、伴随着宏观经济的衰退而下降。因此,要有效地应对这一复杂的局面,需要依托于较为成熟的理论和方法体系来对宏观经济波动影响企业投资决策的传导机制进行系统的理论分析。

4.3.1 实物期权与企业投资行为

实物期权的概念最初是由 Stewart Myers(1977)提出的,他指出一个投资方案产生的现金流量所创造的利润,来自截至当前所拥有资产的使用,再加上一个对未来投资机会的选择。Stewart Myers 强调,实物期权理论核心是探讨企业未来的决策对于其投资价值增长的重要作用,探讨未来决策所具有的这一相机而动的灵活性所蕴含的价值。作为金融期权在实物资产投资领域的延伸,实物期权其实就是在未来不确定的情形下,实物资产投资所蕴含的选择权[1]。

毫无疑问,实物期权理论的核心思想与实物资产投资决策的基本特征密切相关。那么,实物资产投资决策的基本特征有哪些呢? 一是实物

---

[1] Johnathan Mun. Real Options Analysis: Tools and Techniques for Valuing Strategic Investments and Decisions[M]. New Jersey, John Wiley & Sons Inc., 2002.

资产的投资是不可逆的,至少部分是不可逆的,也就是说实物资产投资是存在沉没成本的。一般来说,实物资产投资的不可逆性主要取决于以下几方面原因:①实物资产具有专用性,也就是说实物资产的用途是相对固定的;②实物资产投资存在着信息不对称性,也就是说投资者不可能了解到实物资产的全部信息;③政府部门可能对实物资产投资进行限制性规定,比如限制境外投资者通过出售实物资产来回收资本。二是实物资产投资的未来收益存在不确定性,这与金融资产投资是相通的。根据金融投资领域的知识可知,这种不确定性的根源就在于投资标的信息的不对称。投资者在进行投资决策之前,不可能整理出全部相关联的信息并对信息展开研究和分析,这就导致对投资收益的估算更加不准确。而根据实物期权理论,这种不确定性正是实物期权的价值所在,实物期权的价值也恰恰与实物资产投资的不确定性的大小成正比。三是投资者可以相机决定实物资产投资的时机。换言之,投资者在选择项目投资的时间以及投资规模上拥有相对的灵活性,一方面通过延后投资时间来收集更多的相关信息,另一方面通过采用渐进式的投资方式来最大限度地降低投资项目未来的不确定性。一般来说,投资项目所具有的灵活性越大,投资者所拥有的选择权本身的价值也就越高。

在实物资产投资中,实物期权理论不仅对项目自身的不确定性进行了估量,还对这一不确定性中包含的未来成长性进行了估量,从而便于投资者更为有效地开展投资决策。在人们长期以来的投资理念中,投资项目的不确定性往往与其投资价值负相关。而根据实物期权理论可以看出,如果投资者能采取有效的方式来处理投资项目所固有的未来不确定性,那么它反而可以增加投资项目的价值。因此,针对宏观经济波动对投资项目的价值带来的不确定性,也可以运用实物期权理论进行分析,从而辅助投资者进一步优化自身的投资决策。在接下来的分析中,本书将以实物期权理论为基础来探讨宏观经济波动对实物资产投资的影响。

4.3.2 基于宏观经济波动的企业投资决策模型

4.3.2.1 基本模型

假设投资者拥有一投资项目，其一次性资本需求为 I，同时该投资具有不可逆性。假设该投资的未来收益为 X，且 X 服从几何布朗运动，亦即：

$$dX = \alpha(\pi)Xdt + \sigma(\pi)XdW \tag{4-7}$$

其中，dX 表示投资项目未来收益的随机变化值；π 表示宏观经济波动；$\alpha(\pi)$ 表示投资项目的期望收益率，一般来说投资项目的收益率与时间正相关，且该收益率受到宏观经济波动 π 的影响。通常情况下，宏观经济波动对不同行业部门收益率的影响存在显著性差异。在垄断性行业中，投资者可以通过向上下游行业转移的方式来降低宏观经济波动的不利影响，从而削弱宏观经济波动对其投资收益的影响，但并不是毫无影响。换言之，当宏观经济处于繁荣阶段时，$d\alpha(\pi)/d\pi$ 大于零；当宏观经济处于衰退阶段时，$d\alpha(\pi)/d\pi$ 不一定大于零。然而，对于竞争性行业来说，受到市场价格的束缚，投资者新增的投资项目可能会随着宏观经济的繁荣而增加，随着宏观经济的衰退而减少，即 $d\alpha(\pi)/d\pi$ 大于零。$\sigma(\pi)$ 表示投资项目收益的波动率，是宏观经济波动 π 的函数。$\sigma(\pi)$ 是投资项目未来收益受到未来不确定性因素影响大小的具体反映。毫无疑问，宏观经济波动会扩大相对价格的变动幅度，从而使得 $\sigma(\pi)$ 的值变大，即 $d\sigma(\pi)/d\pi$ 大于零。dW 表示服从正态分布的随机扰动项。

对投资者而言，其面临的主要问题就是投资时机的选择，也就是说，当投资项目的未来收益多大时，投资者的投资行为才是最优的。按照实物期权理论的核心思想，投资者拥有选择投资时机的权利，而这一权利的运用就是投资价值的具体体现。对于某一具体投资项目而言，假设未来的投资收益仅仅与投资成本相抵，由于投资收益随机性的影响，投资者进行投资就会面临非常大的风险,甚至造成巨大的亏损;假如投资者推移投资时间,待到未来收益达到某一阈值再进行投资,这就可以大大地提高未来收益超过项目成本的可能性,虽然也可能会降低未来的正收益,但不会使投资产生损失;假如项目完成后投资者想收回资本投资到其他项目中去,也可以选择将投资项目以不低于投资成本的价格进行转让。从这几种简单的情形可以看出,投资项目所蕴含的实物期权是存在投资价值的。然而,投资者所拥有的投资项目实物期权的价值只是表现为对未来不确定性因素负面效应的规避上,并没有提高投资项目的未来平均收益水平。也就是说,在投资项目的未来收益达到一定的阈值时,实物期权可以降低的风险不会随着未来投资收益的增加而增加。对投资者而言,延迟投资规避风险的目的已经实现,需要进行实质性投资,从而真正实现投资项目的投资价值,实现投资者的现金收益。

按照实物期权理论,投资者进行投资的最好时机应该满足下列条件:

$$\rho(\pi)F(X)dt = E[dF(X)] \tag{4-8}$$

其中,$\rho(\pi)$表示投资者所要实现的必要收益率;$F(X)$表示投资项目所蕴含的实物期权价值,是投资项目未来收益X的函数;$\rho(\pi)F(X)dt$则表示t时刻投资者持有实物期权的必要回报;$dF(X)$表示投资者持有的实物期权价值的变动值,显然它与投资项目的未来收益X存在相关关系,从而也是一个随机过程;$E[dF(X)]$则表示投资者持有的实物期权价值变动的期望值。

在这里我们有必要分析一下投资者所要实现的必要收益率$\rho(\pi)$与宏观经济波动π的关系。按照传统的公司金融理论,必要收益率$\rho(\pi)$主要有两大影响因素:①行业平均利润率,这是反映某一行业利润水平的重要指标。一般来说,投资者所要实现的必要回报率与行业平均利润率正相关,而行业平均利润率又必然会受到宏观经济波动的影响。在宏观经济趋于繁荣的时候,行业平均利润率会随之上升;而在宏观经济趋于衰退的时候,行业平均利润率也会与之下降。②投资者的融资结构,这决定了投资者的资本成本。通常情况下,投资者的融资来源主要是股权融资和债务融资两种形式。其中,股权融资的成本主要是股东所要求的预期回报率,而预期回报率进一步可以划分为实际回报率、风险补偿、机会成本三个组成部分。显然,它们都与宏观经济波动存在着关联性。在宏观经济趋于繁荣的时候,企业的经营利润会随之增加,向股东发放的股息、红利也会增加,股东的实际回报率相应上升。企业的经营风险会趋于降低,股东所要求的风险补偿也会随之降低。由于所有行业的回报都在增加,股东所承担的机会成本也会相应上升。而在宏观经济趋于衰退的时候,则恰恰与之相反。也就是说,在宏观经济趋于繁荣的时候,股东的预期回报率会相应上升;而在宏观经济趋于衰退的时候,股东的预期回报率则会随之下降。债务融资的成本主要是银行贷款利息或者是企业发行债券的成本费用。银行贷款利率相对较为简单,一方面银行一般只在一个较小的幅度内加以调整,另一方面国家有关部门(中央银行)根据宏观经济运行情况以及通货膨胀率等信息加以调整。而企业发行债券的利率较为复杂,由于其取决于债券市场供需情况,影响因素比较多。一般来说,企业发行债券成本的影响因素主要是基础利率和风险溢价。其中,风险溢价又受到发行人、预期通货膨胀率、到期期限、流动性、税收以及其他附加条款的综合影响。通常情况下,在宏观经济趋于繁荣的时候,基础利率会相对较高,而风险溢价则相对较低,企业发行债券的利率也会较高;而宏观经济趋于衰退时则与之相反。综上所述,投资者所要实现的必要收益率 $\rho(\pi)$ 与宏观经济波动存在密切的关系。

方程(4-8)有着明确的经济学内涵:当投资项目实物期权价值变动期望值等于投资者持有实物期权的回报时是投资者进行投资的最佳时机。在这种情况下,投资者如果不进行投资,则不能带来实际的现金收益,这显然会对投资者造成一定损失。假设投资者进行投资的最佳时刻为 $t=T$,对应的投资收益为 X^*,投资收益 X^* 也就是投资者进行投资的阈值。如果投资收益 X 达到了这一阈值,投资者就需要进行投资。

接下来我们对方程(4-8)展开求解。

按照伊藤公式,将式(4-8)等号右边的 $dF(X)$ 进行 Taylor 展开:

$$dF(X) = \frac{\partial F}{\partial t}dt + \frac{\partial F}{\partial X}dX + \frac{1}{2}\frac{\partial^2 F}{\partial X^2}(dX)^2 \qquad (4\text{-}9)$$

由于 $F(X)$ 是 X 的函数,则 $F(X)$ 对时间 t 的导数为:

$$\frac{\partial F}{\partial t} = 0 \qquad (4\text{-}10)$$

又,由式(4-7)可得:

$$dX = X[\alpha(\pi)dt + \sigma(\pi)dW] \qquad (4\text{-}11)$$

$$(dX)^2 = [\sigma(\pi)X]^2 dt \qquad (4\text{-}12)$$

将式(4-10)、(4-11)、(4-12)代入式(4-9)可得:

$$dF(X) = \alpha(\pi)XF'(X)dt + \frac{1}{2}\sigma^2(\pi)X^2F''(X)dt + \sigma(\pi)XF'(X)dW \qquad (4\text{-}13)$$

对式(4-13)两边求期望值可得:

$$E[dF(X)] = \alpha(\pi)XF'(X)dt + \frac{1}{2}\sigma^2(\pi)X^2F''(X)dt \qquad (4\text{-}14)$$

将式(4-14)代入式(4-8)可得:

$$\rho(\pi)F(X)dt = \alpha(\pi)XF'(X)dt + \frac{1}{2}\sigma^2(\pi)X^2F''(X)dt \qquad (4\text{-}15)$$

即

$$\frac{1}{2}\sigma^2(\pi)X^2F''(X)dt + \alpha(\pi)XF'(X)dt - \rho(\pi)F(X)dt = 0 \qquad (4\text{-}16)$$

方程(4-16)是一个常微分方程,存在解析解。假设投资项目实物期权的价值 $F(X)$ 符合指数函数的形式,即:

$$F(X) = AX^\beta \qquad (4\text{-}17)$$

则有,

$$F'(X) = A\beta X^{\beta-1} \qquad (4\text{-}18)$$

$$F''(X) = A\beta(\beta-1)X^{\beta-2} \qquad (4\text{-}19)$$

将式(4-17)、(4-18)、(4-19)代入式(4-16)可得:

$$\frac{1}{2}\sigma^2(\pi)A\beta(\beta-1)X^\beta + \alpha(\pi)A\beta X^\beta - \rho(\pi)AX^\beta = 0 \qquad (4\text{-}20)$$

进一步整理可得：

$$\frac{1}{2}\sigma^2(\pi)\beta(\beta-1)+\alpha(\pi)\beta-\rho(\pi)=0 \quad (4-21)$$

对式(4-21)进一步求解可得：

$$\beta=\frac{1}{2}-\frac{\alpha(\pi)}{\sigma^2(\pi)}+\sqrt{\left[\frac{\alpha(\pi)}{\sigma^2(\pi)}-\frac{1}{2}\right]^2+\frac{2\rho(\pi)}{\sigma^2(\pi)}} \quad (4-22)$$

考虑到方程(4-21)的另一个解是负数，没有任何实际意义，在此不予列出。

同时，根据实物期权的理论，实物期权的价值 $F(X)$ 必须满足下面的边界条件：

$$F(0)=0 \quad (4-23)$$

$$F(X^*)=X^*-[1-\gamma(\pi)]I \quad (4-24)$$

$$F'(X^*)=1 \quad (4-25)$$

式(4-23)是指当投资项目未来收益为 0 时，相应的实物期权的价值也就不复存在了。式(4-24)是价值匹配条件，它说明此时投资者可获得 $X^*-[1-\gamma(\pi)]I$ 的净回报，也就是说投资项目实物期权的价值等价于项目的未来收益减去投资成本与其未来折旧之差。众所周知，计提折旧的目的就是将固定资产的成本摊入到产品成本或营业成本中，因此计提折旧相当于降低了投资者的投资成本。公式中的 $\gamma(\pi)$ 是投资成本未来折旧的折现系数，考虑到宏观经济波动的影响，我们将其视为宏观经济波动 π 的函数。式(4-25)是平滑粘贴条件，它表示实物期权的价值 $F(X)$ 在临界执行点是连续且平滑的。

将式(4-17)、(4-18)代入式(4-24)、(4-25)可得：

$$AX^{*\beta}=X^*-I+\gamma(\pi)I \quad (4-26)$$

$$A\beta X^{*\beta-1}=1 \quad (4-27)$$

通过求解式(4-26)、(4-27)可得：

$$X^*=\frac{\beta}{\beta-1}[1-\gamma(\pi)]I \quad (4-28)$$

$$A = \frac{1}{\beta}\left\{\frac{\beta}{\beta-1}[1-\gamma(\pi)]I\right\}^{1-\beta} \qquad (4-29)$$

式(4-28)中的 X^* 表示投资者进行投资的阈值。对于投资者来说,投资项目的未来收益达到了这一阈值水平,才可以进行投资。换言之,投资者的最优投资决策是:当投资项目的未来收益 $X \geqslant X^*$ 时开展投资,此时投资者的投资净回报为 $X-[1-\gamma(\pi)]I$;当投资项目的未来收益 $X<X^*$ 时,此时持有投资项目的实物期权为佳。

4.3.2.2 考虑税收和财政补贴的模型

以上的分析中,借助于实物期权理论探讨了宏观经济波动对企业投资的影响和作用机理。然而在现实的情况中,企业的投资还要考虑国家的财政政策和货币政策。其中,财政政策主要体现在税收和财政补贴两个方面,而货币政策则通过一系列效应最终影响企业的融资成本,改变企业的必要回报率,进而影响企业的投资行为,在这里对此不作展开分析。下文将重点分析税收和财政补贴与企业投资行为的关系。

税收和财政补贴是影响微观企业投资行为较为重要的两个因素。税收是以实现国家公共财政职能为目的,基于政治权力和法律规定,由政府专门机构向居民和非居民就其财产或特定行为实施强制、非罚与不直接偿还的金钱或实物课征,是国家最主要的一种财政收入形式。税收具有无偿性、强制性和固定性的形式特征。在这里我们将主要讨论企业所得税对企业投资行为的影响。财政补贴是指国家财政为了实现特定的政治经济和社会目标,向企业或个人提供的一种补偿。

假设投资者投资收益的适用税率为 τ,投资者享受的财政补贴与投资资本 I 的比率为 δ,且该财政补贴是免税的。那么,该投资的实际未来收益为 $X+\delta I$,且 X 满足式(4-7)的条件。而按照实物期权理论,投资者进行投资的最好时机需要满足的条件则变为:

$$(1-\tau)\rho(\pi)F(X)dt+\delta F(X)dt=E[dF(X)] \qquad (4-30)$$

即

$$[(1-\tau)\rho(\pi)+\delta]F(X)dt = E[dF(X)] \quad (4\text{-}31)$$

其中，$[(1-\tau)\rho(\pi)+\delta]F(X)dt$ 表示 t 时刻投资者持有实物期权的必要回报。

将式(4-14)代入式(4-31)可得：

$$[(1-\tau)\rho(\pi)+\delta]F(X)dt = \alpha(\pi)XF'(X)dt + \frac{1}{2}\sigma^2(\pi)X^2F''(X)dt$$

$$(4\text{-}32)$$

即

$$\frac{1}{2}\sigma^2(\pi)X^2F''(X)dt + \alpha(\pi)XF'(X)dt - [(1-\tau)\rho(\pi)+\delta]F(X)dt = 0$$

$$(4\text{-}33)$$

方程(4-33)也是一个常微分方程，存在解析解。假设投资项目实物期权的价值函数 $F(X)$ 如式(4-17)所示，则将式(4-17)、(4-18)、(4-19)带入式(4-33)可得：

$$\frac{1}{2}\sigma^2(\pi)A\beta(\beta-1)X^\beta + \alpha(\pi)A\beta X^\beta - [(1-\tau)\rho(\pi)+\delta]AX^\beta = 0$$

$$(4\text{-}34)$$

进一步整理可得：

$$\frac{1}{2}\sigma^2(\pi)\beta(\beta-1) + \alpha(\pi)\beta - [(1-\tau)\rho(\pi)+\delta] = 0 \quad (4\text{-}35)$$

对式(4-35)进一步求解可得：

$$\beta = \frac{1}{2} - \frac{\alpha(\pi)}{\sigma^2(\pi)} + \sqrt{\left[\frac{\alpha(\pi)}{\sigma^2(\pi)} - \frac{1}{2}\right]^2 + \frac{2[(1-\tau)\rho(\pi)+\delta]}{\sigma^2(\pi)}} \quad (4\text{-}36)$$

考虑到方程(4-35)的另一个解是负数，没有任何实际意义，在此不予列出。

此时，实物期权的价值 $F(X)$ 需要满足的边界条件中，式(4-23)、(4-25)均不变，价值匹配条件式(4-24)调整如下：

$$F(X^*) = X^* - [1-\gamma(\pi)-\delta]I \quad (4\text{-}37)$$

式(4-37)作为新的价值匹配条件,它说明此时投资者可以获得 $X^* - [1-\gamma(\pi)-\delta]I$ 的投资净回报,亦即投资项目实物期权的价值等价于项目的未来收益减去投资成本与其未来折旧和财政补贴之差。在这里投资成本的未来折旧 $\gamma(\pi)$ 与财政补贴 δ 都起到了税盾的作用。

将式(4-17)代入式(4-37)可得:

$$AX^{*\beta} = X^* - [1-\gamma(\pi)-\delta]I \tag{4-38}$$

通过求解式(4-27)、(4-37)可得:

$$X^* = \frac{\beta}{\beta-1}[1-\gamma(\pi)-\delta]I \tag{4-39}$$

$$A = \frac{1}{\beta}\left\{\frac{\beta}{\beta-1}[1-\gamma(\pi)-\delta]I\right\}^{1-\beta} \tag{4-40}$$

式(4-39)中的 X^* 表示新的条件下投资者进行投资的阈值。那么,投资者的最优投资决策是:当投资项目的未来收益 $X \geq X^*$ 时开展投资,此时投资者的投资净回报为 $X-[1-\gamma(\pi)-\delta]I$;当投资项目的未来收益 $X < X^*$ 时,此时应该持有投资项目的实物期权。

综合以上分析,我们探讨了相关因素对企业投资行为的影响机制,分析了宏观经济波动对相关因素及企业投资决策的影响。为了进一步探讨宏观经济波动与企业投资决策之间的关联关系,下文将基于静态数值模拟方法运用 MATLAB2014a 来分析宏观经济波动与相关因素对企业投资行为的影响。

4.3.3 宏观经济波动与财政政策对企业投资的影响

通过项目投资阈值的关系式可以看出,财政政策通过税收和财政补贴两项重要手段来影响企业的投资决策。从税收的角度来看,一方面企业所得税直接作用于企业利润,投资者实际投资回报的大小与企业所得税呈负相关关系;另一方面企业所得税也会对投资成本的未来折旧与财政补贴的税盾作用产生影响。从财政补贴的角度来看,财政补贴的幅度越高,投资者进行项目投资的可能性越大,投资者获得的平均回报也越大。为了进一步探讨财政政策对企业投资行为的影响,下文将分别分析税收和财政补贴的变动与项目投资阈值变动的关联性。

我们首先分析税收对项目投资阈值的影响。假设项目的必要收益率$\rho(\pi)=0.25$,投资项目的期望收益率$\alpha(\pi)=0.1$,投资项目收益的波动率$\sigma(\pi)\in(0,1)$,投资成本$I=1$,投资成本未来折旧的折现系数$\gamma(\pi)=0.5$,财政补贴率$\delta=0.1$。下文将分析在不同的企业所得税税率τ下,项目投资的阈值X与项目收益的波动率$\sigma(\pi)$呈现怎样的关联关系。

从图4-4可以看出,项目投资的阈值X^*与项目收益的波动率$\sigma(\pi)$呈正相关关系,这符合实物期权理论分析的一般结果。从图中可以进一步发现,在项目收益的波动率$\sigma(\pi)$相同的条件下,企业所得税税率τ越高,项目投资的阈值X^*也就越高。这说明在低税率的环境中,项目的投

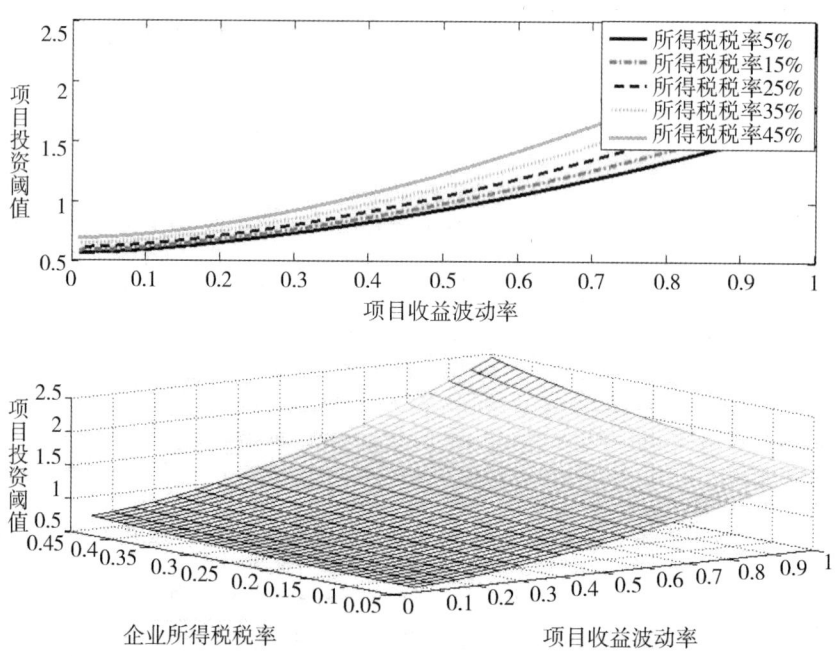

图4-4　不同所得税税率下项目投资阈值与其收益波动率关联关系图

资收益相对容易达到投资阈值,企业进行投资的概率也就随之增大。因此,实施低税率的财政政策可以推动企业进行投资。

我们接着分析财政补贴对项目投资阈值的影响。假设项目的必要收益率 $\rho(\pi)=0.25$,投资项目的期望收益率 $\alpha(\pi)=0.1$,投资项目收益的波动率 $\sigma(\pi)\in(0,1)$,投资成本 $I=1$,投资成本未来折旧的折现系数 $\gamma(\pi)=0.5$,企业适用的所得税率 $\tau=0.15$。下文将分析在不同的财政补贴率 δ 下,项目投资的阈值 X^* 与项目收益的波动率 $\sigma(\pi)$ 呈现怎样的关联关系。

从图 4-5 可以看出,在项目收益的波动率 $\sigma(\pi)$ 相同的条件下,财政补贴率 δ 越高,项目投资的阈值 X^* 也就越高。这说明在高财政补贴率的环境中,项目的投资收益相对容易达到投资阈值,企业进行投资的概率也就随之增大。因此,实施财政补贴政策可以推动企业进行投资,特别是针

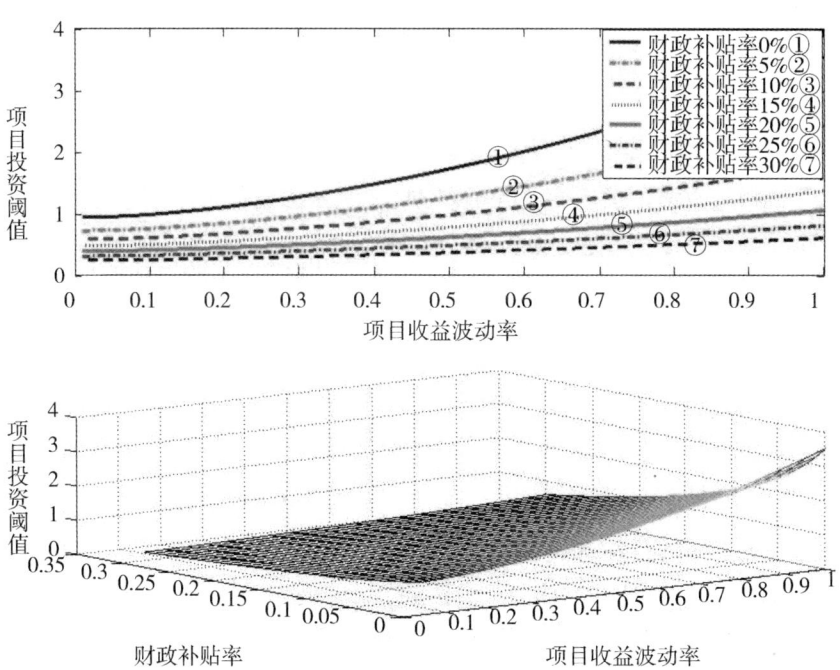

图 4-5 不同财政补贴率下项目投资阈值与其收益波动率关联关系图

对关乎国计民生且投资回报率较低的行业。

在以上分析的基础上，本书将继续探讨宏观经济波动如何通过财政政策对企业的投资行为发挥作用。众所周知，企业的固定资产投资在后续的生产经营过程中通过计提折旧发挥抵税的作用。通常情况下固定资产投资的税盾效应受到财政政策与宏观经济波动的共同影响，一方面税盾效应会随着企业所得税税率和财政补贴率的提高而增强；另一方面税盾效应也受到宏观经济波动的影响，在宏观经济趋于繁荣时，税盾效应随着实际折现率的提高而削弱，在宏观经济趋于衰退时，税盾效应随着实际折现率的下降而增强。

假设项目的必要收益率 $\rho(\pi)=0.25$，投资项目的期望收益率 $\alpha(\pi)=0.1$，投资项目收益的波动率 $\sigma(\pi)\in(0,1)$，投资成本 $I=1$，企业适用的所得税率 $\tau=0.15/0.25$，财政补贴率 $\delta=0.1/0.2$。后文将分析在不同的投资成本未来折旧的折现系数 $\gamma(\pi)$ 下，项目投资的阈值 X^* 与项目收益的波动率 $\sigma(\pi)$ 呈现怎样的关联关系。

从图 4-6 可以看出，在项目收益的波动率 $\sigma(\pi)$ 相同的条件下，项目投资阈值 X^* 随着投资成本未来折旧的折现系数 $\gamma(\pi)$ 上升而减小，这意味着在财政政策不发生变化的情况下，宏观经济波动可以借助于税收和财政补贴来影响企业的投资决策。在宏观经济趋于繁荣的时候，随着各行业收益率的普遍上升，未来现金流的折现率会相应上升，从而使投资成本未来折旧的折现系数 $\gamma(\pi)$ 减小，项目投资阈值 X^* 相应升高；而在宏观经济趋于衰退时，各行业的收益率开始下降，未来现金流的折现率也会相应减小，从而使投资成本未来折旧的折现系数 $\gamma(\pi)$ 变大，项目投资阈值 X^* 相应减小。从图 4-6 进一步可以发现，在不同的财政政策下，投资成本未来折旧的折现系数 $\gamma(\pi)$ 对项目投资阈值 X^* 的影响发生了变化。这意味着在宏观经济波动的过程中，可以通过调整财政政策来引导企业的投资决策。在宏观经济趋于繁荣的时候，可以通过提高企业所得税税率或者降低财政补贴来抑制企业的过度投资行为；而在宏观经济趋于衰退时，可以通过降低企业所得税税率或者提高财政补贴来刺激企业的投

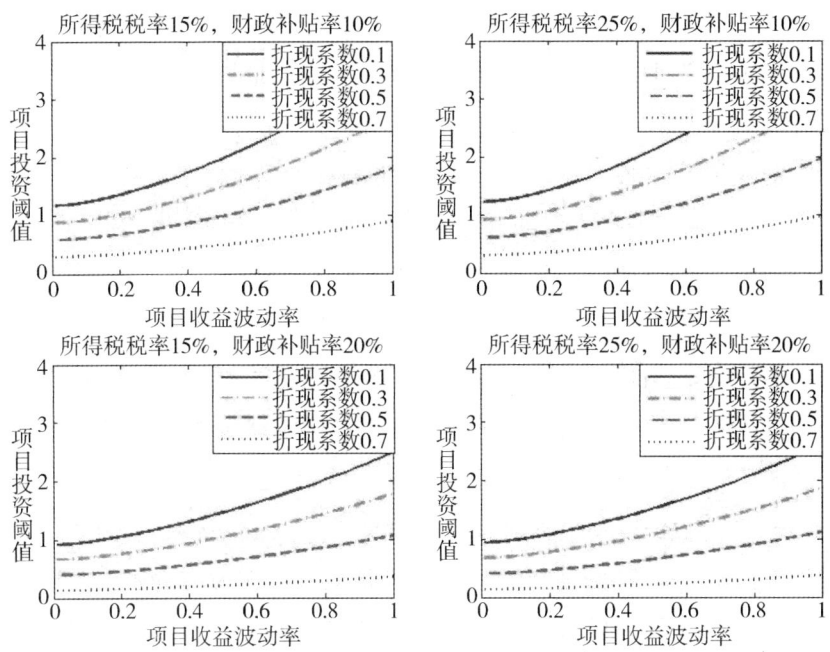

图 4-6　不同投资成本未来折旧折现系数下项目投资阈值与其收益波动率关联关系图

资行为,弥补社会投资不足。

综上所述,在不同的经济环境下,税收和财政补贴是政府部门影响企业投资行为的有效工具。在宏观经济繁荣的时候,可以借助于税收和财政补贴抑制企业过热的投资行为,特别是对于国家重点限制发展的行业;在经济衰退的时候,可以借助于税收和财政补贴刺激企业投资,为经济形势好转打好基础。

4.3.4　宏观经济波动对必要收益率和期望收益率的影响

一个投资项目的必要收益率 $\rho(\pi)$ 与期望收益率 $\alpha(\pi)$ 分别取决于项目投资者以及该项目所面临的市场环境,两者之间也是相关联的。通常情况下,投资者的项目必要收益率又受到当前经济形势的影响,与当前国民经济中的平均收益率有关。这是因为投资者的项目必要收益率取决于其面临的机会成本,而这一机会成本往往与国民经济的平均收益率水平相当。投资项目的期望收益率也与国民经济的平均收益率相关。根据投资者的趋利性,如果某一投资项目的投资收益率过高,肯定会导致大量的投资者涌入,从而产生过度竞争使得项目的投资收益率大幅下降;而如果某一投资项目的投资收益率过低,则会导致投资者纷纷撤离,从而造成投资不足。此外,投资项目的实际收益水平还会受到后续不确定因素的影响。既然投资项目的必要收益率 $\rho(\pi)$ 与期望收益率 $\alpha(\pi)$ 都与国民经济的平均收益水平相关,而国民经济的平均收益水平又是宏观经济波动的具体体现,因此两者都可以看做宏观经济波动 π 的函数,但是宏观经济波动对两者的具体影响又存在差异。

根据前文的分析,投资项目的必要收益率 $\rho(\pi)$ 受到行业平均利润率和投资者融资结构的影响,而它们都与宏观经济波动有着密切的联系。通常情况下,投资项目的必要收益率会在宏观经济趋于繁荣的时候上升,而在宏观经济趋于衰退的时候下降。

投资项目的期望收益率 $\alpha(\pi)$ 与其所处市场和行业类别密切相关,宏观经济波动对不同行业投资项目的期望收益率的影响是不同的。对于新兴行业中的投资项目,由于缺乏有效的竞争者和相关的替代品,往往能够获得较高的投资项目期望收益率,但容易受到宏观经济波动的影响而出现大幅波动。对于垄断行业中的投资项目,投资者可以凭借自身的垄断优势将宏观经济波动的不利影响转移出去,保持投资项目期望收益率的相对稳定,从而受到宏观经济波动的影响较小。对于竞争性行业中的投资项目,充分的市场竞争使得投资项目的期望收益率与行业平均水平相当,而行业平均收益率则与宏观经济波动保持着某种程度的一致性,进而使得这类投资项目的期望收益率表现出与宏观经济波动的高度相关性。

根据上面的分析,按照投资项目的市场与行业类别,宏观经济波动对其期望收益率 $\alpha(\pi)$ 存在明显差异,大致上可以分为以下三种类别:一是经济波动敏感型,这类投资项目的期望收益率的变化幅度超过宏观经济波动幅度;二是经济波动一致型,这类投资项目的期望收益率的变化幅度与宏观经济波动幅度基本相当;三是经济波动迟钝型,这类投资项目的期望收益率的变化幅度低于宏观经济波动幅度。下文分别简要分析宏观经济波动对这三类投资项目的影响。

首先分析经济波动敏感型的投资项目。假设在初始状态投资项目的必要收益率 $\rho(\pi) = 0.2$,投资项目的期望收益率 $\alpha(\pi) = 0.1$,投资项目收益的波动率 $\sigma(\pi) \in (0,1)$,投资成本 $I = 1$,投资成本未来折旧的折现系数 $\gamma(\pi) = 0.5$,企业所得税税率 $\tau = 0.2$,财政补贴率 $\delta = 0.1$。随着宏观经济运行形势的变化,投资项目的必要收益率 $\rho(\pi)$ 和期望收益率 $\alpha(\pi)$ 发生三种情形:①投资项目的必要收益率 $\rho(\pi)$ 不变,其期望收益率 $\alpha(\pi)$ 以宏观经济波动幅度的 1.2 倍变化;②投资项目的必要收益率 $\rho(\pi)$ 与宏观经济波动同方向同幅度变化,其期望收益率 $\alpha(\pi)$ 以宏观经济波动幅度的 1.2 倍变化;③投资项目的必要收益率 $\rho(\pi)$ 反方向同幅度变化,其期望收益率 $\alpha(\pi)$ 以宏观经济波动幅度的 1.2 倍变化。下文将分析在不同的宏观经济波动幅度下,项目投资的阈值 X^* 与项目收益的波动率 $\sigma(\pi)$ 呈现怎样的关联关系。

从图 4-7 可以看出,在项目收益的波动率 $\sigma(\pi)$ 相同的条件下,①当投资项目的必要收益率 $\rho(\pi)$ 不变时,投资项目的期望收益率 $\alpha(\pi)$ 随着宏观经济波动对项目投资的阈值 X^* 产生显著的影响。当宏观经济上行时,项目投资的阈值 X^* 随着投资项目的期望收益率 $\alpha(\pi)$ 的上升而增大;当宏观经济下行时,项目投资的阈值 X^* 随着投资项目的期望收益率 $\alpha(\pi)$ 的下降而减小。②当投资项目的必要收益率 $\rho(\pi)$ 与宏观经济波动同方向变化时,在投资项目的必要收益率 $\rho(\pi)$ 及其期望收益率 $\alpha(\pi)$ 的共同作用下,项目投资的阈值 X^* 并未随着因宏观经济波动而引致的投资项目期望收益率 $\alpha(\pi)$ 的变化而发生显著的变化。③当投资项目的必要收益率 $\rho(\pi)$ 与宏观经济波动反方向变化时,项目投资的阈值 X^* 受到宏观经济波动的影响进一步增强。这说明投资项目的必要收益率 $\rho(\pi)$ 和

期望收益率 $\alpha(\pi)$ 对项目投资的阈值 X^* 的作用是相反的。换言之,投资项目的必要收益率 $\rho(\pi)$ 与其期望收益率 $\alpha(\pi)$ 之间的差距越大,项目投资的阈值 X^* 受到宏观经济波动影响的变化幅度也就越大,亦即当宏观经济上行时,项目投资的阈值 X^* 上升幅度会越大,而当宏观经济下行时,项目投资的阈值 X^* 下降幅度也越大。

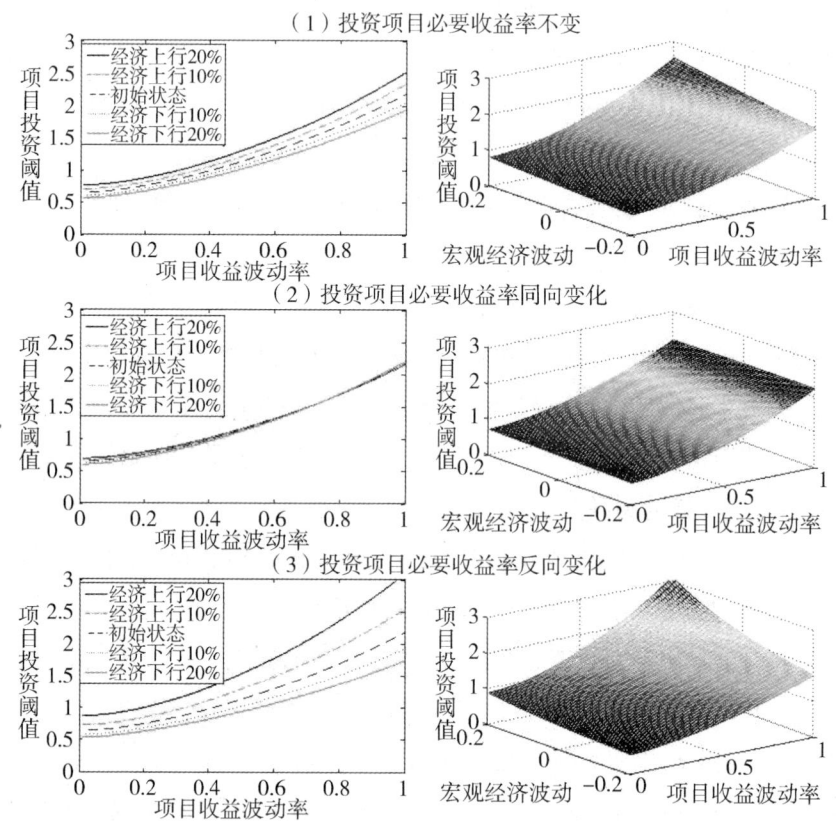

图 4-7　不同宏观经济波动幅度下经济波动敏感型项目投资阈值与其收益波动率关联关系图

接着我们将分析经济波动一致型的投资项目。初始状态假设与上文相同。随着宏观经济运行形势的变化,投资项目的必要收益率 $\rho(\pi)$ 和

期望收益率 $\alpha(\pi)$ 发生三种情形：①投资项目的必要收益率 $\rho(\pi)$ 不变，其期望收益率 $\alpha(\pi)$ 与宏观经济波动同幅度变化；②投资项目的必要收益率 $\rho(\pi)$ 与宏观经济波动同方向同幅度变化，其期望收益率 $\alpha(\pi)$ 与宏观经济波动同幅度变化；③投资项目的必要收益率 $\rho(\pi)$ 反方向同幅度变化，其期望收益率 $\alpha(\pi)$ 与宏观经济波动同幅度变化。下文将分析在不同的宏观经济波动幅度下，项目投资的阈值 X^* 与项目收益的波动率 $\sigma(\pi)$ 呈现怎样的关联关系。

从图 4-8 可以看出，在不同的宏观经济波动幅度下，经济波动一致型

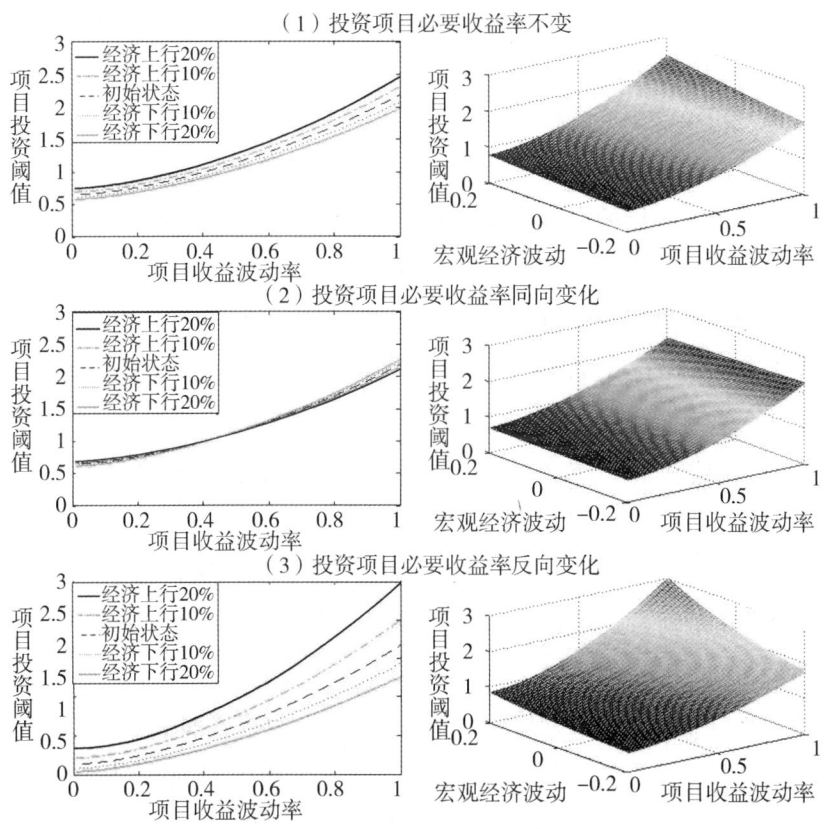

图 4-8　不同宏观经济波动幅度下经济波动一致型项目投资阈值与其收益波动率关联关系图

的投资项目的投资阈值 X^* 受到项目必要收益率 $\rho(\pi)$ 及其期望收益率 $\alpha(\pi)$ 影响而产生的变化趋势与经济波动敏感型投资项目是相同的。然而,比较图 4-7 和图 4-8 可以发现,不管在何种条件下,经济波动一致型投资项目的投资阈值 X^* 的变化幅度均小于经济波动敏感型投资项目。这在一定程度上说明,竞争性行业的新增投资受到宏观经济波动的影响要小于新兴行业。

最后我们分析经济波动迟钝型的投资项目。初始状态假设与上文相同。随着宏观经济运行形势的变化,投资项目的必要收益率 $\rho(\pi)$ 和期望收益率 $\alpha(\pi)$ 发生三种情形:①投资项目的必要收益率 $\rho(\pi)$ 不变,其期望收益率 $\alpha(\pi)$ 以宏观经济波动幅度的 0.8 倍变化;②投资项目的必要收益率 $\rho(\pi)$ 与宏观经济波动同方向同幅度变化,其期望收益率 $\alpha(\pi)$ 以宏观经济波动幅度的 0.8 倍变化;③投资项目的必要收益率 $\rho(\pi)$ 反方向同幅度变化,其期望收益率 $\alpha(\pi)$ 以宏观经济波动幅度的 0.8 倍变化。下文将分析在不同的宏观经济波动幅度下,项目投资的阈值 X^* 与项目收益的波动率 $\sigma(\pi)$ 呈现怎样的关联关系。

从图 4-9 可以看出,在不同的宏观经济波动幅度下,经济波动迟钝型的投资项目的投资阈值 X^* 受到项目必要收益率 $\rho(\pi)$ 及其期望收益率 $\alpha(\pi)$ 影响而产生的变化趋势与经济波动敏感型和经济波动一致型投资项目是相同的。然而,比较图 4-7、图 4-8 和图 4-9 可以发现,不管在何种条件下,经济波动一致型投资项目的投资阈值 X^* 的变化幅度均小于经济波动敏感型和经济波动一致型投资项目。这在一定程度上说明,垄断行业的新增投资受到宏观经济波动的影响要小于竞争性行业。

对投资者而言,当宏观经济上行时,虽然项目投资阈值上升了,但投资者对项目的投资往往并没有延迟或者减少;相应地,当宏观经济下行时,虽然项目投资阈值下降了,但投资者对项目的投资往往并没有提前或者增加。这主要是因为在宏观经济上行时,投资项目的平均收益水平也上升了,且投资项目的平均收益水平的上升幅度要大于项目投资阈值的

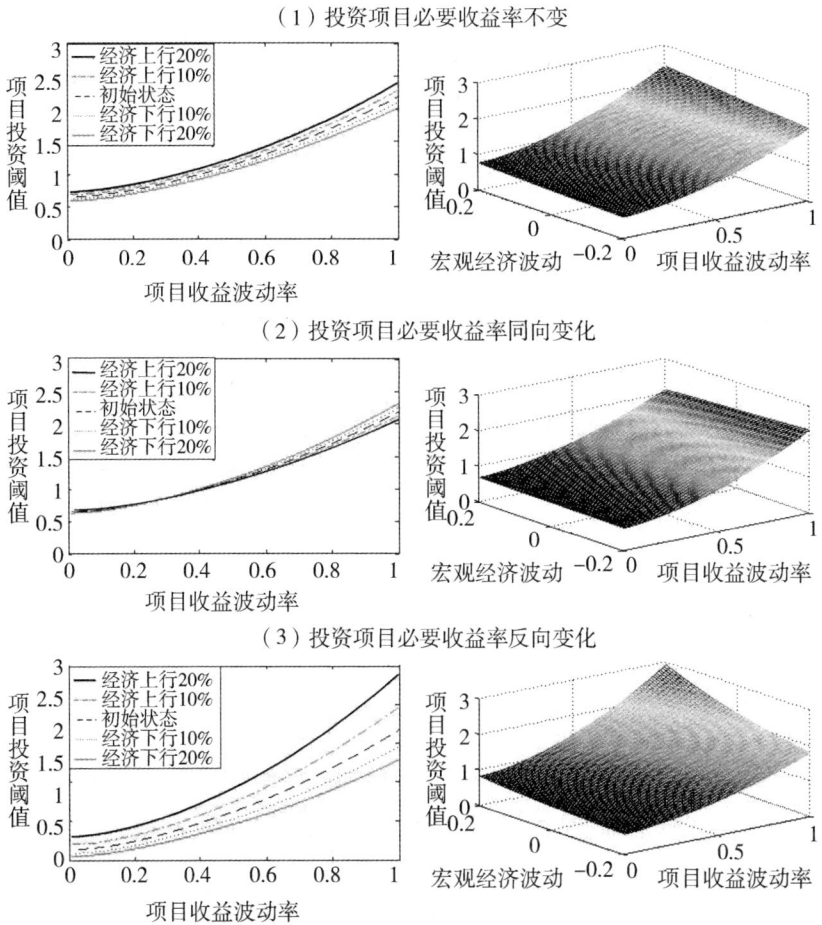

图 4-9　不同宏观经济波动幅度下经济波动迟钝型项目投资阈值与
其收益波动率关联关系图

上升幅度。相比较而言,当宏观经济上行时,项目投资阈值是相对下降了,从而对于投资者而言更容易达到项目投资阈值水平。在宏观经济下行时,投资项目的平均收益也下降了,且投资项目的平均收益水平的下降幅度要大于项目投资阈值的下降幅度。相比较而言,当宏观经济下行时,项目投资阈值是相对上升了,从而对于投资者而言较难达到项目投资阈值水平。

4.3.5 宏观经济波动对收益波动率的影响

宏观经济波动会产生社会成本,一方面会增加经济运行中的不确定性,影响人们对经济形势的预期,另一方面还会加剧政府部门对经济运行的干预。这两方面的影响都将会对项目投资的收益波动率发挥作用。通过前文的分析,我们可知不管其他条件怎么变化,项目投资的阈值 X^* 都与项目收益的波动率 $\sigma(\pi)$ 呈现出显著的正相关关系,且项目收益的波动率 $\sigma(\pi)$ 越大,项目投资阈值 X^* 增加的幅度越大,也就是说,项目投资阈值 X^* 对项目收益波动率 $\sigma(\pi)$ 的偏导数大于 0,且随着收益波动率 $\sigma(\pi)$ 的上升而增大。在其他影响因素不发生变化的条件下,由于宏观经济波动幅度增加而导致项目收益波动率 $\sigma(\pi)$ 上升,进而使得项目投资阈值 X^* 增加,投资者就会采取延迟投资项目的策略。这就是说,宏观经济波动幅度扩大,进而引起项目收益波动率 $\sigma(\pi)$ 上升,最终对企业的投资产生了抑制作用。

下文将通过分析项目投资的阈值 X^* 对各影响因素的敏感性,比较它们对项目投资的阈值 X^* 的影响程度。项目投资的阈值 X^* 对各影响因素的敏感度,具体计算如下:

(1)项目投资的阈值 X^* 对企业所得税税率 τ 的敏感度

$$\frac{\partial X^*}{\partial \tau} = \Delta \frac{\rho(\pi)}{\sigma^2(\pi)\Pi} > 0 \qquad (4-41)$$

$$\frac{\partial^2 X^*}{\partial \tau^2} = -\Delta \frac{\rho^2(\pi)}{\sigma^4(\pi)\Pi^2}\left(\frac{2}{(\beta-1)}+\frac{1}{\Pi}\right) < 0 \qquad (4-42)$$

其中,$\Delta = \dfrac{[1-\gamma(\pi)-\delta]I}{(\beta-1)^2}$,$\Pi = \sqrt{\left[\dfrac{\alpha(\pi)}{\sigma^2(\pi)}-\dfrac{1}{2}\right]^2 + \dfrac{2[(1-\tau)\rho(\pi)+\delta]}{\sigma^2(\pi)}}$

根据式(4-41)、(4-42),项目投资的阈值 X^* 对企业所得税税率 τ 的敏感度 $\partial X^*/\partial \tau$ 大于 0,这说明企业所得税税率 τ 越高,则项目投资的阈

值 X^* 越大。但是根据其二阶偏导数，随着企业所得税税率 τ 的不断升高，项目投资的阈值 X^* 增加幅度逐渐减小。

(2) 项目投资的阈值 X^* 对财政补贴率 δ 的敏感度

$$\frac{\partial X^*}{\partial \delta} = -\frac{\beta I}{\beta-1} - \Delta \frac{1}{\sigma^2(\pi)\Pi} < 0 \qquad (4\text{-}43)$$

$$\frac{\partial^2 X^*}{\partial \delta^2} = \frac{2I}{(\beta-1)^2} \frac{1}{\sigma^2(\pi)\Pi} + \frac{2\Delta}{(\beta-1)} \frac{1}{\sigma^4(\pi)\Pi^2} + \Delta \frac{1}{\sigma^4(\pi)\Pi^3} > 0 \qquad (4\text{-}44)$$

根据式(4-43)、(4-44)，项目投资的阈值 X^* 对财政补贴率 δ 的敏感度 $\partial X^*/\partial \delta$ 小于 0，这说明财政补贴率 δ 越高，则项目投资的阈值 X^* 越小。但是根据其二阶偏导数，随着财政补贴率 δ 的不断升高，项目投资的阈值 X^* 下降幅度逐渐减小。

(3) 项目投资的阈值 X^* 对投资成本未来折旧的折现系数 $\gamma(\pi)$ 的敏感度

$$\frac{\partial X^*}{\partial \gamma(\pi)} = -\frac{\beta I}{\beta-1} < 0 \qquad (4\text{-}45)$$

$$\frac{\partial^2 X^*}{\partial [\gamma(\pi)]^2} = 0 \qquad (4\text{-}46)$$

根据式(4-45)、(4-46)，项目投资的阈值 X^* 对投资成本未来折旧的折现系数 $\gamma(\pi)$ 的敏感度 $\partial X^*/\partial \gamma(\pi)$ 小于 0，这说明投资成本未来折旧的折现系数 $\gamma(\pi)$ 越高，则项目投资的阈值 X^* 越小。但是根据其二阶偏导数，随着投资成本未来折旧的折现系数 $\gamma(\pi)$ 的不断升高，项目投资的阈值 X^* 保持匀速下降。

(4) 项目投资的阈值 X^* 对投资项目的期望收益率 $\alpha(\pi)$ 的敏感度

$$\frac{\partial X^*}{\partial \alpha(\pi)} = \Delta \frac{1}{\sigma^2(\pi)} \left(1 - \frac{\Gamma}{\Pi}\right) > 0 \qquad (4\text{-}47)$$

$$\frac{\partial^2 X^*}{\partial [\alpha(\pi)]^2} = \Delta \frac{1}{\sigma^4(\pi)} \left\{ -\frac{2}{(\beta-1)} \left(1 - \frac{\Gamma}{\Pi}\right)^2 - \frac{1}{\Pi} + \frac{\Gamma^2}{\sigma^2(\pi)\Pi^3} \right\} > 0 \qquad (4\text{-}48)$$

其中，$\Gamma = \dfrac{\alpha(\pi)}{\sigma^2(\pi)} - \dfrac{1}{2}$。

根据式(4-47)、(4-48)，项目投资的阈值 X^* 对投资项目的期望收益率 $\alpha(\pi)$ 的敏感度 $\partial X^*/\partial \alpha(\pi)$ 大于 0，这说明投资项目的期望收益率 $\alpha(\pi)$ 越高，则项目投资的阈值 X^* 越大。但是根据其二阶偏导数，随着投资项目的期望收益率 $\alpha(\pi)$ 的不断升高，项目投资的阈值 X^* 的增长幅度随之扩大。

(5) 项目投资的阈值 X^* 对投资项目的必要收益率 $\rho(\pi)$ 的敏感度

$$\frac{\partial X^*}{\partial \rho(\pi)} = -\Delta \frac{1-\tau}{\sigma^2(\pi)\Pi} < 0 \tag{4-49}$$

$$\frac{\partial^2 X^*}{\partial (\rho(\pi))^2} = \Delta \frac{(1-\tau)^2}{\sigma^4(\pi)\Pi^2} \left(\frac{2}{(\beta-1)} + \frac{1}{\sigma^2(\pi)\Pi} \right) > 0 \tag{4-50}$$

根据式(4-49)、(4-50)，项目投资的阈值 X^* 对投资项目的期望收益率 $\alpha(\pi)$ 的敏感度 $\partial X^*/\partial \rho(\pi)$ 小于 0，这说明投资项目的必要收益率 $\rho(\pi)$ 越高，则项目投资的阈值 X^* 越小。但是根据其二阶偏导数，随着投资项目的必要收益率 $\rho(\pi)$ 的不断升高，项目投资的阈值 X^* 的下降幅度随之减小。

(6) 项目投资的阈值 X^* 对投资项目收益波动率 $\sigma(\pi)$ 的敏感度

$$\frac{\partial X^*}{\partial \sigma^2(\pi)} = \Delta \frac{1}{\sigma^4(\pi)} \left(\frac{\alpha(\pi)\Gamma + H}{\Pi} - \alpha(\pi) \right) > 0 \tag{4-51}$$

$$\frac{\partial^2 X^*}{\partial (\sigma^2(\pi))^2} = 2\Delta \frac{\alpha(\pi)}{\sigma^6(\pi)} \left(1 + \frac{2}{\sigma^2(\pi)} \frac{1}{(\beta-1)} \left(\alpha(\pi) - \frac{\alpha(\pi)\Gamma + H}{\Pi} \right) \right.$$

$$\left. \left(1 - \frac{1}{\sigma^2(\pi)} \frac{\alpha(\pi)\Gamma + H}{\alpha(\pi)\Pi} \right) \right) + \Delta \frac{\alpha(\pi)}{\sigma^6(\pi)} \left(\frac{1}{\sigma^2(\pi)} \frac{\alpha(\pi)\Gamma + H}{\alpha(\pi)\Pi} \right.$$

$$\left. \left(1 - \frac{\alpha(\pi)\Gamma + H}{\sigma^2(\pi)\Pi^2} \right) - \frac{\alpha(\pi)}{\sigma^4(\pi)\Pi} \right) > 0 \tag{4-52}$$

其中，$H = (1-\tau)\rho(\pi) + \delta$。

根据式(4-51)、(4-52)，项目投资的阈值 X^* 对投资项目收益波动率 $\sigma(\pi)$ 的敏感度 $\partial X^*/\partial \sigma^2(\pi)$ 大于 0，这说明投资项目收益波动率 $\sigma(\pi)$

越高,则项目投资的阈值 X^* 越大。但是根据其二阶偏导数,随着投资项目收益波动率 $\sigma(\pi)$ 的不断升高,项目投资的阈值 X^* 的增长幅度也进一步扩大。

综合以上分析,虽然不同的因素对投资者的投资决策的作用存在明显的差异,但是将这些因素综合起来考虑可以发现,正向的宏观经济波动具有促进企业投资的作用,而负向的宏观经济波动则具有抑制企业投资的作用。在经济的运行过程中,宏观经济波动借助于企业投资的各项影响因素的传导机制,来发挥影响微观企业投资决策的作用。

4.3.6 基于蒙特卡罗模拟的动态数值分析

根据前文的分析,企业投资的未来收益 X 服从几何布朗运动,通过 Ito 公式,可以得出投资项目的未来收益 X 的运动过程如下:

$$X_T = I\exp\{[\alpha(\pi)-\sigma^2(\pi)/2]T+\sigma(\pi)\sqrt{T}\varepsilon\} \quad (4\text{-}53)$$

为了简化分析,假设 $T=1$,因此,未来收益 X 的运动过程可以表示为:

$$X = I\exp[\alpha(\pi)-\sigma^2(\pi)/2+\sigma(\pi)\varepsilon] \quad (4\text{-}54)$$

由于企业投资所蕴含的实物期权可以看做一个欧式看涨期权,而项目投资的阈值 X^* 则为该期权的执行价格。对企业而言,如果投资项目的未来收益未超过投资阈值 X^*,则企业不执行期权,从而企业的投资收益为 0;如果投资项目的未来收益超过投资阈值 X^*,则企业执行期权,企业的投资收益可以表示为:

$$I\exp[\alpha(\pi)-\sigma^2(\pi)/2+\sigma(\pi)\varepsilon]-X^* \quad (4\text{-}55)$$

综合以上两种情形,企业的投资收益可以表示为:

$$\max\{0, I\exp[\alpha(\pi)-\sigma^2(\pi)/2+\sigma(\pi)\varepsilon]-X^*\} \quad (4\text{-}56)$$

需要说明的是,这里的企业投资收益指的是减去企业的机会成本、时间成本等因素后的超额收益。为了更直观地展示宏观经济波动与企业投资收益之间的关系,我们接下来运用蒙特卡罗模拟方法来进行数值分析①。

假设宏观经济波动 $\pi \in (-0.05, 0.15)$,投资项目的必要收益率 $\rho(\pi) = 0.2 + \pi$,期望收益率 $\alpha(\pi) = 0.1 + \pi$,收益波动率 $\sigma(\pi) = 0.2 + 1.5\pi$,折旧折现系数 $\gamma(\pi) = 0.5 - 0.1\pi$,企业所得税税率 $\tau = 0.25$,财政补贴率 $\delta = 0.1$,投资成本 $I = 1$。那么,在不同的宏观经济波动幅度下,投资阈值 X^* 的变化趋势如图 4-10 所示。显而易见,企业投资阈值 X^* 与宏观经济波动幅度 π 呈正相关关系,且随着宏观经济波动幅度 π 的增加,投资阈值 X^* 的增幅不断扩大。

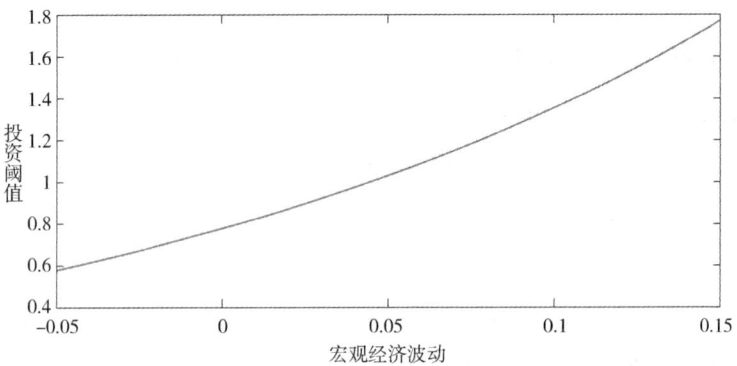

图 4-10 不同宏观经济波动幅度下投资阈值变化趋势图

图 4-11 是蒙特卡罗模拟 1000 次过程中,当投资项目的期望收益率 $\alpha(\pi)$ 分别是 0.05、0.10、0.15、0.20、0.25 及相应的收益波动率 $\sigma(\pi)$ 分别是 0.125、0.200、0.275、0.350、0.425 时,企业投资的未来收益 X 的模拟轨迹。从图 4-11 可以看出,宏观经济波动 π 对企业投资的未来收益 X 具有显著的影响,随着宏观经济波动 π 的增加,企业投资的未来收益 X

---

① Jean Pierre Fouque, Chuan Hsiang Han. Variance reduction for Monte Carlo methods to evaluate option prices under multi-factor stochastic volatility models[J]. Quantitative Finance, 2011, 4(5): 597-606.

的波动幅度将逐步扩大。

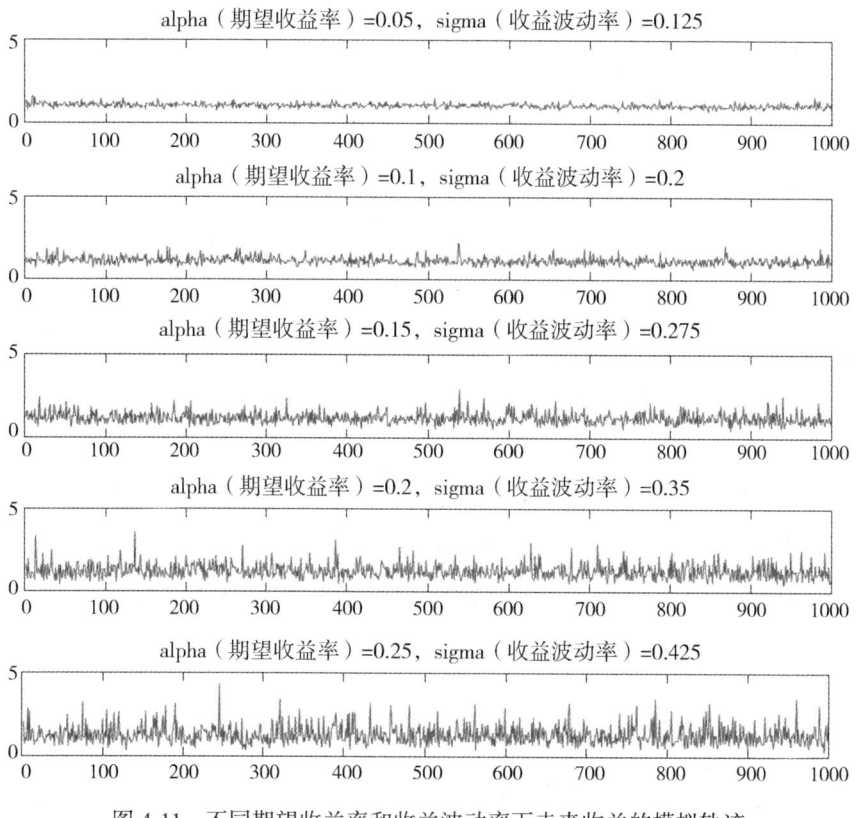

图 4-11 不同期望收益率和收益波动率下未来收益的模拟轨迹

图 4-12 是当投资项目的必要收益率 $\rho(\pi) = 0.10$、收益波动率 $\sigma(\pi) = 0.2$ 时,随着蒙特卡罗模拟次数呈指数级增加,企业的投资收益的均值和方差的变化轨迹。从图 4-12 可以看出,随着蒙特卡罗模拟次数的增加,特别是当蒙特卡罗模拟次数大于 10000 时,企业的投资收益的均值和方差渐趋稳定。

图 4-13 是当蒙特卡罗模拟次数设定为 10000 时,随着宏观经济波动 π 的增加,企业的投资收益的均值和方差的变化轨迹。从图 4-13 可以看出,企业的投资收益均值随着宏观经济波动 π 的增加而减小,投资收益

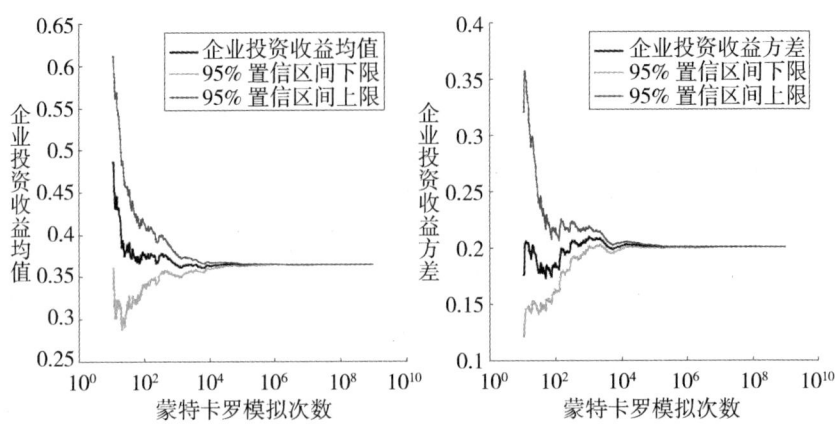

图 4-12　不同蒙特卡罗模拟次数下企业投资收益均值和方差变化轨迹

方差则随之先增加后缓慢减小。这说明企业持有的蕴含实物期权的投资项目的超额收益随着宏观经济波动 π 的增加而减小,这主要是由于投资阈值的增加所致,也与企业机会成本增加、折现系数减小等因素相关。

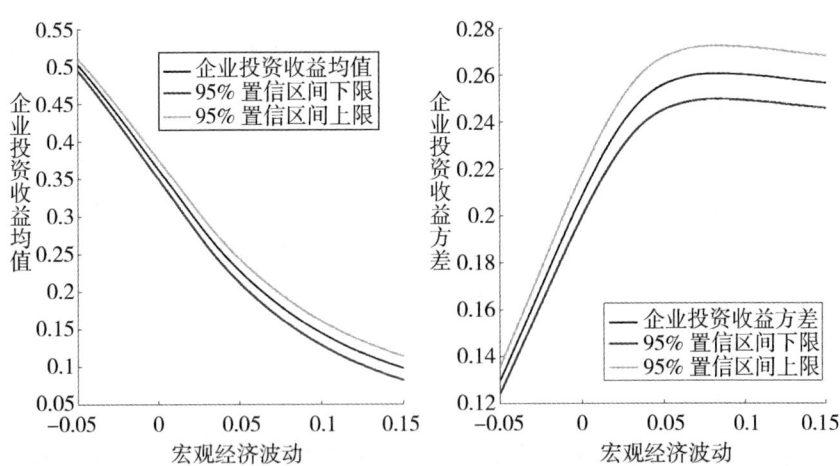

图 4-13　不同宏观经济波动幅度下企业投资收益均值和方差变化轨迹

图 4-14 比较了不考虑实物期权的企业投资未来收益与考虑实物期权的企业投资未来收益随着宏观经济波动 π 变化的轨迹。可以看出,考虑实物期权的企业投资未来收益明显高于不考虑实物期权的企业投资未来收益。两者虽然都随着宏观经济波动 π 的增加而增加,但前者随之增长幅度越来越大,而后者则基本呈线性缓慢增长。这表明本书所构建的模型有助于企业选择投资时间、优化投资决策。

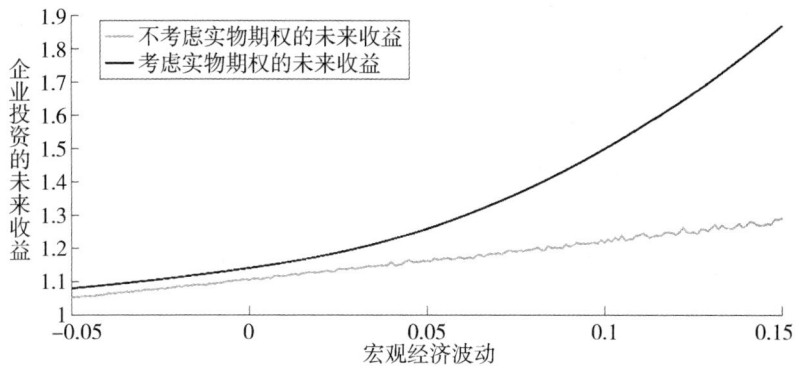

图 4-14　不同宏观经济波动幅度下是否考虑实物期权的企业投资未来收益比较

4.4　经济危机与企业投资行为关系分析

根据《中华金融辞库》中的定义,经济危机又叫经济恐慌,是指一国或地区在经济发展过程中爆发的、由生产相对过剩而引起的社会经济生活的混乱和恐慌。通常情况下,经济危机具有以下基本特征:①商品生产过剩,大量积压,无法销售出去;②企业无法进行正常生产周转,大量企业走向倒闭;③国民生产能力急剧下降,生产规模极度萎缩;④就业机会迅速减少,失业人口大规模攀升;⑤债权债务体系无法维系,国民经济信用关系瓦解;⑥供需关系失衡,商品价格大幅下跌;⑦社会生活日趋混乱,经济体系濒临瘫痪。这里所说的生产相对过剩是针对人们有购买能力的需求而言的,人们的实际需求不存在过剩的问题。通常情况下,资本主义经济危机的基本特征及其实质主要表现在商品生产的相对过剩上。

马克思主义的观点认为,生产的社会化与资本主义私人占有之间的矛盾是资本主义经济危机发生的根源。资本主义经济危机的这种矛盾关系主要体现在两个方面:一是独立的企业个体有组织的生产活动与社会生产的无政府混乱状态之间的冲突,导致社会再生产关系失衡;二是商品生产的无限扩大化趋势与人们有购买能力的有效需求日渐萎缩之间的不协调。一般认为资本主义经济危机的爆发表现出周期性的特征,每一次周期循环往复,划分为四个不同的阶段:危机阶段、萧条阶段、复苏阶段和高涨阶段。经济危机造成社会生产力的严重破坏,导致社会财富的迅速流失,进一步激化社会经济生活中的矛盾与冲突。然而,根据宏观经济的周期性表现,经济危机的发生则预示着下一个经济繁荣阶段的到来,而经济的过度繁荣则时刻伴随着经济危机爆发的隐患。

4.4.1 基于经济危机预期的企业投资决策模型

在经济学的理论中,经济危机是一种无法控制的恶性经济波动状态,在商品生产过剩、社会有效需求严重不足的情况下,货币日益短缺。为了避免遭受物价下跌的损失,人们纷纷将货币贮藏起来,使其在一定程度上丧失了支付手段、流通手段的职能。经济危机的发生,严重破坏了原有的正常经济关系,经济发展停滞,社会价值创造能力萎缩。有别于正常情况下的宏观经济波动,经济危机的出现使得投资项目的收益大幅下降。然而,经济危机并不是一个必然要发生的事件,投资者需要根据当前的宏观经济波动情况预测未来的宏观经济波动程度。

经济危机使社会财富遭受巨大损失,社会生产力遭受严重破坏,商品价格体系紊乱,丧失了指导市场生产的能力,使得经济生产体系混乱不堪。经济危机使得人们普遍对经济发展丧失信心,严重削弱社会有效需求,从而使得企业生产的商品严重积压,大量企业因无法维持生产而纷纷倒闭。经济危机不仅对社会消费生产领域造成严重破坏,还会对国家金融系统造成严重损失。经济危机的发生,使得货币供给日益短缺,出现银根紧缩、利率上升的现象,导致社会信用体系无法维系,甚至出现银行破产倒闭的浪潮。随着金融体系失灵,社会资本投资会变得愈加困难,加之社会价格体系对资本投资的指导作用难以有效发挥,使得社会投资大幅下降。众所周知,社会资本投资具有促进经济增长的重要作用,而资本投资不足则可能会加剧经济危机的影响程度。鉴于经济危机的严重危害,政府部门往往会采取各种措施防止本国经济发生大幅波动,维持国民经济体系的稳定。然而,历史经验证明,这并不能防止经济危机的出现。投资者需要根据当前的宏观经济波动状况以及其他必要信息,对未来发生经济危机的可能性进行估计和判断。特别是当宏观经济下行幅度较大时,投资者需要将经济危机的预期对投资项目未来收益的影响考虑进来,从而使自己做出符合未来经济发展趋势的正确投资决策。

本书在上一节建立了基于宏观经济波动的企业投资决策模型,下文将进一步将投资者对经济危机的预期纳入到模型中,探讨一下在经济危机中企业的投资行为。

与基于宏观经济波动的项目收益的随机过程不同,基于经济危机预期的项目收益除了已有的期望增长率和波动率外,还增加了表示未来发生经济危机的一个随机项 dq。该随机项服从参数为 λ 的泊松分布:

$$dX = \alpha(\pi)Xdt + \sigma(\pi)XdW - Xdq \quad (4\text{-}57)$$

式(4-57)中的参数 dX、π、$\alpha(\pi)$、$\sigma(\pi)$、dW 与基于宏观经济波动的企业投资决策模型的定义相同,在此不予赘述。本书进一步假设 dW 与 dq 是两个相互独立的过程,且 dq 的概率过程为:

$$dq = \begin{cases} 0 & P(X) = 1-\lambda dt \\ \mu & P(X) = \lambda dt \end{cases} \quad (4\text{-}58)$$

当经济危机发生时,投资项目的未来收益将减少 $\mu(0<\mu\leq1)$。也就是说,投资项目的未来收益一方面会随着几何布朗运动过程而不断变化,

另一方面每隔一段时间 dt，经济危机的发生概率为 λdt。当经济危机发生的时候，投资项目的价值相应地会下降 μX。通常情况下，经济危机的影响程度越严重，μ 的数值往往也会越大。在经济危机发生之后，投资项目的未来收益依旧随着几何布朗运动过程而发展变化，等待下一泊松事件——经济危机的发生。

在考虑经济危机发生预期的条件下，投资者进行投资的最好时机需要满足的条件与上一节相同，亦即：

$$[(1-\tau)\rho(\pi)+\delta]F(X)dt = E[dF(X)] \quad (4\text{-}59)$$

也就是说，投资者进行项目投资的必要收益等于其未来收益的期望时，该投资决策即为投资者的最优决策。

因为 dX 的随机变化过程已经发生了变化，既包含几何布朗运动，又夹杂着泊松分布，因此期望值也已经发生了变化。

由式(4-57)和式(4-58)可得：

$$dX = X[\alpha(\pi)dt + \sigma(\pi)dW - dq] \quad (4\text{-}60)$$

$$(dX)^2 = X^2\{[\sigma^2(\pi) + 2\alpha(\pi)dq]dt + 2\sigma(\pi)dqdW + (dq)^2\} \quad (4\text{-}61)$$

将式(4-60)和式(4-61)代入式(4-9)可得：

$$dF(X) = \alpha(\pi)XF'(X)dt + XF'(X)dq + \frac{1}{2}\sigma^2(\pi)X^2F''(X)dt$$

$$+ \alpha(\pi)X^2F''(X)dqdt + \frac{1}{2}X^2F''(X)(dq)^2 + \sigma(\pi)XF'(X)dW$$

$$+ \sigma(\pi)X^2F''(X)dqdW \quad (4\text{-}62)$$

对式(4-62)两边求期望值可得：

$$E[dF(X)] = \alpha(\pi)XF'(X)dt + \lambda\mu XF'(X)dt + \frac{1}{2}\sigma^2(\pi)X^2F''(X)dt$$

$$+ \frac{1}{2}\lambda\mu^2 X^2 F''(X)dt \quad (4\text{-}63)$$

其中，

$$E(dq) = \lambda\mu dt \quad (4\text{-}64)$$

$$Var(dq) = E[dq - E(dq)]^2 = \lambda\mu^2 dt + o(dt) = \lambda\mu^2 dt \quad (4\text{-}65)$$

$$E[(dq)^2] = Var(dq) + [E(dq)]^2 = \lambda\mu^2 dt + o(dt) = \lambda\mu^2 dt \qquad (4\text{-}66)$$

$$E(dq)dt = o(dt) = 0 \qquad (4\text{-}67)$$

$$E(dqdW) = E(dq)E(dW) = 0 \qquad (4\text{-}68)$$

将式(4-63)代入式(4-59)整理可得:

$$\frac{1}{2}[\sigma^2(\pi) + \lambda\mu^2]X^2F''(X)dt + [\alpha(\pi) + \lambda\mu]XF'(X)dt$$
$$+[(1-\tau)\rho(\pi) + \delta]F(X)dt = 0 \qquad (4\text{-}69)$$

方程(4-69)也是一个常微分方程,存在解析解。假设投资项目实物期权的价值函数 $F(X)$ 依旧如式(4-17)所示,则将式(4-17)、(4-18)、(4-19)代入式(4-69)可得:

$$\frac{1}{2}[\sigma^2(\pi) + \lambda\mu^2]A\beta(\beta-1)X^\beta + [\alpha(\pi) + \lambda\mu]A\beta X^\beta$$
$$+[(1-\tau)\rho(\pi) + \delta]AX^\beta = 0 \qquad (4\text{-}70)$$

进一步整理可得:

$$\frac{1}{2}[\sigma^2(\pi) + \lambda\mu^2]\beta(\beta-1) + [\alpha(\pi) + \lambda\mu]\beta + [(1-\tau)\rho(\pi) + \delta] = 0$$
$$(4\text{-}71)$$

对式(4-71)进一步求解可得:

$$\beta = \frac{1}{2} - \frac{\alpha(\pi) + \lambda\mu}{\sigma^2(\pi) + \lambda\mu^2} + \sqrt{\left[\frac{\alpha(\pi) + \lambda\mu}{\sigma^2(\pi) + \lambda\mu^2} - \frac{1}{2}\right]^2 + \frac{2[(1-\tau)\rho(\pi) + \delta]}{\sigma^2(\pi) + \lambda\mu^2}}$$
$$(4\text{-}72)$$

由于加入经济危机的预期并没有改变实物期权的形式,因此实物期权的价值 $F(X)$ 需要满足的边界条件以及项目投资最优阈值 X^* 的解的结构并没有发生变化,在此不予赘述。为了进一步考察不同变量对项目投资最优阈值的影响,下文将继续采用静态数值模拟方法来探讨经济危机对企业投资行为的作用。

4.4.2 经济危机发生频率对企业投资行为的影响

由于本书考虑的是对经济危机的预期,因此投资者还需要估计预期的经济危机发生的频率。通常情况下,经济危机发生的频率越高,则对投资者而言,预期的经济危机随时可能发生,或者在项目投资期内,发生经济危机的可能性越大。根据上文的分析,经济危机预期随机项 dq 的参数 λ 表示经济危机发生的频率,即参数 λ 的值越大,则表示经济危机发生的可能性越高。

为了便于分析,假设项目的必要收益率 $\rho(\pi)=0.2$,投资项目的期望收益率 $\alpha(\pi)=0.1$,投资项目收益的波动率 $\sigma(\pi)\in(0,1)$,投资成本 $I=1$,投资成本未来折旧的折现系数 $\gamma(\pi)=0.5$,企业所得税税率 $\tau=0.2$,财政补贴率 $\delta=0.1$,经济危机的影响程度 $\mu=0.5$。下文将进一步分析在不同的经济危机预期发生频率 λ 下,项目投资的阈值 X^* 与项目收益的波动率 $\sigma(\pi)$ 呈现怎样的关联关系。

从图 4-15 可以看出,在项目收益的波动率 $\sigma(\pi)$ 相同的条件下,随着经济危机预期发生频率 λ 的增加,项目投资的阈值 X^* 也越来越高。这说明在经济危机频发的环境中,项目的投资收益较难达到投资阈值。这也说明经济危机频繁发生,会使得一国社会投资不断萎缩,国民经济不断恶化。从图 4-15 进一步可以看出,在项目收益的波动率 $\sigma(\pi)$ 较低的时候,项目投资的阈值 X^* 并没有随着经济危机预期发生频率 λ 的变化而产生明显的变化;但当项目收益的波动率 $\sigma(\pi)$ 较高时,项目投资的阈值 X^* 在不同的经济危机预期发生频率 λ 下的差异性比较大。这并不意味着维持较低的项目收益的波动率 $\sigma(\pi)$,就可以降低经济危机频发的负面影响。相比较而言,在项目收益的波动率 $\sigma(\pi)$ 较高时,项目投资的阈值 X^* 与经济危机发生频率的关系更接近于实际情况。在这里我们假定经济危机预期发生频率变化后,投资项目的必要收益率 $\rho(\pi)$、期望收益率 $\alpha(\pi)$ 以及项目收益波动率 $\sigma(\pi)$ 都没有随着宏观经济的波动而发生变化。在其他条件不变的情况下，混合所有制企业进行投资决策的参照标准降低了，特别是在项目收益的波动率 $\sigma(\pi)$ 较低的时候。

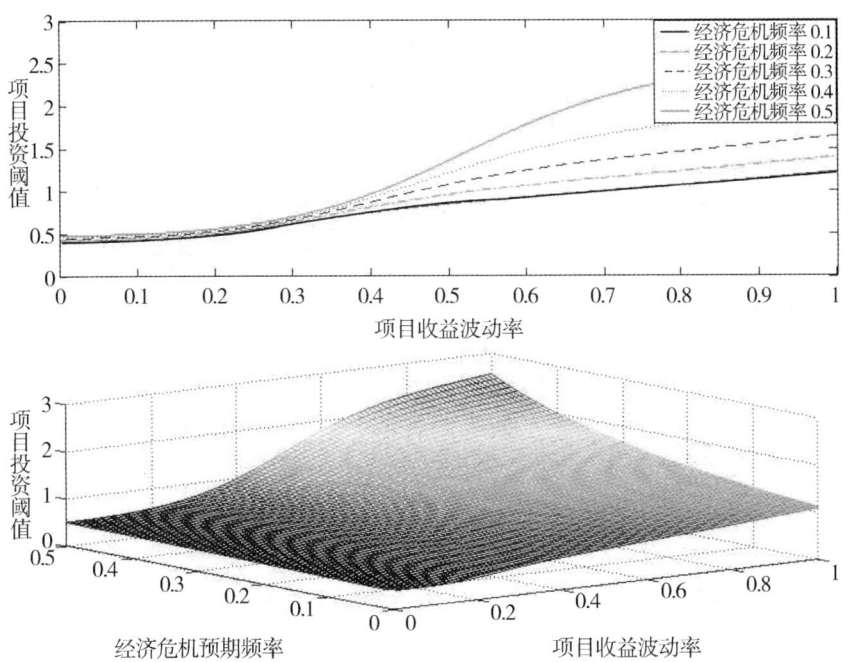

图 4-15　不同经济危机预期发生频率下项目投资阈值与其收益波动率关联关系图（一）

为了弥补上述缺陷，本书作如下处理：

（1）项目必要收益率不变，项目期望收益率随着经济危机预期发生频率 λ 的升高而增加：假设项目的必要收益率 $\rho(\pi)=0.2$，投资项目的期望收益率 $\alpha(\pi)=0.1\times(1+0.5\lambda)$。

（2）项目期望收益率不变，项目必要收益率随着经济危机预期发生频率 λ 的升高而降低：假设项目的必要收益率 $\rho(\pi)=0.2\times(1-0.4\lambda)$，投资项目的期望收益率 $\alpha(\pi)=0.1$。

（3）项目必要收益率随着经济危机预期发生频率 λ 的升高而降低，项目期望收益率随之升高而增加：假设项目的必要收益率 $\rho(\pi)=0.2\times(1-0.4\lambda)$，投资项目的期望收益率 $\alpha(\pi)=0.1\times(1+0.5\lambda)$。

其他条件如前所述。下文将进一步分析在不同的经济危机预期发生频率 λ 下，项目投资的阈值 X^* 与项目收益的波动率 $\sigma(\pi)$ 呈现怎样的关联关系。

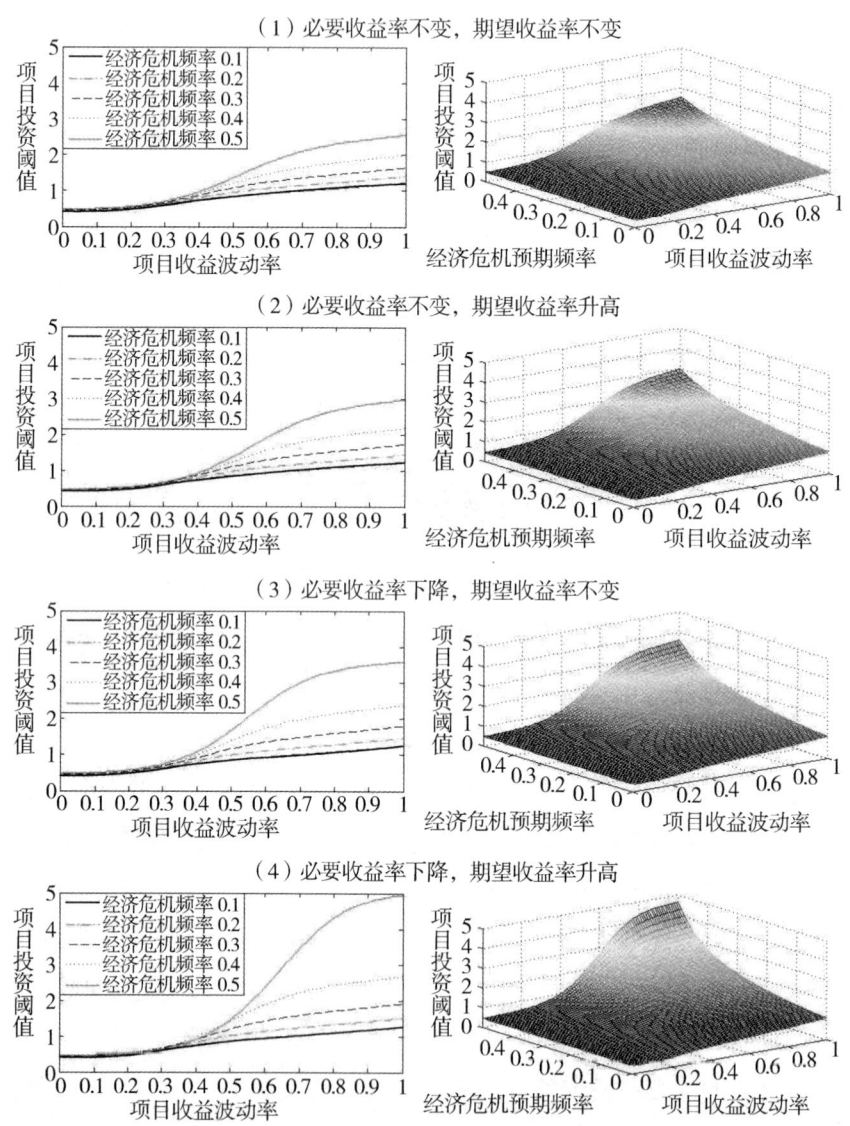

图 4-16　不同经济危机预期发生频率下项目投资阈值与其收益波动率关联关系图(二)

从图 4-16 可以看出,当投资项目的期望收益率 $\alpha(\pi)$ 随着经济危机预期发生频率 λ 的升高而增加时,项目投资的阈值 X^* 也随之增加;当投资项目的必要收益率 $\rho(\pi)$ 随着经济危机预期发生频率 λ 的升高而降低时,项目投资的阈值 X^* 也随之增加;在投资项目的必要收益率 $\rho(\pi)$ 及其期望收益率 $\alpha(\pi)$ 的综合作用下,项目投资的阈值 X^* 随着经济危机预期发生频率 λ 的升高而迅速攀升。考虑到经济危机发生时,项目收益波动率 $\sigma(\pi)$ 也将进一步升高,因此当投资项目的期望收益率 $\alpha(\pi) \in (0.4,1)$ 时,项目投资的阈值 X^* 对经济危机预期发生频率 λ 以及投资项目的必要收益率 $\rho(\pi)$ 与其期望收益率 $\alpha(\pi)$ 变化的情形具有重要的参考意义。通过这一部分图像可以看出,经济危机预期发生频率的增加将会对投资者的投资行为起到抑制作用。

4.4.3 经济危机的影响程度对企业投资阈值的影响

上文分析了经济危机发生频率 λ 对项目投资阈值 X^* 的影响,下文将进一步探讨经济危机的影响程度 μ 对项目投资阈值 X^* 的影响,其中 μ 表示经济危机发生时,投资项目收益的损失程度,μ 值越大,经济危机发生时投资项目的剩余价值就越小。

本书先假定仅经济危机的影响程度 μ 发生变化,其他条件均不变。假设项目的必要收益率 $\rho(\pi)=0.2$,投资项目的期望收益率 $\alpha(\pi)=0.1$,投资项目收益的波动率 $\sigma(\pi) \in (0,1)$,投资成本 $I=1$,投资成本未来折旧的折现系数 $\gamma(\pi)=0.5$,企业所得税税率 $\tau=0.2$,财政补贴率 $\delta=0.1$,经济危机预期发生频率 $\lambda=0.2$。下文将分析在不同的经济危机影响程度 μ 下,项目投资的阈值 X^* 与项目收益的波动率 $\sigma(\pi)$ 呈现怎样的关联关系。

从图 4-17 可以看出,在项目收益的波动率 $\sigma(\pi)$ 相同的条件下,随着经济危机影响程度 μ 的增加,项目投资的阈值 X^* 也越来越高。这说明在经济危机波及范围过广、影响程度过深的环境中,项目的投资收益较难达

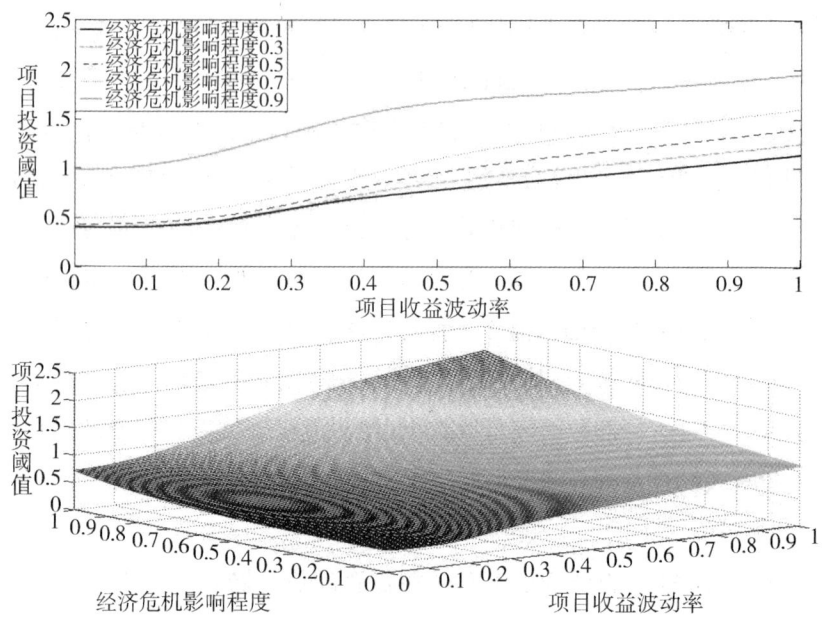

图 4-17　不同经济危机影响程度下项目投资阈值与其收益波动率关联关系图(一)

到投资阈值。这也说明经济危机的影响程度过深,会使得一国社会投资不断萎缩,对国民经济造成毁灭性打击。从图 4-17 进一步可以看出,随着经济危机影响程度 μ 的增加,项目投资的阈值 X^* 并没有因为项目收益的波动率 $\sigma(\pi)$ 的增加而出现增幅的明显变化。特别是在经济危机影响程度 μ 相对较低的时候,项目投资的阈值 X^* 的增幅非常小,而当经济危机的影响程度 μ 过大时,项目投资的阈值 X^* 则出现了较大幅度的攀升。这说明只有在经济危机影响程度较深的时候,才会对投资者的投资决策发挥显著的影响。为了进一步验证这一结论,我们进一步对不同投资项目在必要收益率及其期望收益率 $\alpha(\pi)$ 条件下,经济危机的影响程度 μ 对项目投资的阈值 X^* 的影响程度进行比较分析。为此,本书作如下处理:

(1)项目必要收益率不变,项目期望收益率随着经济危机影响程度 μ 的升高而增加:假设项目的必要收益率 $\rho(\pi)=0.2$,投资项目的期望收益

率 $\alpha(\pi) = 0.1 \times (1+0.3\mu)$。

(2) 项目期望收益率不变,项目必要收益率随着经济危机影响程度 μ 的升高而降低:假设项目的必要收益率 $\rho(\pi) = 0.2 \times (1-0.2\mu)$,投资项目的期望收益率 $\alpha(\pi) = 0.1$。

(3) 项目必要收益率随着经济危机影响程度 μ 的升高而降低,项目期望收益率随之升高而增加:假设项目的必要收益率 $\rho(\pi) = 0.2 \times (1-0.2\mu)$,投资项目的期望收益率 $\alpha(\pi) = 0.1 \times (1+0.3\mu)$。

其他条件如前所述。

从图 4-18 可以看出,当投资项目的期望收益率 $\alpha(\pi)$ 随着经济危机影响程度 μ 的升高而增加时,项目投资的阈值 X^* 的增长幅度略有增加;当投资项目的必要收益率 $\rho(\pi)$ 随着经济危机影响程度 μ 的升高而降低时,项目投资的阈值 X^* 的增长幅度也有较小增加;在投资项目的必要收益率 $\rho(\pi)$ 及其期望收益率 $\alpha(\pi)$ 的综合影响下,项目投资的阈值 X^* 随着经济危机影响程度 μ 的升高而出现了稍大幅度的增长。然而,即使在投资项目的必要收益率及其期望收益率 $\alpha(\pi)$ 不同的条件下,较小的经济危机影响程度对项目投资阈值 X^* 的影响也非常小;较高的经济危机影响程度才对项目投资阈值 X^* 产生非常显著的影响。对于投资者而言,轻度的经济危机并不会对其投资决策产生明显的负面影响;而重度的经济危机则需要其更为谨慎地进行投资决策。

上文分析了经济危机预期发生频率 λ 及其影响程度 μ 对项目投资阈值 X^* 的影响。下文将进一步计算项目投资的阈值 X^* 对它们的敏感度,分析项目投资的阈值 X^* 随之变化的规律。

(1) 项目投资的阈值 X^* 对经济危机预期发生频率 λ 的敏感度

$$\frac{\partial X^*}{\partial \lambda} = \Delta \left(\frac{N}{M^2} - \frac{\Gamma N - \mu^2 H}{M^2 \Pi} \right) > 0 \quad (4\text{-}73)$$

$$\frac{\partial^2 X^*}{\partial \lambda^2} = -2\Delta \frac{1}{(\beta-1)} \left(\frac{N}{M^2} - \frac{P}{M^2 \Pi} \right)^2 + \Delta \left(\frac{\mu^2 N \Pi - N^2}{M^3 \Pi} - \frac{P(2\mu^2 M \Pi^2 + P)}{M^4 \Pi^3} \right) > 0$$

$$(4\text{-}74)$$

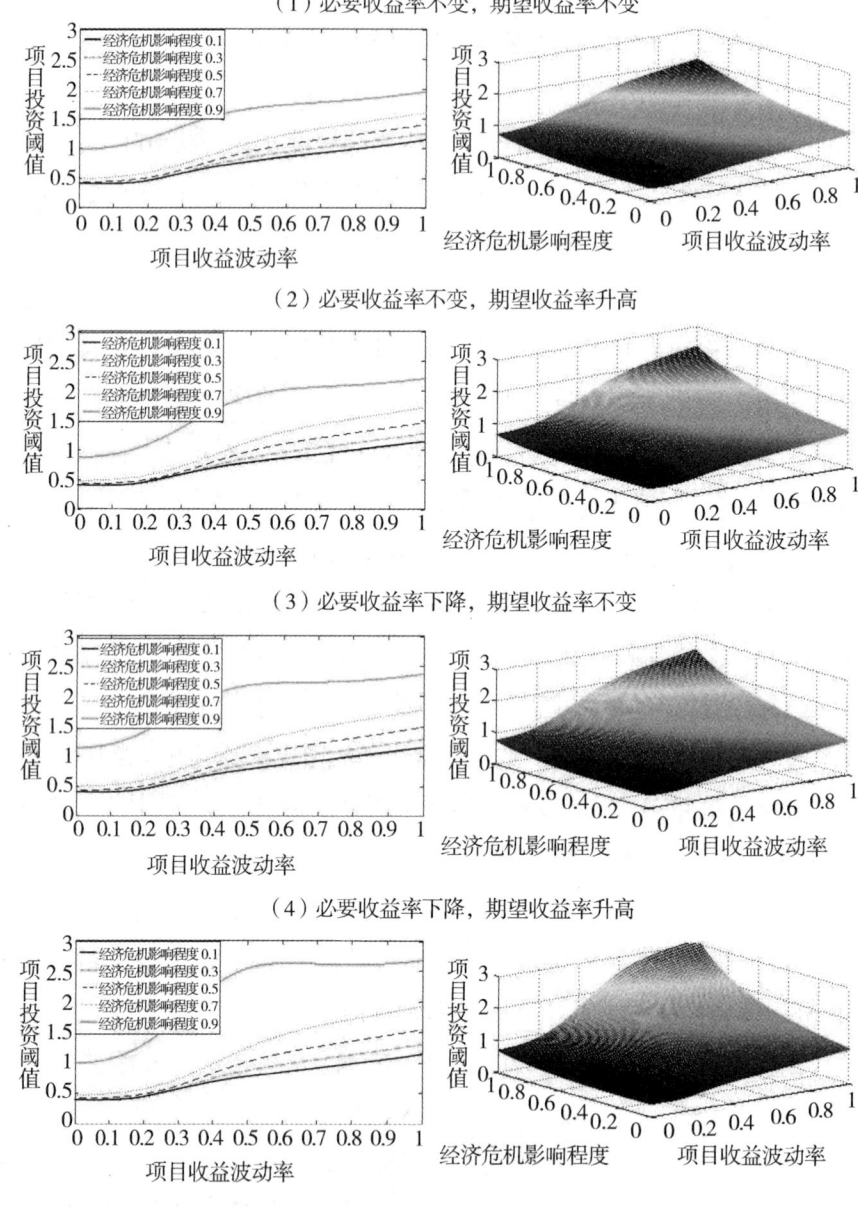

图 4-18 不同经济危机影响程度下项目投资阈值与其收益波动率关联关系图(二)

其中, $\Delta = \dfrac{[1-\gamma(\pi)-\delta]I}{(\beta-1)^2}$, $\Pi = \sqrt{\left[\dfrac{\alpha(\pi)+\lambda\mu}{\sigma^2(\pi)+\lambda\mu^2}-\dfrac{1}{2}\right]^2 + \dfrac{2[(1-\tau)\rho(\pi)+\delta]}{\sigma^2(\pi)+\lambda\mu^2}}$

$\Gamma = \dfrac{\alpha(\pi)+\lambda\mu}{\sigma^2(\pi)+\lambda\mu^2}-\dfrac{1}{2}$, $H=(1-\tau)\rho(\pi)+\delta$, $M=\sigma^2(\pi)+\lambda\mu^2$

$N=\mu\sigma^2(\pi)-\mu^2\alpha(\pi)$, $P=\Gamma N-\mu^2 H$

根据式(4-73)、(4-74),项目投资的阈值 X^* 对经济危机预期发生频率 λ 的敏感度 $\partial X^*/\partial \lambda$ 大于0,这说明经济危机预期发生频率 λ 越高,则项目投资的阈值 X^* 越大。但是根据其二阶偏导数,随着经济危机预期发生频率 λ 的不断升高,项目投资的阈值 X^* 增加幅度也逐渐增大。

(2)项目投资的阈值 X^* 对经济危机影响程度 μ 的敏感度

$$\dfrac{\partial X^*}{\partial \mu} = \Delta\left(\dfrac{O}{M^2}-\dfrac{\Gamma O-2\lambda\mu H}{M^2\Pi}\right)>0 \tag{4-75}$$

$$\dfrac{\partial^2 X^*}{\partial \mu^2} = -2\Delta\dfrac{1}{(\beta-1)}\left(\dfrac{O}{M^2}-\dfrac{T}{M^2\Pi}\right)^2 + \Delta\left(-\dfrac{ZM+4\mu O}{M^3}-\dfrac{O^2}{M^4\Pi}+\dfrac{Z\Gamma+2\lambda H}{M^2\Pi}\right.$$
$$\left.+\dfrac{T(4\lambda\mu M^2\Pi^2+T)}{M^4\Pi^3}\right)>0 \tag{4-76}$$

其中, $O=\lambda\sigma^2(\pi)-2\lambda\mu\alpha(\pi)-\lambda^2\mu^2$, $T=\Gamma O-2\lambda\mu H$, $Z=2\lambda[\alpha(\pi)+\lambda\mu]$

根据式(4-75)、(4-76),项目投资的阈值 X^* 对经济危机影响程度 μ 的敏感度 $\partial X^*/\partial \mu$ 大于0,这说明经济危机影响程度 μ 越大,则项目投资的阈值 X^* 越大。但是根据其二阶偏导数,随着经济危机影响程度 μ 的不断增加,项目投资的阈值 X^* 增加幅度也逐渐加大。

综合以上分析,虽然经济危机预期发生频率 λ 及其影响程度 μ 对投资者的投资决策的作用存在明显的差异,但是将这些因素综合起来考虑可以发现,经济危机的发生发挥着抑制企业投资的作用。不管经济危机发生频率的高低、影响程度的深浅,经济危机的负面影响都是不容忽视的。因此,国家要采取有效的措施来维护宏观经济的稳定,尽可能地避免宏观经济的剧烈波动,从而营造出一个良好的经济环境,促进企业积极地开展投资活动。

4.4.4 经济危机预期对企业投资影响的动态分析

根据前文的分析,企业投资的未来收益 X 服从几何布朗运动,通过 Ito 公式,可以得出投资项目的未来收益 X 的运动过程如下:

$$X_T = I\exp\left\{\left[\alpha(\pi)+\lambda\mu-\frac{\sigma^2(\pi)+\lambda\mu^2}{2}\right]T+\sqrt{\sigma^2(\pi)+\lambda\mu^2}\sqrt{T}\varepsilon\right\} \quad (4-77)$$

为了简化分析,假设 $T=1$,因此,未来收益 X 的运动过程可以表示为:

$$X_T = I\exp\{\alpha(\pi)+\lambda\mu-[\sigma^2(\pi)+\lambda\mu^2]/2+\sqrt{\sigma^2(\pi)+\lambda\mu^2}\varepsilon\} \quad (4-78)$$

由于企业投资所蕴含的实物期权可以看做一个欧式看涨期权,而项目投资的阈值 X^* 则为该期权的执行价格。对企业而言,如果投资项目的未来收益未超过投资阈值 X^*,则企业不执行期权,从而企业的投资收益为 0;如果投资项目的未来收益超过投资阈值 X^*,则企业执行期权,企业的投资收益可以表示为:

$$I\exp\{\alpha(\pi)+\lambda\mu-[\sigma^2(\pi)+\lambda\mu^2]/2+\sqrt{\sigma^2(\pi)+\lambda\mu^2}\varepsilon\}-X^* \quad (4-79)$$

综合以上两种情形,企业的投资收益可以表示为:

$$\max\left\{0, I\exp\left[\alpha(\pi)+\lambda\mu-\frac{\sigma^2(\pi)+\lambda\mu^2}{2}+\sqrt{\sigma^2(\pi)+\lambda\mu^2}\varepsilon\right]-X^*\right\} \quad (4-80)$$

需要说明的是,这里的企业投资收益指的是减去企业的机会成本、时间成本等因素后的超额收益。为了更直观地展示经济危机预期与企业投资收益之间的关系,本书接下来运用蒙特卡罗模拟方法来进行动态数值分析。

首先分析一下经济危机发生频率对企业投资收益的影响。假设宏观经济波动 $\pi \in (-0.05, 0.15)$,投资项目的必要收益率 $\rho(\pi)=0.2+\pi$,期望收益率 $\alpha(\pi)=0.1+\pi$,收益波动率 $\sigma(\pi)=0.2+1.5\pi$,折旧折现系数 $\gamma(\pi)=0.5-0.1\pi$,企业所得税税率 $\tau=0.25$,财政补贴率 $\delta=0.1$,投资成

本 $I=1$,经济危机的影响程度 $\mu=0.3$,经济危机发生频率 $\lambda\in(0,0.2)$。那么,在不同的经济危机发生频率下,投资阈值 X^* 的变化趋势如图 4-19 所示。显而易见,企业投资阈值 X^* 与宏观经济波动幅度 π、经济危机发生频率 λ 呈正相关关系,且随着宏观经济波动幅度 π、经济危机发生频率 λ 的增加,投资阈值 X^* 的增幅不断扩大。

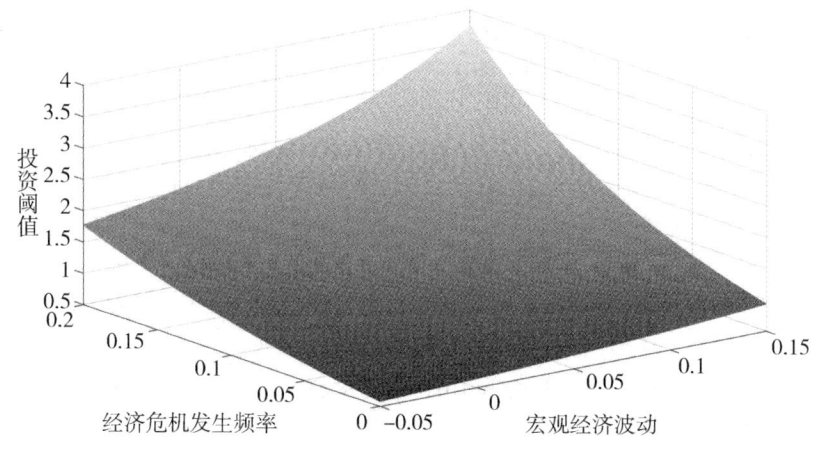

图 4-19　不同经济危机发生频率下投资阈值变化趋势图

图 4-20 是蒙特卡罗模拟 1000 次过程中,当宏观经济波动幅度 π 分别是-0.05、0.05、0.15 及经济危机发生频率 λ 分别是 0、0.10、0.20 时,企业投资的未来收益 X 的模拟轨迹。从图 4-20 可以看出,宏观经济波动 π、经济危机发生频率 λ 对企业投资的未来收益 X 具有显著的影响,随着宏观经济波动 π、经济危机发生频率 λ 的增加,企业投资的未来收益 X 的波动幅度逐步扩大。

图 4-21 是当蒙特卡罗模拟次数设定为 10000 时,随着宏观经济波动 π、经济危机发生频率 λ 的增加,企业的投资收益的均值和方差的变化轨迹。从图 4-21 可以看出,企业的投资收益均值随着宏观经济波动 π、经济危机发生频率 λ 的增加而减小,投资收益方差则随之先增加后减小。这说明企业持有的蕴含实物期权的投资项目的超额收益随着宏观经济波

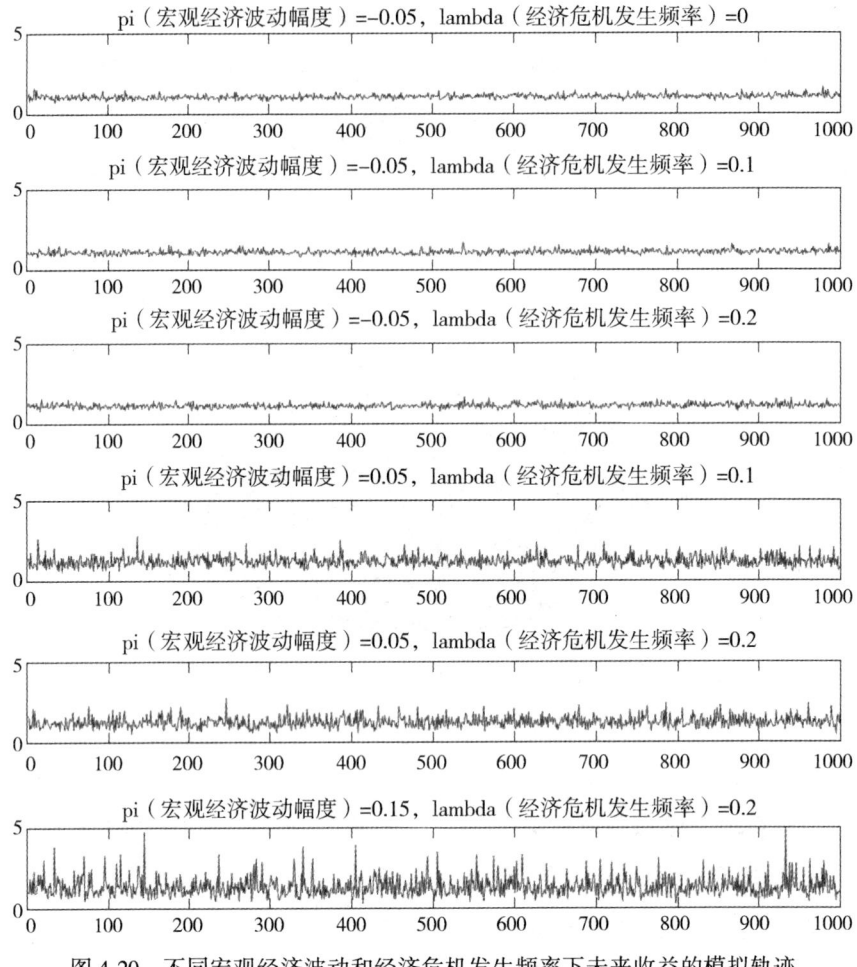

图 4-20　不同宏观经济波动和经济危机发生频率下未来收益的模拟轨迹

动 π、经济危机发生频率 λ 的增加而减小,这主要是由于投资阈值的增加所致,也与企业机会成本增加、折现系数减小等因素相关。

图 4-22 比较了不考虑实物期权的企业投资未来收益与考虑实物期权的企业投资未来收益随着宏观经济波动 π、经济危机发生频率 λ 变化的轨迹。可以看出,考虑实物期权的企业投资未来收益明显高于不考虑实物期权的企业投资未来收益。两者虽然都随着宏观经济波动 π 的增

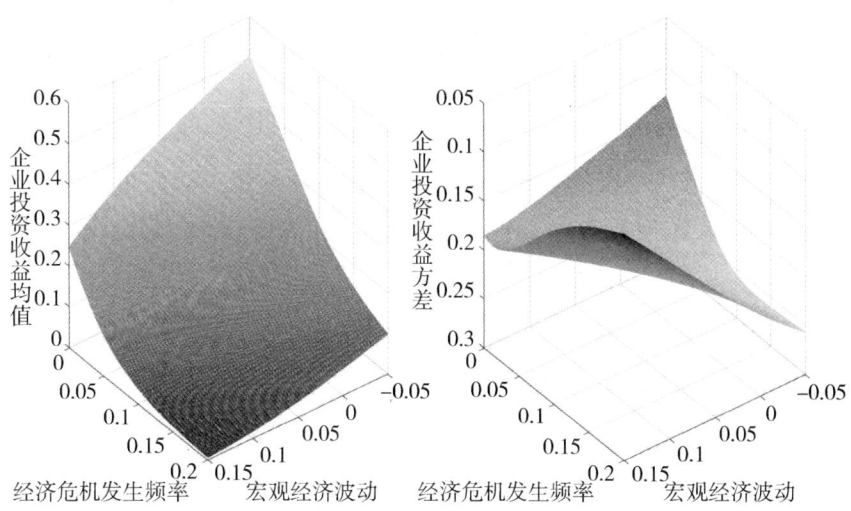

图 4-21　不同经济危机发生频率下企业投资收益均值和方差变化轨迹

加而增加,但前者随之增长幅度越来越大,而后者则基本呈线性缓慢增长。

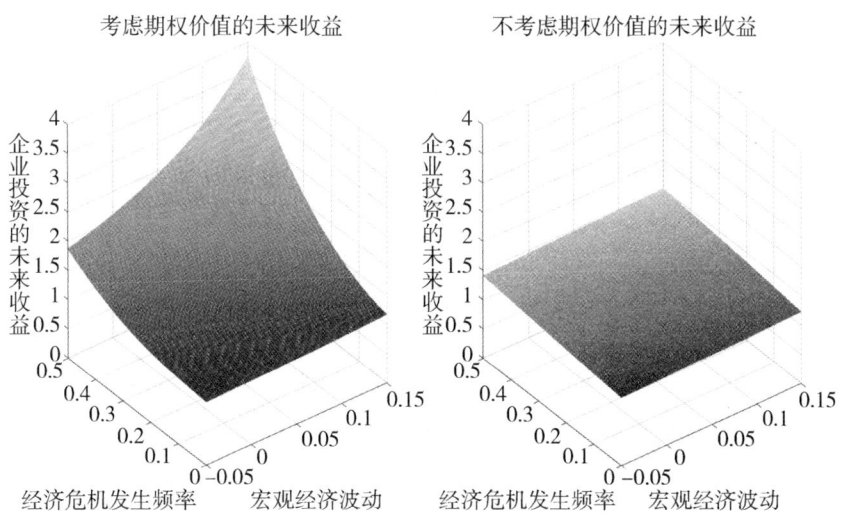

图 4-22　不同经济危机发生频率下是否考虑实物期权的企业投资未来收益比较

接下来分析一下经济危机的影响程度对企业投资收益的影响。假设宏观经济波动 $\pi \in (-0.05, 0.15)$，投资项目的必要收益率 $\rho(\pi) = 0.2 + \pi$，期望收益率 $\alpha(\pi) = 0.1 + \pi$，收益波动率 $\sigma(\pi) = 0.2 + 1.5\pi$，折旧折现系数 $\gamma(\pi) = 0.5 - 0.1\pi$，企业所得税税率 $\tau = 0.25$，财政补贴率 $\delta = 0.1$，投资成本 $I = 1$，经济危机的影响程度 $\mu \in (0, 0.5)$，经济危机发生频率 $\lambda = 0.1$。那么，在不同的经济危机影响程度下，投资阈值 X^* 的变化趋势如图 4-23 所示。显而易见，企业投资阈值 X^* 与宏观经济波动幅度 π、经济危机影响程度 μ 呈正相关关系，且随着宏观经济波动幅度 π、经济危机影响程度 μ 的增加，投资阈值 X^* 的增幅不断扩大。

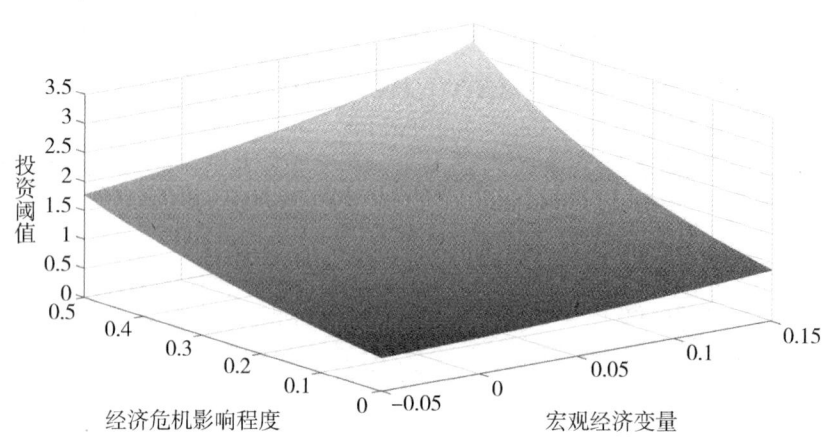

图 4-23　不同经济危机影响程度下投资阈值变化趋势图

图 4-24 是蒙特卡罗模拟 1000 次过程中，当宏观经济波动幅度 π 分别是 -0.05、0.05、0.15 及经济危机影响程度 μ 分别是 0、0.25、0.50 时，企业投资的未来收益 X 的模拟轨迹。从图 4-24 可以看出，宏观经济波动 π、经济危机影响程度 μ 对企业投资的未来收益 X 具有显著的影响，随着宏观经济波动 π、经济危机影响程度 μ 的增加，企业投资的未来收益 X 的波动幅度逐步扩大。

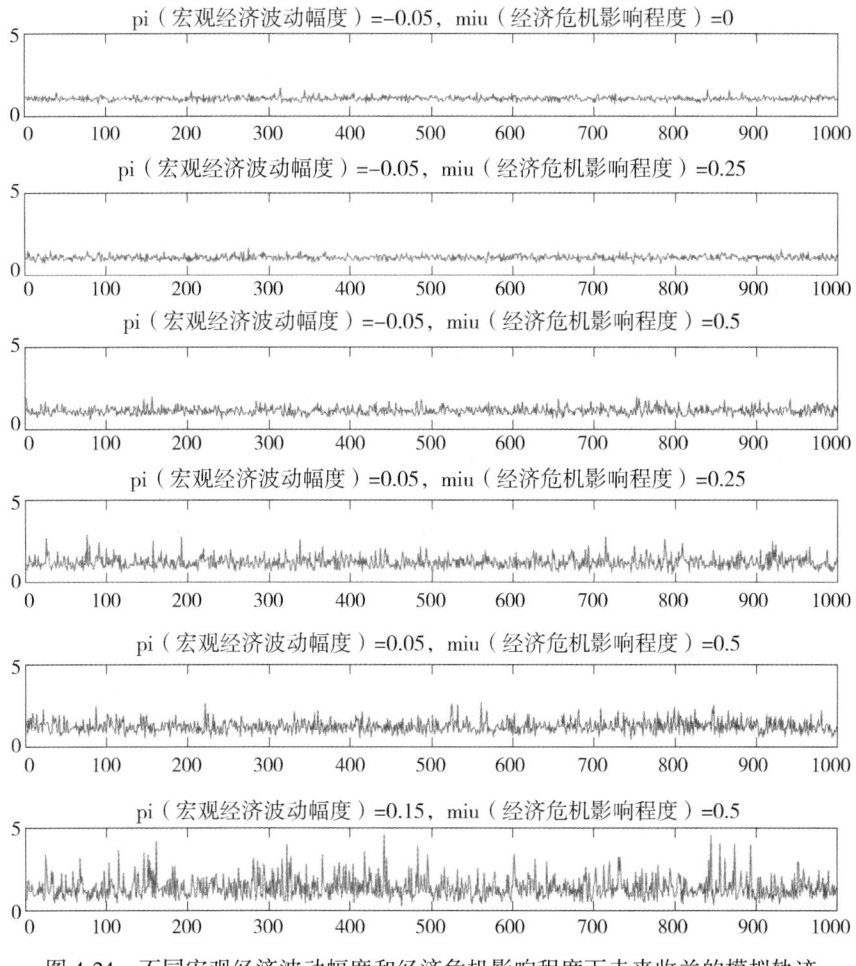

图 4-24　不同宏观经济波动幅度和经济危机影响程度下未来收益的模拟轨迹

图 4-25 是当蒙特卡罗模拟次数设定为 10000 时，随着宏观经济波动 π、经济危机影响程度 μ 的增加，企业的投资收益的均值和方差的变化轨迹。从图 4-25 可以看出，企业的投资收益均值随着宏观经济波动 π、经济危机影响程度 μ 的增加而减小，投资收益方差则随之先增加后减小。这说明企业持有的蕴含实物期权的投资项目的超额收益随着宏观经济波动 π、经济危机影响程度 μ 的增加而减小。

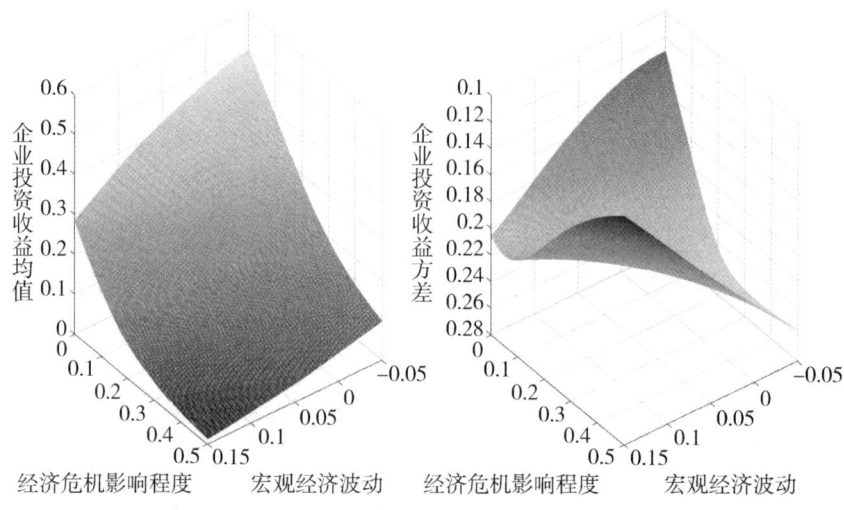

图 4-25 不同经济危机影响程度下企业投资收益均值和方差变化轨迹

图 4-26 比较了不考虑实物期权的企业投资未来收益与考虑实物期权的企业投资未来收益随着宏观经济波动 π、经济危机影响程度 μ 变化

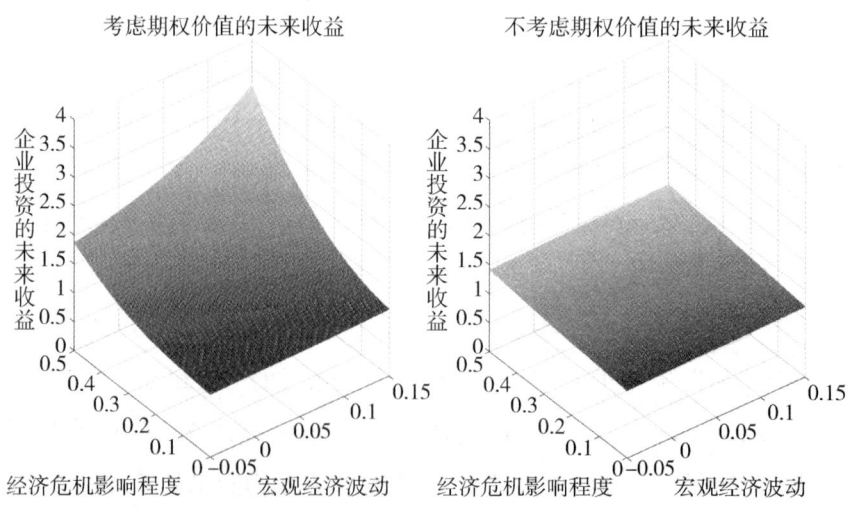

图 4-26 不同经济危机影响程度下是否考虑实物期权的企业投资未来收益比较

的轨迹。可以看出,考虑实物期权的企业投资未来收益明显高于不考虑实物期权的企业投资未来收益。两者虽然都随着宏观经济波动 π、经济危机影响程度 μ 的增加而增加,但前者随之增长幅度越来越大,而后者则基本呈线性缓慢增长。

最后分析一下是否考虑经济危机预期对企业投资收益的影响。假设投资项目的必要收益率 $\rho(\pi)=0.2$,期望收益率 $\alpha(\pi)=0.1$,收益波动率 $\sigma(\pi)=0.2$,折旧折现系数 $\gamma(\pi)=0.5$,企业所得税税率 $\tau=0.25$,财政补贴率 $\delta=0.1$,投资成本 $I=1$,经济危机的影响程度 $\mu\in(0,0.5)$,经济危机发生频率 $\lambda\in(0,0.2)$。那么,在不同的经济危机预期下,投资阈值 X^* 的变化趋势如图 4-27 所示。显而易见,与不考虑经济危机预期的情形相比,考虑经济危机预期情形下的企业投资阈值 X^* 显著升高。其中,当经济危机的影响程度 μ 为 0 或经济危机发生频率 λ 为 0 时视为不考虑经济危机预期的情形。与此同时,随着经济危机的影响程度 μ、经济危机发生频率 λ 的增加,投资阈值 X^* 的增幅不断扩大。

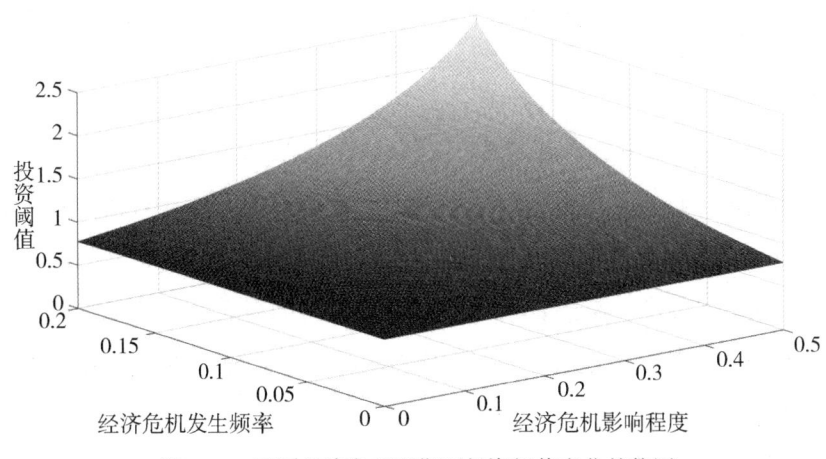

图 4-27 不同经济危机预期下投资阈值变化趋势图

图 4-28 是当蒙特卡罗模拟次数设定为 10000 时,随着经济危机的影响程度 μ、经济危机发生频率 λ 的增加,企业的投资收益的均值和方差的

变化轨迹。从图 4-28 可以看出,与不考虑经济危机预期的情形相比,考虑经济危机预期情形下的企业投资收益均值和方差显著减小。其中,当经济危机的影响程度 μ 为 0 或经济危机发生频率 λ 为 0 时视为不考虑经济危机预期的情形。与此同时,随着经济危机的影响程度 μ、经济危机发生频率 λ 的增加,企业投资收益均值和方差的降幅不断扩大。

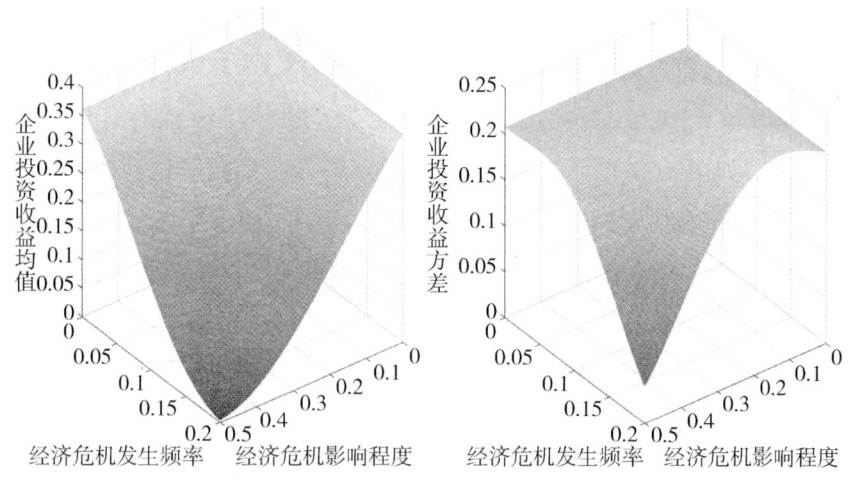

图 4-28　不同经济危机预期下企业投资收益均值和方差变化轨迹

至此我们完成了宏观经济波动和经济危机预期对企业投资行为的影响。在这一部分中,我们把实物期权理论运用到不确定的企业投资环境中,并将宏观经济波动因素、经济危机预期与影响企业投资决策的期望收益率、收益波动率、必要收益率等指标相结合,更为准确地对投资项目的收益进行分析,从而便于企业选择恰当的时机进行投资,进而实现投资收益的最大化。

根据构建的基于宏观经济波动的企业投资决策模型和基于经济危机预期的企业投资决策模型以及静态数值分析结果,税收和财政补贴等财政政策、折旧折现系数、必要收益率、期望收益率、收益波动率、经济危机发生频率以及经济危机影响程度等因素都会对企业的投资决策产生影响,特别是通过影响投资阈值来决定投资时机的选择。其中,税收、期望收益率、收益波动率、经济危机发生频率以及经济危机影响程度等因素与投资阈值正相关,具有抑制投资的作用;财政补贴、折旧折现系数、必要收益率则与投资阈值负相关,具有促进投资的作用。宏观经济波动因素则通过影响上述诸因素来间接影响企业的投资决策。

在蒙特卡罗模拟数值分析中,我们发现企业投资的超额收益与宏观经济波动、经济危机预期负相关,而企业投资的未来收益则与宏观经济波动、经济危机预期正相关。这主要是投资阈值随着宏观经济波动、经济危机预期逐步升高所致。通过比较是否考虑实物期权的企业投资未来收益,我们发现考虑实物期权的未来收益表现更优,即从实物期权的角度来进行投资决策更利于企业优化现有投资收益。

第 5 章 基于宏观经济波动的混合所有制企业投资效率评价模型设计与实证分析

本书在上一章重点分析了宏观经济波动对企业投资决策的影响机理,接下来本章将探讨在宏观经济波动的作用下混合所有制企业的投资效率问题。在对企业投资效率的研究中,有基于投入视角的评价和基于产出视角的评价之分。本章将从投入的视角出发,在 Richardson(2006)的投资决策模型的基础上,引入表征宏观经济波动和混合所有制企业特性的变量,构建出基于宏观经济波动的混合所有制企业投资效率评价模型,并借以探讨在宏观经济波动的影响下我国混合所有制企业投资效率的发展变化规律。

5.1 基于宏观经济波动的混合所有制企业投资效率评价模型设计

在 Richardson(2006)的研究中,他将企业的总投资进行了分解,其一称为维持性投资,即维持现有资产及生产能力的投资,主要指企业的折旧与摊销;其二称为新增投资,即扩大资产规模和生产能力的投资。在企业的新增投资中,又进一步细分为预期的新增投资和非预期的新增投资,其中非预期的新增投资也就是企业的非效率投资部分。在此基础上，Richardson(2006)建立了测度企业预期新增投资的模型①：

$$Inv_{it} = \gamma_0 + \gamma_1 Growth_{i,t-1} + \sum \theta_j Control_{ij,t-1} + \varepsilon_{it} \quad (5\text{-}1)$$

其中，Inv_{it}是第t年企业的新增投资(企业新增投资/企业总资产×100)，$Growth_{i,t-1}$是企业的成长机会，一般通过托宾 Q 系数、股权账面价值与市场价值的比例等指标来表示，其中本书采用托宾 Q 系数表示。$Control_{ij,t-1}$则是该模型的控制变量，这其中包括：第$t-1$年企业的新增投资(Inv_{it})、第$t-1$年企业的规模(企业总资产的自然对数，$Size_{i,t-1}$)、第$t-1$年企业的资产负债率($Lev_{i,t-1}$)、第$t-1$年企业的现金持有量(企业现金持有量/企业总资产×100，$Cash_{i,t-1}$)、第$t-1$年企业的股票收益率($Ret_{i,t-1}$)、第$t-1$年企业的上市年龄($Age_{i,t-1}$)。回归残差ε_{it}是企业非效率投资项，企业投资效率的高低是以其大小而判定的。

在 Richardson(2006)的投资决策模型(5-1)的基础上，根据混合所有制企业的特性，本书引入国有股权比例($State_{i,t-1}$)指标，构建混合所有制企业的投资效率评价模型。根据上一章的分析，宏观经济波动会对企业的投资行为产生影响。那么，宏观经济波动也必然会影响企业的投资效率。基于这样的判断，本书进一步引入宏观经济波动因子(Mac_{t-1})指标，构建基于宏观经济波动的混合所有制企业投资效率评价模型。

5.1.1　混合所有制企业投资决策模型

5.1.1.1　基本假设

本书拟构建的混合所有制企业投资效率评价模型囊括了企业的上期新增投资($Inv_{i,t-1}$)、成长机会($Growth_{i,t-1}$)、经营规模($Size_{i,t-1}$)、资产负债率($Lev_{i,t-1}$)、现金持有量($Cash_{i,t-1}$)、股票收益率($Ret_{i,t-1}$)、上市年龄

---

① Richardson S. Over-investment of free cash flow [J]. Review of Accouting Studies, 2006, 11(2): 159-189.

（$Age_{i,t-1}$）、国有股权比例（$State_{i,t-1}$）等变量。根据现有的研究成果，企业的上期新增投资（$Inv_{i,t-1}$）、成长机会（$Growth_{i,t-1}$）、经营规模（$Size_{i,t-1}$）、资产负债率（$Lev_{i,t-1}$）、现金持有量（$Cash_{i,t-1}$）、股票收益率（$Ret_{i,t-1}$）、上市年龄（$Age_{i,t-1}$）等变量与混合所有制企业的新增投资可能存在如下关系：

（1）混合所有制企业的当年投资水平与上年投资水平正相关。一般来说，企业的上年投资水平会对企业当年投资水平产生重要的影响，上年新增投资的增长及其所产生的较高投资回报会推动企业进一步增加当年的投资，进而促使企业持续平稳地提高自身的投资水平。

（2）混合所有制企业的投资水平与其成长机会正相关。通常情况下，企业的成长机会越好，其新增投资往往也会越大，促进企业更好更快地发展；而企业的成长能力表现较差时，企业则会降低自身的投资水平，避免投资水平过高而对企业带来的成本损失。

（3）混合所有制企业的投资水平与其经营规模负相关。根据经济学中的规模效应理论，企业的边际收益会随着其经营规模的扩大而递增，但当其经营规模达到某一临界点时，边际收益则会随着其经营规模的扩大而递减。考虑到混合所有制企业的经营规模相对比较大，本书假设其处于规模边际收益递减阶段。因此，混合所有制企业的经营规模越大，其继续扩大经营规模的需求会越小，则其投资水平相对也越低。

（4）混合所有制企业的投资水平与其资产负债率负相关。债务融资是企业进行投资的主要资金来源，因此企业的负债水平会对企业投资产生重要影响，一是企业的负债比率越高，其还本付息的压力则会越大，企业因资金流运行不畅而导致破产的风险也会越高，此时企业就会采取更为审慎的投资策略，削减掉收益水平相对较低的投资项目；二是企业的负债比率越高，新增投资所产生的收益被债权人分割的比例越大，企业的实际收益降低，企业进行投资的积极性也会随之降低。

（5）混合所有制企业的投资水平与其现金持有量正相关。企业持有现金是为了应付必要的流动性需求，但是现金持有量过大意味着资金的闲置与浪费。因此，企业的现金持有量越大，则其通过增加投资来避免资金闲置、获取额外收益的需求会越高，企业的投资规模则会随之扩大；而当企业的现金持有量较小时,为了满足企业对流动资金的需求,企业会降低投资规模,避免过多的流动资金被占用。

(6)混合所有制企业的投资水平与其股票收益率正相关。一般来说,企业的股票收益率越高,其经营业绩就会越好,而其获取资金的渠道也会随之增多,企业的融资能力进一步加强,企业也会进行更多的投资来扩大企业的经营规模,取得更好的经营业绩,促进企业的良性发展。

(7)混合所有制企业的投资水平与其上市年龄负相关。随着企业上市时间的延长,企业的经营规模与领域也渐趋稳定,同时适合企业发展的市场投资机会也会趋于减少,因此企业的投资需求会减少,投资规模会降低。

考虑到混合所有制企业的特征变量国有股权比例($State_{i,t-1}$)与混合所有制企业新增投资的关系,我们提出如下假设:

假设1:混合所有制企业的投资水平与其国有股权比例正相关。通常情况下,国有企业凭借自身的资源优势倾向于采取规模扩张的方式迅速占领市场,而民营企业受到有限资源的制约往往采取稳步渐进的发展方式。因此,国有企业的投资规模会比较大,而民营企业则相对较小。那么,在混合所有制企业中,国有股权的比例越高,则越倾向于采取国有企业的发展模式,通过大量投资来维持企业的发展。

5.1.1.2 模型估计

根据以上假设,本书通过对 Richardson(2006)的投资决策模型进行改进,构建出混合所有制企业投资决策模型:

$$Inv_{it} = \gamma_0 + \gamma_1 Inv_{i,t-1} + \gamma_2 Growth_{i,t-1} + \gamma_3 Size_{i,t-1} + \gamma_4 Lev_{i,t-1} + \gamma_5 Cash_{i,t-1} + \gamma_6 \mathrm{Ret}_{i,t-1} + \gamma_7 Age_{i,t-1} + \gamma_8 State_{i,t-1} + \varepsilon_{it} \quad (5\text{-}2)$$

其中,当 $\varepsilon_{it}>0$ 时,则意味着混合所有制企业的实际新增投资额高于其预期投资额,该混合所有制企业存在投资过度的问题;而当 $\varepsilon_{it}<0$ 时,则意味着混合所有制企业的实际新增投资额低于其预期投资额,该混合所有制企业存在投资不足的问题。下文将对该模型进行回归分析。

首先,我们对混合所有制企业投资决策模型的自变量与因变量的相关系数进行计算,计算结果如表5-1所示。

表 5-1　混合所有制企业投资决策模型自变量与因变量相关系数矩阵

		$Inv_{i,t-1}$	$Growth_{i,t-1}$	$Size_{i,t-1}$	$Lev_{i,t-1}$	$Cash_{i,t-1}$	$Ret_{i,t-1}$	$Age_{i,t-1}$	$State_{i,t-1}$
$Inv_{i,t-1}$	Pearson 相关性	1	-0.024P*	0.108**	-0.088**	-0.026*	0.049**	-0.189**	0.096**
	显著性（双侧）		0.043	0.000	0.000	0.027	0.000	0.000	0.000
	N	7040	7040	7040	7040	7040	7040	7040	7040
$Growth_{i,t-1}$	Pearson 相关性	-0.024*	1	-0.262**	-0.209**	0.104**	0.452**	0.130**	-0.100**
	显著性（双侧）	0.043		0.000	0.000	0.000	0.000	0.000	0.000
	N	7040	7040	7040	7040	7040	7040	7040	7040
$Size_{i,t-1}$	Pearson 相关性	0.108**	-0.262**	1	0.297**	-0.075**	-0.013	0.218**	0.167**
	显著性（双侧）	0.000	0.000		0.000	0.000	0.277	0.000	0.000
	N	7040	7040	7040	7040	7040	7040	7040	7040
$Lev_{i,t-1}$	Pearson 相关性	-0.088**	-0.209**	0.297**	1	-0.301**	0.014	0.120**	-0.042**
	显著性（双侧）	0.000	0.000	0.000		0.000	0.254	0.000	0.000
	N	7040	7040	7040	7040	7040	7040	7040	7040

续表

		$Inv_{i,t-1}$	$Growth_{i,t-1}$	$Size_{i,t-1}$	$Lev_{i,t-1}$	$Cash_{i,t-1}$	$Ret_{i,t-1}$	$Age_{i,t-1}$	$State_{i,t-1}$
$Cash_{i,t-1}$	Pearson 相关性	-0.026*	0.104**	-0.075**	-0.301**	1	0.001	0.034**	0.014
	显著性(双侧)	0.027	0.000	0.000	0.000		0.902	0.004	0.254
	N	7040	7040	7040	7040	7040	7040	7040	7040
$Ret_{i,t-1}$	Pearson 相关性	0.049**	0.452**	-0.013	0.014	0.001	1	-0.029*	-0.054**
	显著性(双侧)	0.000	0.000	0.277	0.254	0.902		0.015	0.000
	N	7040	7040	7040	7040	7040	7040	7040	7040
$Age_{i,t-1}$	Pearson 相关性	-0.189**	0.130**	0.218**	0.120**	0.034**	-0.029*	1	-0.237**
	显著性(双侧)	0.000	0.000	0.000	0.000	0.004	0.015		0.000
	N	7040	7040	7040	7040	7040	7040	7040	7040
$State_{i,t-1}$	Pearson 相关性	0.096**	-0.100**	0.167**	-0.042**	0.014	-0.054**	-0.237**	1
	显著性(双侧)	0.000	0.000	0.000	0.000	0.254	0.000	0.000	
	N	7040	7040	7040	7040	7040	7040	7040	7040

**：在0.01水平(双侧)上显著相关。
*：在0.05水平(双侧)上显著相关。

从表 5-1 可以看出,混合所有制企业的新增投资 Inv_{it} 与成长机会($Growth_{i,t-1}$)、经营规模($Size_{i,t-1}$)、资产负债率($Lev_{i,t-1}$)、现金持有量($Cash_{i,t-1}$)、股票收益率($Ret_{i,t-1}$)、上市年龄($Age_{i,t-1}$)、国有股权比例($State_{i,t-1}$)等变量之间存在着显著的相关性,因此通过这些变量估计混合所有制企业的预期新增投资是可行的。本书运用 Eviews 6.0 软件来进行回归分析,如表 5-2 所示。

表 5-2　　　　混合所有制企业投资决策模型回归结果

Variable	Coefficient	Std. Error	t-Statistic	Prob.
C	−2.618692	1.124117	−2.329555	0.0199
$Inv_{i,t-1}$	0.537698	0.009579	56.13519	0.0000
$Growth_{i,t-1}$	0.029026	0.021736	1.335365	0.1818
$Size_{i,t-1}$	0.322432	0.054503	5.915853	0.0000
$Lev_{i,t-1}$	−0.024964	0.003360	−7.428982	0.0000
$Cash_{i,t-1}$	0.014640	0.005681	2.576769	0.0100
$Ret_{i,t-1}$	0.033854	0.006789	4.996322	0.0000
$Age_{i,t-1}$	−0.126194	0.014917	−8.459670	0.0000
$State_{i,t-1}$	0.047067	0.030187	1.559175	0.1190
R-squared	0.952509	Mean dependent var		5.160128
Adjusted R-squared	0.952455	S.D. dependent var		5.882214
S.E. of regression	4.700054	Akaike info criterion		5.934303
Sum squared resid	155318.4	Schwarz criterion		5.943072
Log likelihood	−20879.75	Hannan-Quinn criter.		5.937324
F-statistic	499.2761	Durbin-Watson stat		2.093843
Prob(F-statistic)	0.000000			

从表 5-2 可以看出,混合所有制企业投资决策模型回归结果中,Adjusted R-squared 值为 0.9525,表明该回归模型的整体拟合效果非常理

想;其 F 值为 499.2761,表明所有的变量对混合所有制企业的新增投资产生显著性影响。从各变量回归系数的角度来看,上年新增投资($Inv_{i,t-1}$)、经营规模($Size_{i,t-1}$)、资产负债率($Lev_{i,t-1}$)、现金持有量($Cash_{i,t-1}$)、股票收益率($Ret_{i,t-1}$)、上市年龄($Age_{i,t-1}$)均在1%的水平下显著,常数项在5%的水平下显著,而成长机会($Growth_{i,t-1}$)、国有股权比例($State_{i,t-1}$)即使在10%的水平下也不显著,但二者的 Prob. 均较小,接近0.1。

那么,本书剔除成长机会($Growth_{i,t-1}$)、国有股权比例($State_{i,t-1}$)两个变量,再次对模型(5-2)进行回归,如表5-3所示。

表5-3 混合所有制企业投资决策模型回归结果(二)

Variable	Coefficient	Std. Error	t-Statistic	Prob.
C	−2.544453	1.048617	−2.426485	0.0153
$Inv_{i,t-1}$	0.537682	0.009578	56.13470	0.0000
$Size_{i,t-1}$	0.333950	0.050893	6.561865	0.0000
$Lev_{i,t-1}$	−0.025661	0.003303	−7.768536	0.0000
$Cash_{i,t-1}$	0.014920	0.005677	2.628112	0.0086
$Ret_{i,t-1}$	0.035117	0.000590	5.954232	0.0000
$Age_{i,t-1}$	−0.130516	0.013902	−9.388049	0.0000
R-squared	0.952495	Mean dependent var		5.160128
Adjusted R-squared	0.952461	S.D. dependent var		5.882214
S.E. of regression	4.700309	Akaike info criterion		5.934127
Sum squared resid	155379.4	Schwarz criterion		5.940948
Log likelihood	−20881.13	Hannan-Quinn criter.		5.936477
F-statistic	665.1690	Durbin-Watson stat		1.964839
Prob(F-statistic)	0.000000			

从表 5-3 可以看出,调整后的回归模型整体拟合效果理想,所有变量对混合所有制企业的新增投资产生显著性影响,且各变量的回归系数均在 1% 的水平下显著。那么,调整后的模型是否优于原模型呢。根据判断回归模型优劣的 AIC 准则与 Schwarz 准则,原模型的 AIC 值和 SC 值分别为 $AIC_1 = 5.934303$、$SC_1 = 5.943072$,调整后模型的 AIC 值和 SC 值分别为 $AIC_2 = 5.934127$、$SC_2 = 5.940948$,显然二者相差甚微。因此,目前暂时还不能确定调整后的混合所有制企业投资决策模型是否显著优于未调整的模型。

我们将进一步通过拉格朗日乘数检验方法(LM)来检验成长机会($Growth_{i,t-1}$)、国有股权比例($State_{i,t-1}$)两个变量是否可以忽略。参照靳云汇、金赛男《高级计量经济学》一书中模型设定分析中拉格朗日乘数检验(LM)的步骤,我们对通过调整后的回归模型计算得到的残差和模型(5-2)的所有因变量进行辅助回归,得到其可决系数 $R^2 = 8.67e^{-4}$,进而得到检验统计量 $nR^2 = 6.1037 > \chi^2_{\alpha=0.05}(2) = 5.9915$,这表明在 5% 的显著性水平下成长机会($Growth_{i,t-1}$)、国有股权比例($State_{i,t-1}$)两个变量是不能忽略的。

根据模型(5-2)的回归结果,混合所有制企业的投资水平随着上一年投资规模、企业成长机会、企业经营规模、现金持有量、股票收益率以及国有股权比例的上升而提高;随着资产负债率、上市年龄的增加而降低。其中,企业经营规模对混合所有制企业投资水平的影响与原假设恰恰相反,这说明虽然规模报酬率在递减,但是混合所有制企业通过规模扩张所获得的收益仍然大于零。

考虑到宏观经济波动因素的存在,那么模型的参数在不同的时间是否稳定呢?接下来我们采用 Chow 分割点检验对混合所有制企业投资决策模型进行稳定性检验,结果如表 5-4 所示。

表 5-4　混合所有制企业投资决策模型 Chow 分割点检验结果

分割点	统计量			
2005	F-statistic	4.522115	Prob. F(9,7022)	0.0000
	Log likelihood ratio	40.68557	Prob. Chi-Square(9)	0.0000
	Wald Statistic	40.69904	Prob. Chi-Square(9)	0.0000
2006	F-statistic	4.149865	Prob. F(9,7022)	0.0000
	Log likelihood ratio	37.34530	Prob. Chi-Square(9)	0.0000
	Wald Statistic	37.34879	Prob. Chi-Square(9)	0.0000
2007	F-statistic	4.099607	Prob. F(9,7022)	0.0000
	Log likelihood ratio	36.89419	Prob. Chi-Square(9)	0.0000
	Wald Statistic	36.89646	Prob. Chi-Square(9)	0.0000
2008	F-statistic	1.882860	Prob. F(9,7022)	0.0498
	Log likelihood ratio	16.96871	Prob. Chi-Square(9)	0.0492
	Wald Statistic	16.94574	Prob. Chi-Square(9)	0.0496
2009	F-statistic	3.426903	Prob. F(9,7022)	0.0003
	Log likelihood ratio	30.85348	Prob. Chi-Square(9)	0.0003
	Wald Statistic	30.84213	Prob. Chi-Square(9)	0.0003
2010	F-statistic	3.111224	Prob. F(9,7022)	0.0010
	Log likelihood ratio	28.01697	Prob. Chi-Square(9)	0.0009
	Wald Statistic	28.00101	Prob. Chi-Square(9)	0.0010
2011	F-statistic	1.379561	Prob. F(9,7022)	0.1911
	Log likelihood ratio	12.43689	Prob. Chi-Square(9)	0.1898
	Wald Statistic	12.41605	Prob. Chi-Square(9)	0.1909

续表

分割点	统计量			
2012	F-statistic	2.849289	Prob. F(9,7022)	0.0024
	Log likelihood ratio	25.66251	Prob. Chi-Square(9)	0.0023
	Wald Statistic	25.64360	Prob. Chi-Square(9)	0.0023
2013	F-statistic	1.935831	Prob. F(9,7022)	0.0427
	Log likelihood ratio	17.44551	Prob. Chi-Square(9)	0.0422
	Wald Statistic	17.42248	Prob. Chi-Square(9)	0.0425
2014	F-statistic	0.903342	Prob. F(9,7022)	0.5212
	Log likelihood ratio	8.146199	Prob. Chi-Square(9)	0.5195
	Wald Statistic	8.130074	Prob. Chi-Square(9)	0.5211
逐年分割	F-statistic	1.874693	Prob. F(90,6941)	0.0000
	Log likelihood ratio	169.0820	Prob. Chi-Square(90)	0.0000
	Wald Statistic	168.7223	Prob. Chi-Square(90)	0.0000

从表 5-4 可以看出，以 2005 年、2006 年、2007 年、2009 年、2010 年、2012 年以及逐年分割作为分界点，在 1% 的显著性水平下，混合所有制企业投资决策模型的结构发生了变化；以 2008 年、2013 年作为分界点，在 5% 的显著性水平下，模型结构发生了变化；以 2011 年、2014 年作为分界点，模型结构变化不显著。有鉴于此，本书对混合所有制企业投资决策模型进行逐年回归，观察其各变量系数的变化。

从表 5-5 可以看出，混合所有制企业投资决策模型各变量的系数发生了明显变化，通过该模型对混合所有制企业预期新增投资进行估计的有效性将会降低，因此需要进一步对该模型进行修改，以增强模型的稳定性。考虑到变量系数的变化意味着该变量对混合所有制企业的预期新增

表 5-5　　混合所有制企业投资决策模型逐年回归结果

Variable	2004	2005	2006	2007	2008	2009	2010	2011	2012	2013	2014
C	2.6780**	-1.9446***	-4.7028	-1.8980***	-3.5492	-0.4448	1.2121	-0.7499	0.2320	-0.1525	0.3856*
	(2.3234)	(-3.2069)	(-0.5344)	(-4.2280)	(-1.3454)	(-0.2568)	(0.2608)	(-1.4777)	(1.3970)	(-0.9474)	(1.8045)
$Inv_{i,t-1}$	0.4682***	0.5075***	0.5383***	0.5011***	0.5431***	0.4968***	0.6332***	0.4787***	0.6312***	0.6128***	0.5466***
	(14.8552)	(16.4314)	(26.0240)	(53.7947)	(63.7652)	(50.9837)	(37.7832)	(59.2582)	(92.7617)	(106.8643)	(85.2756)
$Growth_{i,t-1}$	-0.2912	-1.0876	0.7696	0.3328*	0.0162	0.1914	-0.2414**	-0.1939**	0.1051	-0.1293	0.0291
	(-1.0133)	(-1.6336)	(1.3684)	(1.6866)	(0.8336)	(1.5355)	(-2.0215)	(-2.1471)	(1.3909)	(-1.4878)	(0.8961)
$Size_{i,t-1}$	-0.0581**	0.5299***	-0.7963	0.4430***	0.7802*	-0.1876**	0.0353	0.3278***	0.0991***	0.2143	0.0721**
	(-2.5055)	(3.4321)	(-0.2533)	(4.1871)	(1.6604)	(-2.1620)	(0.7635)	(2.9378)	(2.7058)	(0.5017)	(2.1177)
$Lev_{i,t-1}$	-0.0282**	-0.0294**	-0.0356***	0.0022	-0.0452***	-0.0034	-0.0303**	-0.0309***	-0.0119	-0.0254***	-0.0256***
	(-2.1315)	(-2.1398)	(-3.1233)	(1.1600)	(-3.4598)	(-1.3393)	(-2.4831)	(-3.0140)	(-1.5028)	(-2.8790)	(-3.3212)

续表

Variable	2004	2005	2006	2007	2008	2009	2010	2011	2012	2013	2014
$Cash_{i,t-1}$	0.0911***	0.0275***	0.0170	0.0416*	0.0297***	0.0182	0.0007**	−0.0061	0.0326	0.0134*	−0.0035
	(5.9220)	(5.8195)	(1.1004)	(1.9317)	(3.9135)	(0.9454)	(2.5427)	(−0.6962)	(1.4591)	(1.9136)	(−1.2293)
$Ret_{i,t-1}$	0.0440***	0.0199**	0.0502	−0.0436	0.0116	0.0180	0.0225*	0.0137***	−0.0319	0.0132	0.0471**
	(4.5416)	(2.0047)	(1.5904)	(−1.3275)	(1.6311)	(1.5311)	(1.8257)	(2.6192)	(−1.3990)	(1.0230)	(2.2841)
$Age_{i,t-1}$	−0.2712***	−0.0337***	−0.0350	−0.1864**	−0.1656**	−0.0781	−0.0192	0.0002	−0.1158**	−0.1350**	−0.0093
	(−3.2951)	(−2.8994)	(−1.5065)	(−2.3236)	(−2.2572)	(−1.2621)	(−1.4566)	(1.0026)	(−2.4021)	(−2.5716)	(−2.1934)
$State_{i,t-1}$	0.0720	0.0542	0.0105	−0.0227	0.0450	0.0164***	−0.0664	−0.0029	−0.0069	0.0111	0.0556*
	(1.6284)	(1.4546)	(1.0338)	(−1.1811)	(1.3969)	(2.7394)	(−1.5835)	(−0.3147)	(−0.9582)	(1.1430)	(1.7884)

*：在10%的水平上显著。
**：在5%的水平上显著。
***：在1%的水平上显著。

投资的影响力发生改变,这种改变往往与宏观经济环境的变化存在着密切的联系。接下来我们将宏观经济波动因子引入模型中,探讨混合所有制企业的预期新增投资与宏观经济波动之间的关系。

5.1.2 基于宏观经济波动的混合所有制企业投资效率评价模型

我们在上一节对混合所有制企业投资模型(5-2)进行了回归分析,发现该模型并不稳定。根据第四章宏观经济波动与企业投资行为的关系,我们认为宏观经济波动会对混合所有制企业的预期新增投资产生影响。因此,本书引入宏观经济波动因子构建新的模型来对混合所有制企业投资进行分析。

5.1.2.1 基本假设

根据宏观经济波动对企业投资行为的影响,我们提出如下假设:

假设:混合所有制企业的投资水平与宏观经济波动正相关,宏观经济波动会对企业的投资水平产生重要影响。在宏观经济趋于繁荣时,市场收益水平会上升,企业为了获取更高的经营收益,往往会加大投资力度;而在宏观经济趋于衰退时,市场收益水平会随之下降,企业也会相应地减小自身的投资规模,避免投资收益下降给企业造成不必要的损失。

相比较而言,上年新增投资($Inv_{i,t-1}$)、成长机会($Growth_{i,t-1}$)、经营规模($Size_{i,t-1}$)、资产负债率($Lev_{i,t-1}$)、现金持有量($Cash_{i,t-1}$)、股票收益率($Ret_{i,t-1}$)、上市年龄($Age_{i,t-1}$)、国有股权比例($State_{i,t-1}$)等变量属于影响混合所有制企业投资水平的内生变量,而宏观经济波动因子(Mac_{t-1})则属于外生变量。根据假设,混合所有制企业的投资水平会受到宏观经济波动的影响,但宏观经济波动的作用机制是如何实现的呢?我们认为,宏观经济波动对混合所有制企业投资水平的影响机制有直接与间接两种方式。其中,直接方式是宏观经济波动与内生变量平行影响企业的预期新增投资。间接方式是宏观经济波动通过改变内生变量对企业预期新增投资的影响程度来发挥作用。根据宏观经济波动因素的两种不同影响机制，我们所建立的基于宏观经济波动的混合所有制企业投资决策模型有两种形式：

（1）加数模型

$$Inv_{it} = \gamma_0 + \gamma_1 Inv_{i,t-1} + \gamma_2 Growth_{i,t-1} + \gamma_3 Size_{i,t-1} + \gamma_4 Lev_{i,t-1} + \gamma_5 Cash_{i,t-1} + \gamma_6 Ret_{i,t-1} + \gamma_7 Age_{i,t-1} + \gamma_8 State_{i,t-1} + \gamma_9 Mac_{t-1} + \varepsilon_{it} \quad (5\text{-}3)$$

（2）乘数模型

$$Inv_{it} = \gamma_0 + \gamma_1 Inv_{i,t-1} + \gamma_2 Growth_{i,t-1} + \gamma_3 Size_{i,t-1} + \gamma_4 Lev_{i,t-1} + \gamma_5 Cash_{i,t-1} + \gamma_6 Ret_{i,t-1} + \gamma_7 Age_{i,t-1} + \gamma_8 State_{i,t-1} + \varepsilon_{it} \quad (5\text{-}4)$$

其中，$\gamma_j = \alpha_j + \beta_j Mac_{t-1}(j=0,1,2,\cdots,8)$。

5.1.2.2 加数模型估计

运用 Eviews 6.0 软件来对基于宏观经济波动的混合所有制企业投资决策加数模型(5-3)进行回归估计，如表5-6所示。

表5-6　基于宏观经济波动的混合所有制企业投资决策加数模型回归结果（一）

Variable	Coefficient	Std. Error	t-Statistic	Prob.
C	−3.169548	1.163695	−2.723693	0.0065
$Inv_{i,t-1}$	0.537188	0.009581	56.06737	0.0000
$Growth_{i,t-1}$	0.028456	0.021671	1.313076	0.1892
$Size_{i,t-1}$	0.336324	0.055022	6.112504	0.0000
$Lev_{i,t-1}$	−0.025025	0.003360	−7.447953	0.0000
$Cash_{i,t-1}$	0.015077	0.005686	2.651910	0.0080
$Ret_{i,t-1}$	0.036016	0.006883	5.236786	0.0000
$Age_{i,t-1}$	−0.109739	0.017425	−6.297871	0.0000
$State_{i,t-1}$	0.047664	0.030187	1.579284	0.1143
Mac_{t-1}	0.027314	0.014955	1.826402	0.0678

续表

R-squared	0.952533	Mean dependent var	5.160128
Adjusted R-squared	0.952472	S.D. dependent var	5.882214
S.E. of regression	4.699274	Akaike info criterion	5.934113
Sum squared resid	155244.7	Schwarz criterion	5.943856
Log likelihood	−20878.08	Hannan−Quinn criter.	5.937469
F-statistic	444.3191	Durbin−Watson stat	2.067331
Prob(F-statistic)	0.000000		

从表 5-6 可以看出，基于宏观经济波动的混合所有制企业投资决策加数模型回归结果中，Adjusted R-squared 值为 0.9525，表明该回归模型的整体拟合效果非常理想；其 F 值为 444.3191，表明所有的变量对混合所有制企业的新增投资产生显著性影响。从各变量回归系数的角度来看，常数项、上年新增投资($Inv_{i,t-1}$)、资产负债率($Lev_{i,t-1}$)、现金持有量($Cash_{i,t-1}$)、股票收益率($Ret_{i,t-1}$)均在 1% 的水平下显著，经营规模($Size_{i,t-1}$)、上市年龄($Age_{i,t-1}$)在 5% 的水平下显著，宏观经济波动因子 Mac_{t-1} 在 10% 的水平下显著，而成长机会($Growth_{i,t-1}$)、国有股权比例($State_{i,t-1}$)即使在 10% 的水平下仍不显著，但二者的 $Prob.$ 值均不高。

那么，从加数模型中剔除成长机会($Growth_{i,t-1}$)、国有股权比例($State_{i,t-1}$)两个变量，再次对模型(5-3)进行回归，如表 5-7 所示。

表 5-7　基于宏观经济波动的混合所有制企业投资决策
加数模型回归结果(二)

Variable	Coefficient	Std. Error	t-Statistic	Prob.
C	−3.097157	1.091886	−2.836519	0.0046
$Inv_{i,t-1}$	0.537174	0.009581	56.06666	0.0000
$Size_{i,t-1}$	0.348141	0.051483	6.762249	0.0000

续表

Variable	Coefficient	Std. Error	t-Statistic	Prob.
$Lev_{i,t-1}$	−0.025720	0.003303	−7.787292	0.0000
$Cash_{i,t-1}$	0.015354	0.005681	2.702652	0.0069
$Ret_{i,t-1}$	0.037214	0.006017	6.192994	0.0000
$Age_{i,t-1}$	−0.114303	0.016530	−6.915032	0.0000
Mac_{t-1}	0.027107	0.014955	1.812621	0.0699
R-squared	0.952528	Mean dependent var		5.160128
Adjusted R-squared	0.952481	S.D. dependent var		5.882214
S.E. of regression	4.699546	Akaike info criterion		5.933944
Sum squared resid	155306.8	Schwarz criterion		5.941739
Log likelihood	−20879.48	Hannan-Quinn criter.		5.936630
F-statistic	570.7995	Durbin-Watson stat		1.966138
Prob(F-statistic)	0.000000			

从表5-7可以看出,调整后的加数模型整体拟合效果理想,所有变量对混合所有制企业的新增投资产生显著性影响,且各变量的回归系数均是显著的。根据AIC准则与Schwarz准则,原加数模型的AIC值和SC值分别为5.9341、5.9439,调整后模型的AIC值和SC值分别为5.9339、5.9417,显然二者相差甚微。因此,本文不能确定调整后的基于宏观经济波动的混合所有制企业投资决策加数模型是否表现出显著的优越性。

接下来我们对模型进行拉格朗日乘数检验,来判断成长机会($Growth_{i,t-1}$)、国有股权比例($State_{i,t-1}$)两个变量是否可以忽略。经过计算可以得到拉格朗日乘数检验统计量 $nR^2 = 6.3211 > \chi^2_{\alpha=0.05}(2) = 5.9915$,表明在5%的显著性水平下,模型(5-3)不能忽略成长机会($Growth_{i,t-1}$)、国有股权比例($State_{i,t-1}$)这两个变量。

虽然我们将宏观经济波动因素纳入到了模型中,但是在宏观经济发展过程中,仍存在一些影响范围非常大的突发性事件。例如,2008年我国开始实施企业所得税改革,同年波及全球的金融危机爆发。因此,我们以 2008 年作为分界点采用 Chow 分割点检验对基于宏观经济波动的混合所有制企业投资决策加数模型进行稳定性检验。从表 5-8 可以看出,2008 年前后模型结构并没有发生显著性变化。

表 5-8　基于宏观经济波动的混合所有制企业投资决策加数模型 Chow 分割点检验结果

F-statistic	1.566744	Prob. F(10,7020)	0.1098
Log likelihood ratio	15.69457	Prob. Chi-Square(10)	0.1087
Wald Statistic	15.66744	Prob. Chi-Square(10)	0.1096

根据模型(5-3)的回归结果,混合所有制企业的投资水平随着宏观经济上行而提高,随着宏观经济下行而降低。由此,我们可以得出混合所有制企业样本的非效率投资部分:

$$\varepsilon_{it} = Inv_{it} - (-3.1695 + 0.5372 Inv_{i,t-1} + 0.0285 Growth_{i,t-1} + 0.3363 Size_{i,t-1} \\ - 0.0250 Lev_{i,t-1} + 0.0151 Cash_{i,t-1} + 0.0360 Ret_{i,t-1} - 0.1097 Age_{i,t-1} \\ + 0.0477 State_{i,t-1} + 0.0273 Mac_{t-1}) \quad (5\text{-}5)$$

当 $\varepsilon_{it}>0$ 时,意味着混合所有制企业的实际投资规模高于预期投资规模,产生了投资过度的问题;当 $\varepsilon_{it}<0$ 时,意味着混合所有制企业的实际投资规模低于预期投资规模,产生了投资不足的问题。不管是投资过度还是投资不足,都意味着企业的投资效率降低了,也即实际投资规模偏离预期投资规模程度越大,说明企业的投资效率越低。因此,本书采用如下公式对混合所有制企业的投资效率进行度量:

$$Efficiency_{it} = 1 - \left| \frac{\varepsilon_{it}}{\overline{Inv_{it}}} \right| \quad (5\text{-}6)$$

其中,$\overline{Inv_{it}}$ 是混合所有制企业的预期新增投资。

5.1.2.3　乘数模型估计

运用 Eviews 6.0 软件来对基于宏观经济波动的混合所有制企业投资决策乘数模型(5-4)进行回归估计,如表 5-9 所示。

表 5-9　基于宏观经济波动的混合所有制企业投资决策乘数模型回归结果（一）

Variable	Coefficient	Std. Error	t-Statistic	Prob.
C	-1.986911	0.877439	-1.751520	0.0799
Mac_{t-1}	-0.852132	0.254343	-3.350323	0.0008
$Inv_{i,t-1}$	0.556417	0.011456	48.56836	0.0000
$Mac_{t-1} * Inv_{i,t-1}$	-0.007309	0.002171	-3.367029	0.0008
$Growth_{i,t-1}$	0.001403	0.0056390	0.706179	0.4801
$Mac_{t-1} * Growth_{i,t-1}$	0.012144	0.006013	1.738878	0.0821
$Size_{i,t-1}$	0.277299	0.058619	4.730549	0.0000
$Mac_{t-1} * Size_{i,t-1}$	0.042249	0.011918	3.545095	0.0004
$Lev_{i,t-1}$	-0.023690	0.003572	-6.631585	0.0000
$Mac_{t-1} * Lev_{i,t-1}$	-0.000338	0.000306	-0.969157	0.3325
$Cash_{i,t-1}$	0.013193	0.006008	2.195697	0.0281
$Mac_{t-1} * Cash_{i,t-1}$	0.001337	0.000801	1.666291	0.0957
$Ret_{i,t-1}$	0.003531	0.000794	4.446330	0.0000
$Mac_{t-1} * Ret_{i,t-1}$	5.35E-07	0.000037	0.528455	0.5972
$Age_{i,t-1}$	-0.100543	0.019273	-5.216798	0.0000
$Mac_{t-1} * Age_{i,t-1}$	-0.006259	0.003318	-1.886599	0.0593
$State_{i,t-1}$	0.029513	0.022501	1.674891	0.0940
$Mac_{t-1} * State_{i,t-1}$	0.009374	0.004397	2.039260	0.0423
R-squared	0.959177	Mean dependent var		5.160128
Adjusted R-squared	0.959078	S.D. dependent var		5.882214
S.E. of regression	4.692096	Akaike info criterion		5.932189
Sum squared resid	154594.7	Schwarz criterion		5.949728
Log likelihood	-20863.31	Hannan-Quinn criter.		5.938231
F-statistic	237.6847	Durbin-Watson stat		2.075878
Prob(F-statistic)	0.000000			

从表 5-9 可以看出,基于宏观经济波动的混合所有制企业投资决策乘数模型回归结果中,Adjusted R-squared 值为 0.9591,表明该回归模型的整体拟合效果非常理想;其 F 值为 237.6847,表明所有的变量对混合所有制企业的新增投资产生显著性影响。从各变量回归系数的角度来看,Mac_{t-1}、$Inv_{i,t-1}$、$size_{i,t-1}$、$Mac_{t-1}*Size_{i,t-1}$、$Lev_{i,t-1}$、$Ret_{i,t-1}$、$Age_{i,t-1}$ 等变量在 1% 的水平下显著,$Cash_{i,t-1}$、$Mac_{t-1}*State_{i,t-1}$ 等变量在 5% 的水平下显著,$Cash_{i,t-1}$、$Mac_{t-1}*State_{i,t-1}$、$Mac_{t-1}*Age_{i,t-1}$、$State_{i,t-1}$ 等变量在 10% 的水平下显著,而 $Growth_{i,t-1}$、$Mac_{t-1}*Lev_{i,t-1}$、$Mac_{t-1}*Ret_{i,t-1}$ 等变量不显著。将不显著变量剔除后再次对模型(5-4)进行回归,如表 5-10 所示。

表 5-10　基于宏观经济波动的混合所有制企业投资决策乘数模型回归结果(二)

Variable	Coefficient	Std. Error	t-Statistic	Prob.
C	−1.997386	1.154118	−1.730659	0.0836
Mac_{t-1}	−0.845705	0.245852	−3.439893	0.0006
$Inv_{i,t-1}$	0.556099	0.011429	48.65746	0.0000
$Mac_{t-1}*Inv_{i,t-1}$	−0.007221	0.002161	−3.340818	0.0008
$Mac_{t-1}*Growth_{i,t-1}$	0.012846	0.008024	1.884045	0.0596
$Size_{i,t-1}$	0.279579	0.054913	5.091334	0.0000
$Mac_{t-1}*Size_{i,t-1}$	0.040967	0.011315	3.620546	0.0003
$Lev_{i,t-1}$	−0.024261	0.003319	−7.310320	0.0000
$Cash_{i,t-1}$	0.012885	0.005954	2.164102	0.0305
$Mac_{t-1}*Cash_{i,t-1}$	0.001500	0.001151	1.683617	0.0923
$Ret_{i,t-1}$	0.003533	0.000658	5.367878	0.0000
$Age_{i,t-1}$	−0.100691	0.018765	−5.366031	0.0000
$Mac_{t-1}*Age_{i,t-1}$	−0.006326	0.003277	−1.930247	0.0536
$State_{i,t-1}$	0.029657	0.012486	1.743443	0.0813
$Mac_{t-1}*State_{i,t-1}$	0.009613	0.006365	2.156223	0.0311

续表

R-squared	0.959175	Mean dependent var	5.160128
Adjusted R-squared	0.959093	S.D. dependent var	5.882214
S.E. of regression	4.691171	Akaike info criterion	5.931370
Sum squared resid	154599.8	Schwarz criterion	5.945985
Log likelihood	−20863.42	Hannan-Quinn criter.	5.936405
F-statistic	288.7144	Durbin-Watson stat	1.967437
Prob(F-statistic)	0.000000		

从表 5-10 可以看出,调整后的乘数模型整体拟合效果理想,所有变量整体对混合所有制企业的新增投资影响显著,且各变量的回归系数在 10% 的水平下均显著。同样的,我们以 2008 年作为分界点采用 Chow 分割点检验对基于宏观经济波动的混合所有制企业投资决策乘数模型进行稳定性检验。从表 5-11 可以看出,2008 年前后模型结构并没有发生显著性变化。

表 5-11　基于宏观经济波动的混合所有制企业投资决策乘数模型 Chow 分割点检验结果

F-statistic	0.423964	Prob. F(15,7010)	0.9730
Log likelihood ratio	6.383781	Prob. Chi-Square(15)	0.9726
Wald Statistic	6.359460	Prob. Chi-Square(15)	0.9731

根据调整后的乘数模型回归结果,基于宏观经济波动的混合所有制企业投资决策乘数模型如下所示:

$$\overline{Inv}_{it} = (-1.9974 - 0.8457 Mac_t) + (0.5561 - 0.0072 Mac_t) Inv_{i,t-1} + \\ (0.0128 Mac_t) Growth_{i,t-1} + (0.2796 + 0.0410 Mac_t) Size_{i,t-1} - \\ 0.0243 Lev_{i,t-1} + (0.0129 + 0.0015 Mac_t) Cash_{i,t-1} + 0.0035 Ret_{i,t-1} + \\ (-0.1007 - 0.0063 Mac_t) Age_{i,t-1} + (0.0297 + 0.0096 Mac_t) State_{i,t-1}$$

(5-7)

从式(5-7)可以看出,宏观经济波动通过两种方式来影响混合所有制企业的投资水平:一是直接影响混合所有制企业的投资水平,混合所有制企业的投资水平随着宏观经济波动因子的上升而下降;二是间接影响混合所有制企业的投资水平,宏观经济波动通过上年投资规模、企业成长机会、企业经营规模、企业现金持有量、企业上市年龄以及国有股权比例等来实现对混合所有制企业投资水平的影响。其中,企业上年投资规模的影响力随着宏观经济波动因子的上升而下降,其他因素的影响力则随之上升。

5.1.2.4 混合所有制企业投资效率测算

现根据基于宏观经济波动的混合所有制企业投资决策模型(5-3)和(5-4)的回归结果,分别计算每一个混合所有制企业的非效率投资部分,如表5-12所示。

表5-12　　　　混合所有制企业非效率投资描述性统计

(1)样本数量特征统计

年份	加数模型		乘数模型		两模型判断差异	
	投资不足	投资过度	投资不足	投资过度	差异数	差异率
2004	413	227	407	233	14	2.19%
2005	400	240	399	241	9	1.41%
2006	394	246	394	246	6	0.94%
2007	422	218	420	220	4	0.63%
2008	413	227	417	223	14	2.19%
2009	439	201	438	202	13	2.03%
2010	401	239	392	248	31	4.84%
2011	342	298	346	294	8	1.25%
2012	405	235	404	236	7	1.09%
2013	427	213	427	213	18	2.81%
2014	408	232	406	234	24	3.75%
合计	4464	2576	4450	2590	148	2.10%

(2) 样本分布特征统计

年份	加数模型				乘数模型			
	投资不足		投资过度		投资不足		投资过度	
	均值	标准差	均值	标准差	均值	标准差	均值	标准差
2004	-2.8781	2.3609	5.1599	5.8535	-2.9667	2.2756	5.0906	5.7303
2005	-2.7106	2.4522	4.9885	6.0806	-2.7264	2.3793	5.0020	6.0785
2006	-2.6045	2.5151	4.2736	4.3977	-2.6048	2.5127	4.2639	4.3870
2007	-2.7364	2.4737	5.1166	6.1801	-2.7437	2.4753	5.0585	6.1603
2008	-2.6741	2.4645	4.9649	4.9894	-2.6726	2.4078	5.0426	4.9706
2009	-2.3448	2.2505	3.7410	4.7407	-2.3002	2.2153	3.7654	4.7600
2010	-2.4215	2.3509	4.4265	5.8648	-2.3558	2.5401	4.2168	5.7043
2011	-2.1419	2.3693	3.6975	3.9636	-2.1121	2.3871	3.7294	3.9677
2012	-1.8318	1.6463	3.2222	3.2360	-1.8499	1.6546	3.1957	3.2341
2013	-2.1302	2.4193	2.8867	3.5023	-2.1455	2.4635	2.8050	3.4584
2014	-1.6798	1.7363	2.9212	3.5355	-1.6510	1.8718	2.7847	3.5237
2004—2014	-2.3808	2.3210	4.1242	4.9180	-2.3784	2.3340	4.0865	4.8912

从表 5-12 可以看出，投资不足的混合所有制企业数量明显超过投资过度的混合所有制企业，这意味着在混合所有制企业中投资不足的问题更为突出。比较混合所有制企业实际新增投资偏离其预期新增投资的程度，我们发现投资过度的混合所有制企业明显高于投资不足的混合所有制企业。

根据式(5-6)，我们进一步计算混合所有制企业的投资效率，如表 5-13 所示。

表 5-13　　混合所有制企业投资效率描述性统计

(1) 加数模型计算结果

年份	投资不足				投资过度			
	均值	标准差	95%置信区间		均值	标准差	95%置信区间	
			下限	上限			下限	上限
2004	0.4442	0.2981	0.4154	0.4731	0.4519	0.3643	0.4042	0.4995
2005	0.4725	0.2838	0.4446	0.5004	0.4332	0.3752	0.3855	0.4809
2006	0.4729	0.2937	0.4438	0.5020	0.4581	0.3573	0.4132	0.5030
2007	0.4578	0.2939	0.4297	0.4859	0.4388	0.3713	0.3892	0.4884
2008	0.4875	0.3147	0.4571	0.5180	0.4306	0.3633	0.3831	0.4781
2009	0.4830	0.2884	0.4559	0.5100	0.4761	0.3598	0.4260	0.5261
2010	0.4552	0.3072	0.4251	0.4854	0.4310	0.3597	0.3852	0.4769
2011	0.4705	0.2958	0.4391	0.5020	0.4378	0.3559	0.3972	0.4784
2012	0.5048	0.3100	0.4745	0.5351	0.4853	0.3438	0.4411	0.5295
2013	0.4545	0.3091	0.4251	0.4839	0.5088	0.3606	0.4601	0.5575
2014	0.4759	0.3044	0.4463	0.5055	0.4472	0.3594	0.4007	0.4937
2004—2014	0.4708	0.3002	0.4620	0.4796	0.4534	0.3610	0.4395	0.4674

(2) 乘数模型计算结果

年份	投资不足				投资过度			
	均值	标准差	95%置信区间		均值	标准差	95%置信区间	
			下限	上限			下限	上限
2004	0.4341	0.2948	0.4053	0.4628	0.4496	0.3687	0.4020	0.4972
2005	0.4727	0.2853	0.4446	0.5008	0.4288	0.3714	0.3816	0.4759
2006	0.4749	0.2960	0.4456	0.5042	0.4550	0.3551	0.4104	0.4995
2007	0.4563	0.2916	0.4284	0.4843	0.4452	0.3710	0.3959	0.4945
2008	0.4907	0.3166	0.4603	0.5212	0.4191	0.3587	0.3717	0.4664
2009	0.4914	0.2902	0.4641	0.5186	0.4658	0.3578	0.4162	0.5154

年份	投资不足				投资过度			
	均值	标准差	95%置信区间		均值	标准差	95%置信区间	
			下限	上限			下限	上限
2010	0.4599	0.3107	0.4291	0.4908	0.4516	0.3596	0.4067	0.4966
2011	0.4785	0.2993	0.4469	0.5101	0.4291	0.3529	0.3886	0.4696
2012	0.5037	0.3087	0.4735	0.5339	0.4854	0.3453	0.4411	0.5297
2013	0.4565	0.3089	0.4271	0.4859	0.5219	0.3548	0.4740	0.5698
2014	0.4892	0.3053	0.4594	0.5190	0.4811	0.3489	0.4362	0.5260
2004—2014	0.4734	0.3011	0.4646	0.4823	0.4564	0.3589	0.4425	0.4702

(3) 全样本统计结果

年份	投资不足				投资过度			
	均值	标准差	95%置信区间		均值	标准差	95%置信区间	
			下限	上限			下限	上限
2004	0.4470	0.3229	0.4219	0.4720	0.4397	0.3235	0.4146	0.4648
2005	0.4578	0.3214	0.4328	0.4827	0.4561	0.3209	0.4312	0.4811
2006	0.4672	0.3195	0.4424	0.4920	0.4672	0.3199	0.4424	0.4921
2007	0.4513	0.3222	0.4263	0.4763	0.4525	0.3209	0.4276	0.4774
2008	0.4673	0.3336	0.4414	0.4932	0.4658	0.3333	0.4399	0.4916
2009	0.4808	0.3123	0.4566	0.5051	0.4833	0.3130	0.4590	0.5076
2010	0.4462	0.3277	0.4208	0.4716	0.4567	0.3303	0.4311	0.4823
2011	0.4553	0.3253	0.4300	0.4805	0.4558	0.3257	0.4305	0.4811
2012	0.4976	0.3227	0.4726	0.5227	0.4969	0.3225	0.4719	0.5220
2013	0.4726	0.3279	0.4471	0.4980	0.4783	0.3261	0.4530	0.5036
2014	0.4655	0.3254	0.4402	0.4908	0.4862	0.3217	0.4613	0.5112
2004—2014	0.4644	0.3239	0.4568	0.4720	0.4671	0.3237	0.4596	0.4747

从表 5-13 可以看出,投资不足的混合所有制企业样本的平均投资效率高于投资过度的混合所有制企业样本,这说明投资过度的混合所有制企业样本的实际投资水平相对于预期新增投资的平均偏离程度高于投资不足的混合所有制企业样本。不管是投资不足的混合所有制企业样本、投资过度的混合所有制企业样本,还是混合所有制企业全样本,通过乘数模型计算得到的混合所有制企业的平均投资效率均略高于加数模型的平均效率值。通过图 5-1 进一步观察可以发现,2004—2014 年混合所有制企业的平均投资效率一直在起伏变化,但波动幅度相对比较小,除个别年份外,投资不足的混合所有制企业样本的平均投资效率均高于投资过度的样本;但乘数模型的平均效率并不总是高于加数模型。

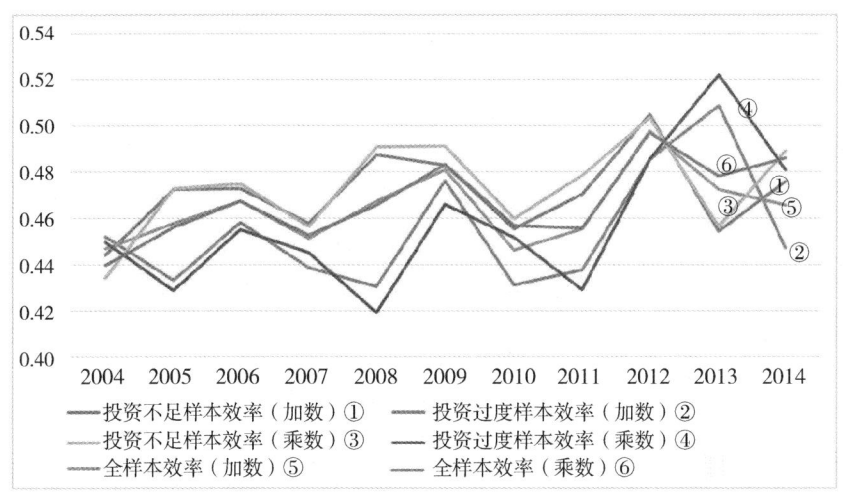

图 5-1 混合所有制企业投资效率变化趋势图

5.2 我国混合所有制企业投资效率的特征分析

我们在上一节构建了基于宏观经济波动的混合所有制企业投资效率

评价模型,并对混合所有制企业的投资效率进行了计算。本节将分别从行业因素、规模因素、大股东因素以及地域因素等方面对混合所有制企业的投资效率进行比较分析。

5.2.1 混合所有制企业投资效率的行业特征分析

根据前文的分析,本书所选定的混合所有制企业样本涵盖了采矿业、制造业等15个行业类别,考虑到各个行业均有自己的投资需求和特点,它们的投资效率也会存在一定的差异,因此对各个行业的投资效率进行比较是十分必要的。

表 5-14　　混合所有制企业投资效率分行业均值统计

行业类别	加数模型			乘数模型		
	投资不足	投资过度	全样本	投资不足	投资过度	全样本
农、林、牧、渔业	0.3915	0.4471	0.4117	0.3798	0.4605	0.4105
采矿业	0.5361	0.5463	0.5411	0.5325	0.5447	0.5385
制造业	0.5208	0.4509	0.4947	0.5236	0.4532	0.4973
电力、热力、燃气及水生产和供应业	0.6003	0.4706	0.5310	0.5980	0.4686	0.5288
建筑业	0.3861	0.4454	0.3985	0.3931	0.4811	0.4123
批发和零售业	0.4424	0.4530	0.4458	0.4443	0.4592	0.4492
交通运输、仓储和邮政业	0.4794	0.4486	0.4662	0.4783	0.4596	0.4702
住宿和餐饮业	0.5905	0.4775	0.5562	0.5819	0.5104	0.5581
信息传输、软件和信息技术服务业	0.5401	0.4882	0.5228	0.5395	0.5047	0.5279
房地产业	0.1883	0.3144	0.2052	0.1922	0.3227	0.2104
租赁和商务服务业	0.5094	0.4099	0.4714	0.5044	0.4216	0.4721

续表

行业类别	加数模型			乘数模型		
	投资不足	投资过度	全样本	投资不足	投资过度	全样本
水利、环境和公共设施管理业	0.5849	0.6068	0.5984	0.6191	0.5810	0.5969
居民服务、修理和其他服务业	0.1465	—	0.1465	0.1527	—	0.1527
文化、体育和娱乐业	0.3952	0.2127	0.3233	0.3917	0.2763	0.3427
综合	0.3957	0.4265	0.4059	0.4135	0.4172	0.4147

从表 5-14 可以看出，不同行业的投资效率表现出较大的差异。首先比较一下投资不足的混合所有制企业样本。在加数模型中，居民服务、修理和其他服务业的平均效率最低，其平均效率仅为 0.1465；电力、热力、燃气及水生产和供应业的平均效率最高，其平均效率为 0.6003。在乘数模型中，居民服务、修理和其他服务业的平均效率最低，其平均效率仅为 0.1527；水利、环境和公共设施管理业的平均效率最高，其平均效率为 0.6191。接着对比一下投资过度的混合所有制企业样本各行业的平均效率。在加数模型中，文化、体育和娱乐业的平均效率最低，其平均效率仅为 0.2127；水利、环境和公共设施管理业的平均效率最高，其平均效率为 0.6068。在乘数模型中，平均投资效率最低与最高的行业亦是文化、体育和娱乐业与水利、环境和公共设施管理业，其平均效率分别为 0.2763、0.5810。在混合所有制企业全样本中，采用加数模型计算的各行业平均投资效率从低到高依次为：居民服务、修理和其他服务业，房地产业，文化、体育和娱乐业，建筑业，综合，农、林、牧、渔业，批发和零售业，交通运输、仓储和邮政业，租赁和商务服务业，制造业，信息传输、软件和信息技术服务业，电力、热力、燃气及水生产和供应业，采矿业，住宿和餐饮业，水利、环境和公共设施管理业。它们的平均效率依次为：0.1465、0.2052、0.3233、0.3985、0.4059、0.4117、0.4458、0.4662、0.4714、0.4947、0.5228、

0.5310、0.5411、0.5562、0.5984。采用乘数模型计算的各行业平均投资效率从低到高依次为：居民服务、修理和其他服务业，房地产业，文化、体育和娱乐业，农、林、牧、渔业，建筑业，综合，批发和零售业，交通运输、仓储和邮政业，租赁和商务服务业，制造业，信息传输、软件和信息技术服务业，电力、热力、燃气及水生产和供应业，采矿业，住宿和餐饮业，水利、环境和公共设施管理业。它们的平均效率依次为：0.1527、0.2104、0.3427、0.4105、0.4123、0.4147、0.4492、0.4702、0.4721、0.4973、0.5279、0.5288、0.5385、0.5581、0.5969。对比加数模型和乘数模型的结果，仅建筑业、综合和农、林、牧、渔业三个行业的排序发生了变化。

从图5-2可以看出，2004—2014年各行业混合所有制企业样本的平均投资效率均表现出波浪形的变化趋势。采用加数模型计算的各行业平均投资效率波动幅度从低到高依次为：制造业，综合，电力、热力、燃气及水生产和供应业，批发和零售业，房地产业，交通运输、仓储和邮政业，农、林、牧、渔业，租赁和商务服务业，建筑业，居民服务、修理和其他服务业，采矿业，水利、环境和公共设施管理业，信息传输、软件和信息技术服务业，住宿和餐饮业，文化、体育和娱乐业。它们的波动幅度分别为：0.0692、0.1379、0.1420、0.1435、0.1656、0.2054、0.2080、0.2152、0.2326、0.2785、0.2841、0.3237、0.4428、0.5844、0.6852。采用乘数模型计算的各行业平均投资效率波动幅度从低到高依次为：制造业，电力、热力、燃气及水生产和供应业，批发和零售业，房地产业，综合，交通运输、仓储和邮政业，农、林、牧、渔业，租赁和商务服务业，建筑业，采矿业，水利、环境和公共设施管理业，居民服务、修理和其他服务业，信息传输、软件和信息技术服务业，住宿和餐饮业，文化、体育和娱乐业。它们的波动幅度分别为：0.0757、0.1409、0.1430、0.1439、0.1543、0.1941、0.2153、0.2189、0.2314、0.2598、0.3133、0.3708、0.4404、0.5538、0.7329。

其中，在加数模型中，采矿业，制造业，文化、体育和娱乐业2004年的平均投资效率最低；水利、环境和公共设施管理业2005年的平均投资效率最低；农、林、牧、渔业，电力、热力、燃气及水生产和供应业，建筑业，批

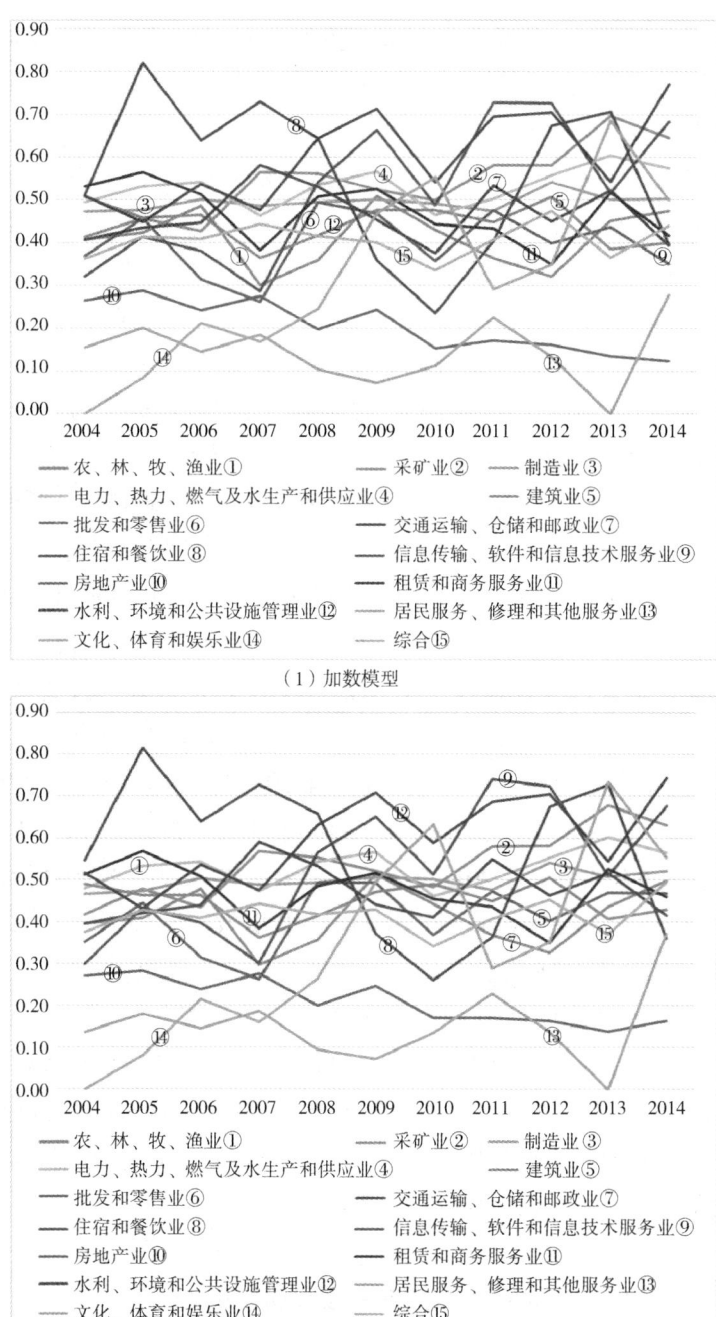

图 5-2　2004—2014 年混合所有制企业各行业投资效率变化趋势图

发和零售业，信息传输、软件和信息技术服务业 2007 年的平均投资效率最低；交通运输、仓储和邮政业，住宿和餐饮业，综合业 2010 年的平均投资效率最低；租赁和商务服务业 2012 年的平均投资效率最低；居民服务、修理和其他服务业 2013 年的平均投资效率最低；房地产业 2014 年的平均投资效率最低；批发和零售业 2004 年的平均投资效率最高；住宿和餐饮业，房地产业，租赁和商务服务业 2005 年的平均投资效率最高；交通运输、仓储和邮政业 2007 年的平均投资效率最高；建筑业 2007 年的平均投资效率最高；农、林、牧、渔业 2009 年的平均投资效率最高；信息传输、软件和信息技术服务业 2011 年的平均投资效率最高；制造业、综合业 2012 年的平均投资效率最高；采矿业，电力、热力、燃气及水生产和供应业，文化、体育和娱乐业 2013 年的平均投资效率最高；水利、环境和公共设施管理业，居民服务、修理和其他服务业 2014 年的平均投资效率最高。

在乘数模型中，采矿业，制造业，交通运输、仓储和邮政业，信息传输、软件和信息技术服务业，文化、体育和娱乐业 2004 年的平均投资效率最低；水利、环境和公共设施管理业 2005 年的平均投资效率最低；农、林、牧、渔业，建筑业，批发和零售业 2007 年的平均投资效率最低；电力、热力、燃气及水生产和供应业，住宿和餐饮业，综合业 2010 年的平均投资效率最低；租赁和商务服务业 2012 年的平均投资效率最低；房地产业，居民服务、修理和其他服务业 2013 年的平均投资效率最低；住宿和餐饮业，房地产业，租赁和商务服务业 2005 年的平均投资效率最高；交通运输、仓储和邮政业 2007 年的平均投资效率最高；农、林、牧、渔业，建筑业 2009 年的平均投资效率最高；信息传输、软件和信息技术服务业 2011 年的平均投资效率最高；制造业，批发和零售业 2012 年的平均投资效率最高；采矿业，电力、热力、燃气及水生产和供应业，文化、体育和娱乐业 2013 年的平均投资效率最高；水利、环境和公共设施管理业，居民服务、修理和其他服务业，综合业 2014 年的平均投资效率最高。

5.2.2　混合所有制企业投资效率的规模特征分析

在混合所有制企业投资效率评价模型中，企业经营规模是一个非常重要的影响因素。而在前文的分析中,我们将所有的混合所有制企业样本按其规模大小划分为小规模企业、较小规模企业、中等规模企业、较大规模企业、大规模企业。下文将比较不同规模的混合所有制企业投资效率的差异。

表 5-15　不同经营规模混合所有制企业投资效率均值统计

企业规模	加数模型			乘数模型		
	投资不足	投资过度	全样本	投资不足	投资过度	全样本
小规模企业	0.4104	0.3502	0.3906	0.4104	0.3536	0.3917
较小规模企业	0.4530	0.4336	0.4463	0.4536	0.4343	0.4469
中等规模企业	0.4630	0.4417	0.4550	0.4667	0.4461	0.4590
较大规模企业	0.5069	0.4948	0.5021	0.5130	0.4930	0.5050
大规模企业	0.5277	0.5289	0.5281	0.5315	0.5359	0.5332

从表 5-15 可以看出,不同经营规模的混合所有制企业投资效率存在较大差异。不管是投资不足的混合所有制企业样本、投资过度的混合所有制企业样本,还是混合所有制企业全样本,它们的平均投资效率均随着投资规模的扩大而提升。在加数模型中,投资不足的小规模混合所有制企业的平均投资效率为 0.4104,投资过度的小规模混合所有制企业的平均投资效率为 0.3502;投资不足的大规模混合所有制企业的平均投资效率为 0.5277,投资过度的大规模混合所有制企业的平均投资效率为 0.5289。随着混合所有制企业的经营规模的扩大,它们的平均经营效率分别为 0.3906、0.4463、0.4550、0.5021、0.5281。在乘数模型中,投资不足的小规模混合所有制企业的平均投资效率为 0.4104,投资过度的小规模混合所有制企业的平均投资效率为 0.3536;投资不足的大规模混合所有制企业的平均投资效率为 0.5315,投资过度的大规模混合所有制企业的平均投资效率为 0.5359。随着混合所有制企业的经营规模的扩大,它们的平均经营效率分别为 0.3917、0.4469、0.4590、0.5050、0.5332。

从图 5-3 可以看出，2004—2014 年不同经营规模的混合所有制企业样本的平均投资效率表现出波浪形的变化趋势。采用加数模型计算的不同经营规模的混合所有制企业样本的平均投资效率波动幅度从低到高依

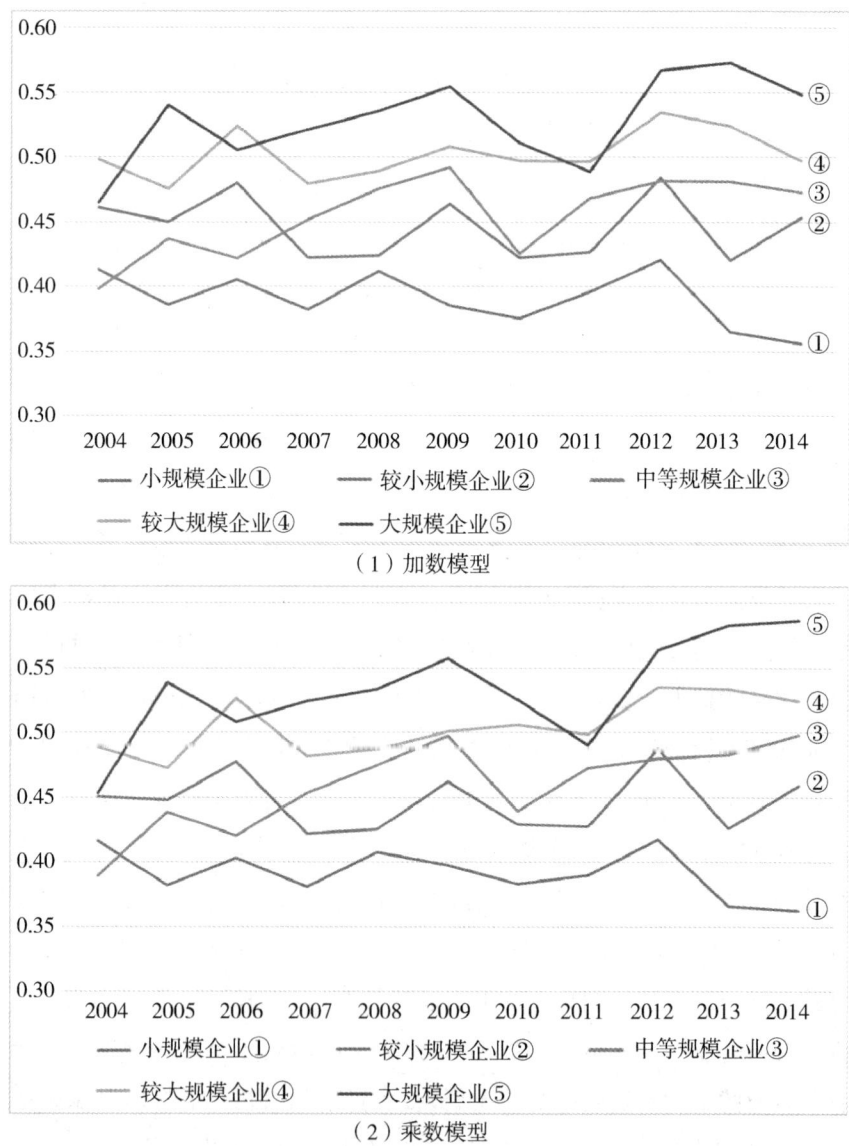

图 5-3　2004—2014 年不同经营规模混合所有制企业投资效率变化趋势图

次为:较大规模企业、较小规模企业、小规模企业、中等规模企业、大规模企业。它们的波动幅度分别为:0.0591、0.0639、0.0645、0.0941、0.1075。采用乘数模型计算的不同经营规模的混合所有制企业样本的平均投资效率波动幅度从低到高依次为:小规模企业、较大规模企业、较小规模企业、中等规模企业、大规模企业。它们的波动幅度分别为:0.0548、0.0620、0.0654、0.1087、0.1331。

其中,在加数模型中,中等规模和大规模的混合所有制企业样本2004年的平均投资效率最低;较大规模混合所有制企业样本2007年的平均投资效率最低;较小规模混合所有制企业样本2013年的平均投资效率最低;小规模混合所有制企业样本2014年的平均投资效率最低;中等规模混合所有制企业样本2009年的平均投资效率最高;小规模、较小规模和较大规模的混合所有制企业样本2012年的平均投资效率最高;大规模混合所有制企业样本2013年的平均投资效率最高。在乘数模型中,中等规模和大规模的混合所有制企业样本2004年的平均投资效率最低;较大规模混合所有制企业样本2005年的平均投资效率最低;较小规模混合所有制企业样本2007年的平均投资效率最低;小规模混合所有制企业样本2014年的平均投资效率最低;小规模、较小规模和较大规模的混合所有制企业样本2012年的平均投资效率最高;中等规模和大规模的混合所有制企业样本2014年的平均投资效率最高。

5.2.3 混合所有制企业投资效率的大股东特征分析

根据第三章的分析,第一大股东的股东性质及其股权集中程度不同的混合所有制企业的投资支出存在明显的差异。那么大股东特征不同的混合所有制企业的投资效率是否也表现出显著的差异呢? 下文将从第一大股东的股东性质及其股权集中程度两个角度来对比一下混合所有制企业的投资效率。

5.2.3.1 大股东性质

按照第一大股东性质的不同,分别计算相应的混合所有制企业样本的平均投资效率,如表 5-16 所示。

表 5-16　大股东性质不同混合所有制企业投资效率均值统计

第一大股东性质	加数模型			乘数模型		
	投资不足	投资过度	全样本	投资不足	投资过度	全样本
非国有股东	0.4195	0.3859	0.4075	0.4259	0.3848	0.4116
国有股东	0.4803	0.4653	0.4748	0.4824	0.4686	0.4773

从表 5-16 可以看出,第一大股东为国有股东的混合所有制企业样本的平均投资效率明显高于第一大股东为非国有股东的混合所有制企业样本。在加数模型中,国有大股东混合所有制企业的平均投资效率为 0.4748,非国有大股东混合所有制企业的平均投资效率为 0.4075,二者相差 0.0673。其中,投资不足的国有大股东混合所有制企业样本的平均投资效率与非国有大股东样本相差 0.0608;投资过度的国有大股东混合所有制企业样本的平均投资效率与非国有大股东样本相差 0.0794。在乘数模型中,国有大股东混合所有制企业的平均投资效率为 0.4773,非国有大股东混合所有制企业的平均投资效率为 0.4116,二者相差 0.0657。其中,投资不足的国有大股东混合所有制企业样本的平均投资效率与非国有大股东样本相差 0.0565;投资过度的国有大股东混合所有制企业样本的平均投资效率与非国有大股东样本相差 0.0838。

2004—2014 年大股东性质不同的混合所有制企业样本的平均投资效率变化趋势如图 5-4 所示。在加数模型中,国有大股东混合所有制企业样本的平均投资效率波动幅度为 0.0505,非国有大股东混合所有制企业样本的平均投资效率波动幅度为 0.1137。其中,国有大股东混合所有制企业样本 2004 年的平均投资效率最低,2012 年的平均投资效率最高,分别为 0.4531、0.5036;非国有大股东混合所有制企业样本 2005 年的平均投资效率最低,2012 年的平均投资效率最高,分别为 0.3534、0.4671。在乘数模型中,国有大股东混合所有制企业样本的平均投资效率波动幅度为 0.0586,非国有大股东混合所有制企业样本的平均投资效率波动幅度为 0.1027。其中,国有大股东混合所有制企业样本 2004 年的平均投资效率最低,2012 年的平均投资效率最高,分别为 0.4455、0.5041;非国有大股东混合所有制企业样本 2005 年的平均投资效率最低,2012 年的平均投资效率最高,分别为 0.3575、0.4602。

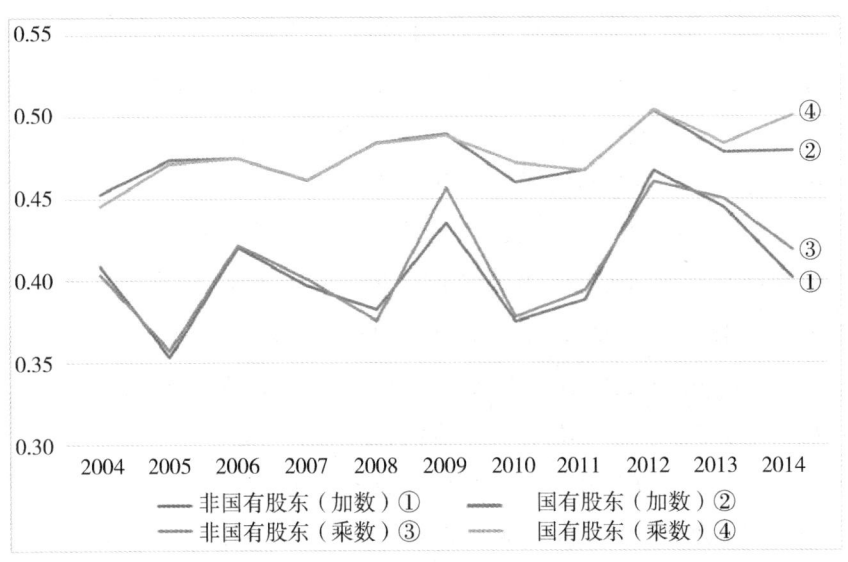

图 5-4 2004—2014 年大股东性质不同混合所有制企业投资效率变化趋势图

5.2.3.2 大股东股权集中程度

按照第一大股东股权集中程度的不同,分别计算相应的混合所有制企业样本的平均投资效率,如表 5-17 所示。

表 5-17　大股东股权集中程度不同混合所有制企业投资效率均值统计

第一大股东股权集中度	加数模型			乘数模型		
	投资不足	投资过度	全样本	投资不足	投资过度	全样本
0%~15%	0.3996	0.4516	0.4220	0.4221	0.4386	0.4289
15%~30%	0.4366	0.3939	0.4213	0.4412	0.3941	0.4244
30%~50%	0.4969	0.4709	0.4871	0.4971	0.4738	0.4883
50%~100%	0.4881	0.5002	0.4923	0.4891	0.5086	0.4960

从表 5-17 可以看出,大股东股权集中程度不同的混合所有制企业样本的平均投资效率也不同,特别是大股东股权集中度高于 30%的混合所有制企业样本的平均投资效率与低于 30%的样本差距明显。采用加数模型计算的大股东股权集中程度不同的混合所有制企业样本的平均投资效率其占比从低到高依次为:15%~30%、0%~15%、30%~50%、50%~100%,它们的平均投资效率分别为 0.4213、0.4220、0.4871、0.4923。其中,大股东股权集中度 0%~15%的投资不足混合所有制企业样本平均投资效率最低,大股东股权集中度 30%~50%的投资不足混合所有制企业样本平均投资效率最高,分别为 0.3996、0.4969;大股东股权集中度 15%~30%的投资过度混合所有制企业样本平均投资效率最低,大股东股权集中度 50%~100%的投资过度混合所有制企业样本平均投资效率最高,分别为 0.3939、0.5002。采用乘数模型计算的大股东股权集中程度不同的混合所有制企业样本的平均投资效率其占比从低到高依次为:15%~30%、0%~15%、30%~50%、50%~100%,它们的平均投资效率分别为 0.4244、0.4289、0.4883、0.4960。其中,大股东股权集中度 0%~15%的投资不足混合所有制企业样本平均投资效率最低,大股东股权集中度 30%~50%的投资不足混合所有制企业样本平均投资效率最高,分别为 0.4221、0.4971;大股东股权集中度 15%~30%的投资过度混合所有制企业样本平均投资效率最低,大股东股权集中度 50%~100%的投资过度混合所有制企业样本平均投资效率最高,分别为 0.3941、0.5086。

2004—2014年第一大股东股权集中程度不同的混合所有制企业样本平均投资效率的变化趋势如图5-5所示。随着第一大股东股权集中程度的不断提高,混合所有制企业样本的平均投资效率的波动幅度越来越小。采用加数模型计算的大股东股权集中程度不同的混合所有制企业样本的平均投资效率波动幅度其占比从低到高依次为:50%~100%、30%~50%、15%~30%、0%~15%,它们的波动幅度分别为:0.0550、0.0828、0.1018、0.2328。其中,大股东股权集中度0%~15%的混合所有制企业样本2011年的平均投资效率最低,2006年的平均投资效率最高,分别为0.3527、0.5854;大股东股权集中度15%~30%的混合所有制企业样本2004年的平均投资效率最低,2012年的平均投资效率最高,分别为0.3664、0.4682;大股东股权集中度30%~50%的混合所有制企业样本2007年的平均投资效率最低,2009年的平均投资效率最高,分别为0.4418、0.5246;大股东股权集中度50%~100%的混合所有制企业样本2011年的平均投资效率最低,2013年的平均投资效率最高,分别为0.4671、0.5221。

采用乘数模型计算的大股东股权集中程度不同的混合所有制企业样本的平均投资效率波动幅度其占比从低到高依次为50%~100%、30%~50%、15%~30%、0%~15%,它们的波动幅度分别为0.0726、0.0851、0.1020、0.2184。其中,大股东股权集中度0%~15%的混合所有制企业样本2011年的平均投资效率最低,2006年的平均投资效率最高,分别为0.3541、0.5725;大股东股权集中度15%~30%的混合所有制企业样本2004年的平均投资效率最低,2012年的平均投资效率最高,分别为0.3643、0.4663;大股东股权集中度30%~50%的混合所有制企业样本2007年的平均投资效率最低,2012年的平均投资效率最高,分别为0.4413、0.5264;大股东股权集中度50%~100%的混合所有制企业样本2011年的平均投资效率最低,2014年的平均投资效率最高,分别为0.4725、0.5451。

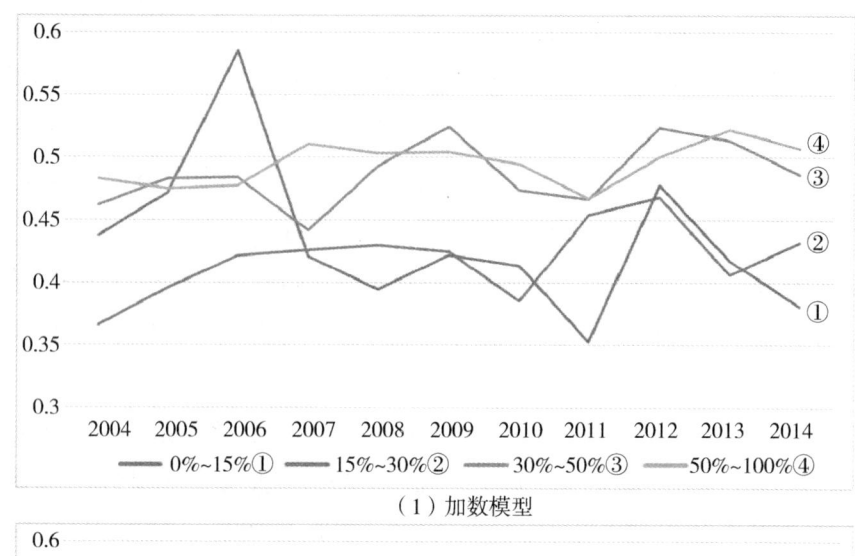

（1）加数模型

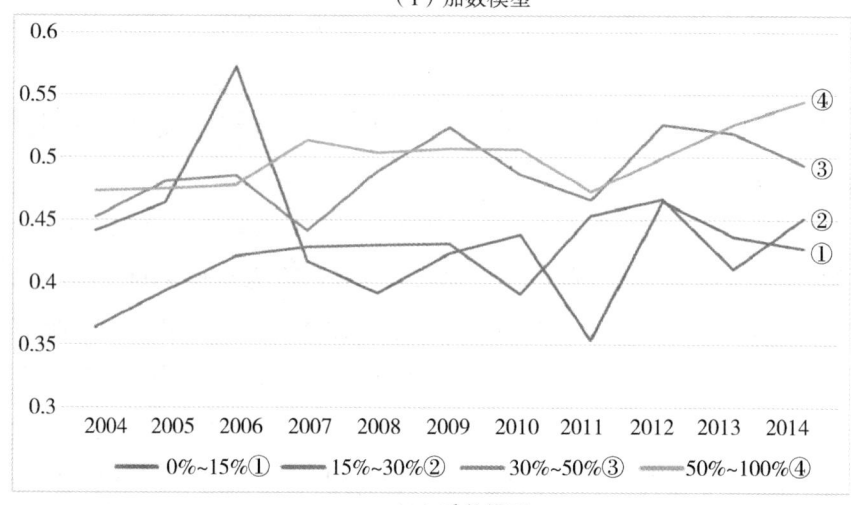

（2）乘数模型

图 5-5　2004—2014 年大股东股权集中度不同混合所有制企业投资效率变化趋势图

5.2.3.3　大股东性质和股权集中程度

考虑到第一大股东性质及其股权集中程度的不同，我们可以分别计算相应的混合所有制企业样本的平均投资效率，如表 5-18 所示。

表 5-18 大股东性质和股权集中度不同混合所有制企业投资效率均值统计

第一大股东	第一大股东	加数模型			乘数模型		
股权集中度	性质	投资不足	投资过度	全样本	投资不足	投资过度	全样本
0%~15%	非国有股东	0.3816	0.3526	0.3683	0.4176	0.3231	0.3789
	国有股东	0.4062	0.4941	0.4432	0.4238	0.4842	0.4486
15%~30%	非国有股东	0.3909	0.3562	0.3796	0.3976	0.3518	0.3829
	国有股东	0.4549	0.4064	0.4370	0.4588	0.4080	0.4400
30%~50%	非国有股东	0.4680	0.4373	0.4567	0.4666	0.4499	0.4604
	国有股东	0.5005	0.4749	0.4909	0.5009	0.4767	0.4917
50%~100%	非国有股东	0.5085	0.4416	0.4823	0.5094	0.4461	0.4853
	国有股东	0.4871	0.5037	0.4929	0.4881	0.5121	0.4966

从表 5-18 可以看出,在任何第一大股东股权集中程度下,国有大股东混合所有制企业样本的平均投资效率均高于非国有大股东混合所有制企业样本。采用加数模型计算的大股东性质及其股权集中程度不同的混合所有制企业样本的平均投资效率从低到高依次为:0%~15%、非国有股东;15%~30%、非国有股东;15%~30%、国有股东;0%~15%、国有股东;30%~50%、非国有股东;50%~100%、非国有股东;30%~50%、国有股东;50%~100%、国有股东。它们的平均投资效率分别为 0.3683、0.3796、0.4370、0.4432、0.4567、0.4823、0.4909、0.4929。其中,股权集中度 0%~15%、非国有大股东的投资不足混合所有制企业样本平均投资效率最低,股权集中度 50%~100%、非国有大股东的投资不足混合所有制企业样本平均投资效率最高,分别为 0.3816、0.5085;股权集中度 0%~15%、非国有大股东的投资过度混合所有制企业样本平均投资效率最低,股权集中度 50%~100%、国有大股东的投资过度混合所有制企业样本平均投资效率最高,分别为 0.3526、0.5037。采用乘数模型计算的大股东性质及其股权集中程度不同的混合所有制企业样本的平均投资效率从低

到高依次为:0%~15%、非国有股东;15%~30%、非国有股东;15%~30%、国有股东;0%~15%、国有股东;30%~50%、非国有股东;50%~100%、非国有股东;30%~50%、国有股东;50%~100%、国有股东。它们的平均投资效率分别为0.3789、0.3829、0.4400、0.4486、0.4604、0.4853、0.4917、0.4966。其中,股权集中度15%~30%、非国有大股东的投资不足混合所有制企业样本平均投资效率最低,股权集中度50%~100%、非国有大股东的投资不足混合所有制企业样本平均投资效率最高,分别为0.3976、0.5094;股权集中度0%~15%、非国有大股东的投资过度混合所有制企业样本平均投资效率最低,股权集中度50%~100%、国有大股东的投资过度混合所有制企业样本平均投资效率最高,分别为0.3231、0.5121。

2004—2014年第一大股东性质及其股权集中程度不同的混合所有制企业样本平均投资效率的变化趋势如图5-6所示。采用加数模型计算的大股东性质和股权集中程度不同的混合所有制企业样本的平均投资效率波动幅度从低到高依次为:50%~100%、国有股东;30%~50%、国有股东;15%~30%、国有股东;30%~50%、非国有股东;0%~15%、国有股东;15%~30%、非国有股东;50%~100%、非国有股东;0%~15%、非国有股东。它们的波动幅度分别为:0.0623、0.0887、0.0917、0.0939、0.1469、0.1695、0.2794、0.5186;它们的平均投资效率最低点分别为:(2011,0.4700)、(2007,0.4428)、(2004,0.3899)、(2005,0.4057)、(2011,0.4101)、(2005,0.2947)、(2013,0.3756)、(2008,0.1191),平均投资效率最高点分别为:(2013,0.5323)、(2009,0.5315)、(2011,0.4817)、(2013,0.4996)、(2006,0.5570)、(2012,0.4642)、(2004,0.6551)、(2006,0.6376)。

采用乘数模型计算的大股东性质和股权集中程度不同的混合所有制企业样本的平均投资效率波动幅度从低到高的次序与加数模型相对,它们的波动幅度分别为:0.0828、0.0884、0.0929、0.1089、0.1330、0.1525、0.2685、0.5141;它们的平均投资效率最低点分别为:(2004,0.4646)、

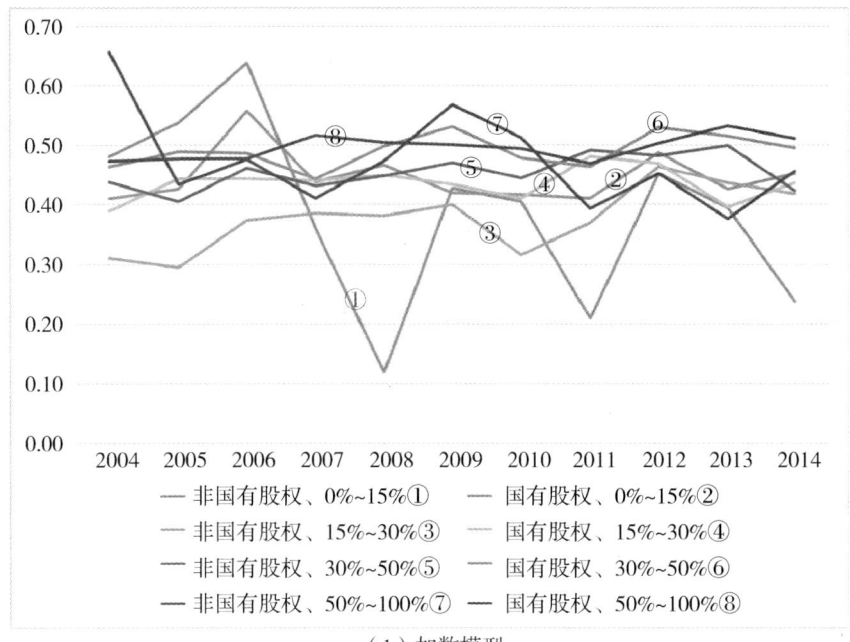

（1）加数模型

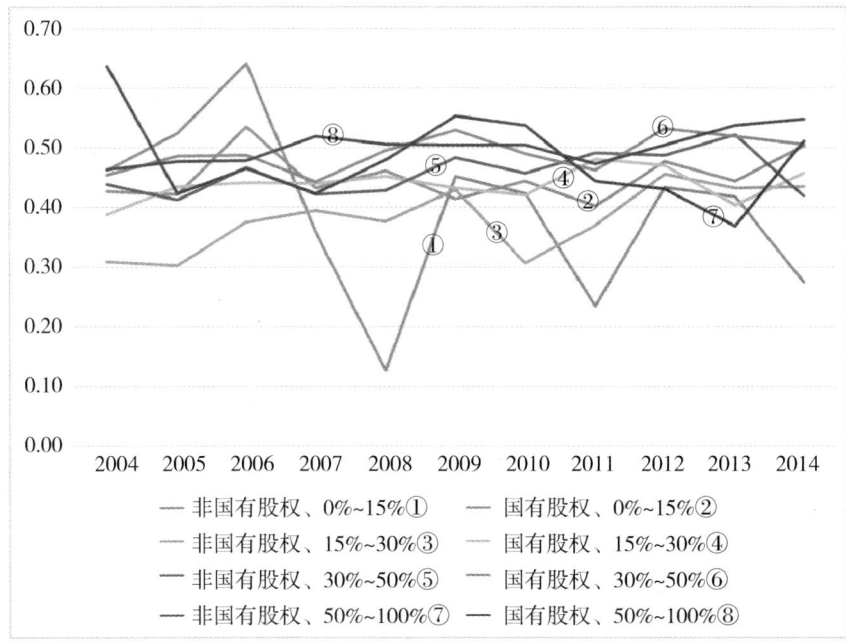

（2）乘数模型

图 5-6　2004—2014 年大股东性质和股权集中度不同混合所有制企业投资效率变化趋势图

（2007，0.4432）、（2004，0.3879）、（2005，0.4133）、（2011，0.4019）、（2005，0.3030）、（2013，0.3685）、（2008，0.1274），平均投资效率最高点分别为：（2014，0.5474）、（2012，0.5317）、（2011，0.4808）、（2013，0.5222）、（2006，0.5348）、（2012，0.4555）、（2004，0.6397）、（2006，0.6415）。

5.2.4 混合所有制企业投资效率的区域特征分析

我国幅员辽阔，不同地区经济发展水平存在较大差距。那么，不同区域的混合所有制企业的投资效率是否会有所不同？下文将分别从省域、经济区域以及经济圈的角度比较不同区域的混合所有制企业的投资效率。

5.2.4.1 省域分析

本书选取的混合所有制企业样本分布在北京、上海、广东等 31 个省（直辖市、自治区），分别计算不同省域的混合所有制企业样本的平均投资效率，如表 5-19 所示。

从表 5-19 可以看出，不同省域的混合所有制企业样本的平均投资效率不同。采用加数模型计算的不同省域混合所有制企业样本的平均投资效率从低到高依次为：天津、广东、宁夏、西藏、吉林、海南、河南、甘肃、上海、北京、新疆、浙江、黑龙江、河北、江苏、内蒙古、青海、四川、福建、湖北、辽宁、重庆、陕西、山东、广西、湖南、山西、云南、安徽、江西、贵州，它们的平均投资效率分别为 0.3659、0.4116、0.4152、0.4220、0.4270、0.4379、0.4464、0.4484、0.4521、0.4539、0.4545、0.4587、0.4607、0.4675、0.4678、0.4711、0.4750、0.4768、0.4778、0.4802、0.4850、0.4861、0.4865、0.4906、0.4984、0.5097、0.5243、0.5316、0.5363、0.5392、0.5563。其中，天津的投资不足混合所有制企业样本的平均投资效率最低，贵州的投资不足混合所有制企业样本的平均投资效率最高，分别为 0.3341、0.5882；宁夏的投资过度混合所有制企业样本的平均投资效率最低,云南的投资过度混合所有制企业样本的平均投资效率最高,分别为 0.2517、0.5819。采用乘数模型计算的不同省域混合所有制企业样本的平均投资效率从低到高依次为:天津、广东、宁夏、西藏、吉林、海南、甘肃、河南、上海、新疆、北京、黑龙江、江苏、浙江、内蒙古、青海、福建、河北、辽宁、湖北、陕西、山东、四川、广西、重庆、湖南、山西、云南、江西、安徽、贵州,它们的平均投资效率分别为 0.3644、0.4115、0.4181、0.4241、0.4397、0.4408、0.4443、0.4479、0.4555、0.4555、0.4583、0.4605、0.4674、0.4684、0.4700、0.4719、0.4783、0.4799、0.4846、0.4853、0.4876、0.4887、0.4900、0.4917、0.5011、0.5109、0.5176、0.5328、0.5402、0.5418、0.5613。其中,天津的投资不足混合所有制企业样本的平均投资效率最低,重庆的投资不足混合所有制企业样本的平均投资效率最高,分别为 0.3347、0.6209;宁夏的投资过度混合所有制企业样本的平均投资效率最低,云南的投资过度混合所有制企业样本的平均投资效率最高,分别为 0.2607、0.5740。

表 5-19　　不同省域规模混合所有制企业投资效率均值统计

省域	加数模型			乘数模型		
	投资不足	投资过度	全样本	投资不足	投资过度	全样本
北京	0.4182	0.5349	0.4539	0.4148	0.5518	0.4583
天津	0.3341	0.4505	0.3659	0.3347	0.4417	0.3644
上海	0.4374	0.4780	0.4521	0.4475	0.4697	0.4555
重庆	0.5836	0.3960	0.4861	0.6209	0.3844	0.5011
河北	0.4854	0.4465	0.4675	0.4867	0.4720	0.4799
河南	0.5000	0.3609	0.4464	0.4957	0.3714	0.4479
云南	0.5113	0.5819	0.5316	0.5162	0.5740	0.5328
辽宁	0.5166	0.4521	0.4850	0.5294	0.4357	0.4846
黑龙江	0.4917	0.3832	0.4607	0.4788	0.4174	0.4605
湖南	0.5442	0.4413	0.5097	0.5490	0.4334	0.5109

续表

省域	加数模型			乘数模型		
	投资不足	投资过度	全样本	投资不足	投资过度	全样本
安徽	0.5739	0.4890	0.5363	0.5725	0.5049	0.5418
山东	0.5181	0.4510	0.4906	0.5255	0.4327	0.4887
新疆	0.4928	0.4127	0.4545	0.4754	0.4359	0.4555
江苏	0.4668	0.4701	0.4678	0.4695	0.4627	0.4674
浙江	0.4761	0.4296	0.4587	0.4863	0.4374	0.4684
江西	0.5355	0.5443	0.5392	0.5475	0.5297	0.5402
湖北	0.5114	0.4464	0.4802	0.5230	0.4430	0.4853
广西	0.5486	0.4133	0.4984	0.5339	0.4269	0.4917
甘肃	0.4768	0.4023	0.4484	0.4726	0.4001	0.4443
山西	0.5394	0.5068	0.5243	0.5446	0.4841	0.5176
内蒙古	0.4620	0.4913	0.4711	0.4613	0.4892	0.4700
陕西	0.5092	0.4344	0.4865	0.4988	0.4641	0.4876
吉林	0.4491	0.3911	0.4270	0.4574	0.4093	0.4397
福建	0.5043	0.4227	0.4778	0.4945	0.4457	0.4783
贵州	0.5882	0.4895	0.5563	0.5866	0.5107	0.5613
广东	0.3899	0.4594	0.4116	0.3909	0.4554	0.4115
青海	0.5856	0.3210	0.4750	0.5880	0.3105	0.4719
西藏	0.4271	0.4084	0.4220	0.4333	0.3996	0.4241
四川	0.4918	0.4468	0.4768	0.4999	0.4708	0.4900
宁夏	0.4915	0.2517	0.4152	0.4916	0.2607	0.4181
海南	0.4821	0.3715	0.4379	0.4543	0.4245	0.4408

5.2.4.2 经济区域

根据我国确定的西部开发、东北振兴、中部崛起、东部率先发展的总体战略,全国划分为四大经济区域:东部地区、东北地区、中部地区和西部地区。下面本书将分别计算不同经济区域的混合所有制企业样本的平均投资效率,如表 5-20 所示。

表 5-20　不同经济区域混合所有制企业投资效率均值统计

经济分区	加数模型			乘数模型		
	投资不足	投资过度	全样本	投资不足	投资过度	全样本
东北地区	0.4842	0.4283	0.4622	0.4872	0.4307	0.4653
中部地区	0.5331	0.4635	0.5033	0.5379	0.4618	0.5055
东部地区	0.4381	0.4655	0.4474	0.4409	0.4672	0.4499
西部地区	0.5138	0.4194	0.4790	0.5136	0.4323	0.4828

从表 5-20 可以看出,不同经济区域的混合所有制企业样本的平均投资效率从低到高依次为:东部地区、东北地区、西部地区、中部地区,它们采用加数模型计算的平均投资效率值分别为 0.4474、0.4622、0.4790、0.5033,采用乘数模型计算的平均投资效率值分别为 0.4499、0.4653、0.4828、0.5055。其中,采用加数模型计算的东部地区的投资不足混合所有制企业样本的平均投资效率最低,中部地区最高;西部地区的投资过度混合所有制企业样本的平均投资效率最低,东部地区最高。采用乘数模型计算的东北地区的投资过度混合所有制企业样本的平均投资效率最低,其他地区与加数模型相同。

2004—2014 年不同经济区域的混合所有制企业样本平均投资效率的变化趋势如图 5-7 所示。采用加数模型计算的不同经济区域的混合所有制企业样本的平均投资效率波动幅度从低到高依次为:东部地区、中部地区、西部地区、东北地区,它们的波动幅度分别为 0.0724、0.0788、0.0971、0.1479。其中,东北地区的混合所有制企业样本 2004 年的平均投资效率最低,2013 年的平均投资效率最高,分别为 0.3669、0.5148;中部地区的混合所有制企业样本 2007 年的平均投资效率最低,2009 年的平均投资效率最高,分别为 0.4541、0.5329;东部地区的混合所有制企业样本 2010 年的平均投资效率最低,2012 年的平均投资效率最高,分别为 0.4179、0.4903;西部地区的混合所有制企业样本 2011 年的平均投资效率最低,2008 年的平均投资效率最高,分别为 0.4324、0.5294。

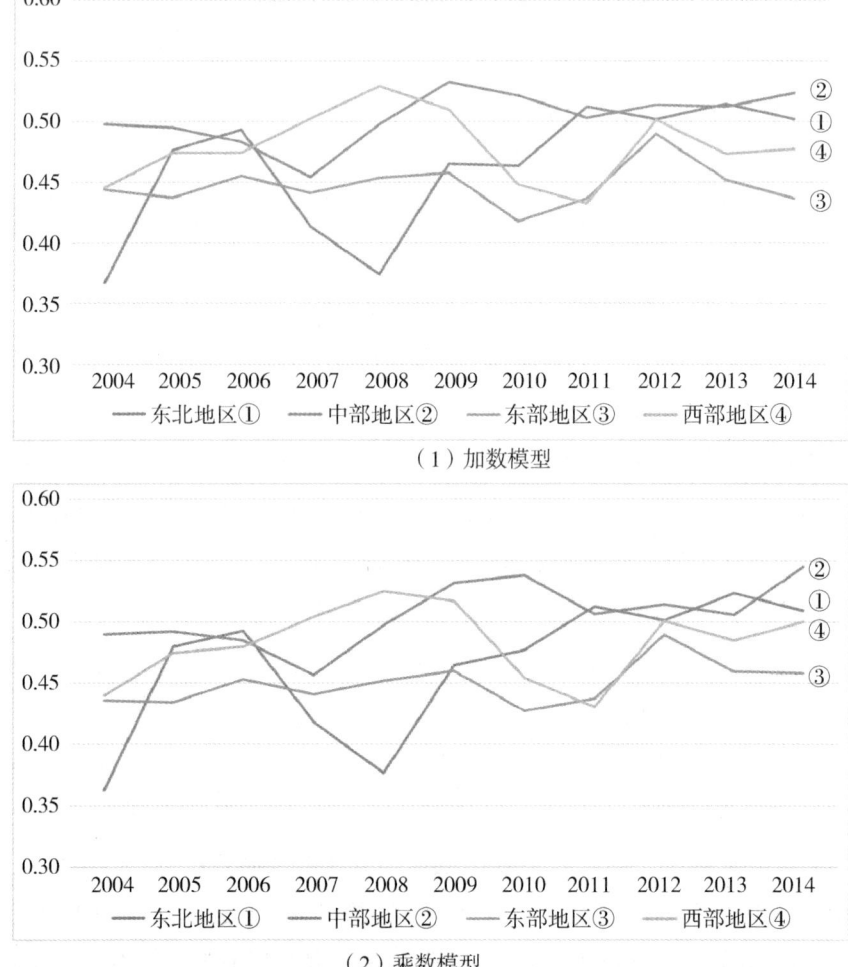

图 5-7　2004—2014 年不同经济区域混合所有制企业投资效率变化趋势图

采用乘数模型计算的不同经济区域的混合所有制企业样本的平均投资效率波动幅度从低到高依次为:东部地区、中部地区、西部地区、东北地区,它们的波动幅度分别为 0.0622、0.0884、0.0945、0.1606。其中,东北地区的混合所有制企业样本 2004 年的平均投资效率最低,2013 年的平均投资效率最高,分别为 0.3625、0.5231;中部地区的混合所有制企业样本 2007 年的平均投资效率最低,2014 年的平均投资效率最高,分别为 0.4565、0.5449;东部地区的混合所有制企业样本 2010 年的平均投资效率最低,2012 年的平均投资效率最高,分别为 0.4272、0.4893;西部地区的混合所有制企业样本 2011 年的平均投资效率最低,2008 年的平均投资效率最高,分别为 0.4306、0.5251。

5.2.4.3　经济圈

经济圈具有组织经济活动的功能,有利于发挥中心城市的辐射带动作用,发挥区域综合优势,实现经济跨区域协同发展。目前,我国已经形成三大经济圈:长江三角洲经济圈、泛珠江三角洲经济圈、环渤海经济圈。本书选取的混合所有制企业大部分位于三大经济圈区域范围内。有鉴于此,本书将比较分析不同经济圈混合所有制企业的投资效率。

从表 5-21 可以看出,不同经济圈的混合所有制企业样本的平均投资效率略有差异。不同经济圈的混合所有制企业样本的平均投资效率

表 5-21　　不同经济圈混合所有制企业投资效率均值统计

经济圈	加数模型			乘数模型		
	投资不足	投资过度	全样本	投资不足	投资过度	全样本
非三大经济圈	0.4982	0.4146	0.4644	0.4992	0.4195	0.4670
长江三角洲经济圈	0.4705	0.4673	0.4693	0.4769	0.4672	0.4734
泛珠江三角洲经济圈	0.4686	0.4598	0.4656	0.4690	0.4651	0.4677
环渤海经济圈	0.4450	0.4772	0.4569	0.4480	0.4783	0.4592

从低到高依次为：环渤海经济圈、非三大经济圈、泛珠江三角洲经济圈、长江三角洲经济圈，它们采用加数模型计算的平均投资效率值分别为0.4569、0.4644、0.4656、0.4693，采用乘数模型计算的平均投资效率值分别为0.4592、0.4670、0.4677、0.4734。其中，采用加数模型计算的环渤海经济圈的投资不足混合所有制企业样本的平均投资效率最低，非三大经济圈最高；非三大经济圈的投资过度混合所有制企业样本的平均投资效率最低，环渤海经济圈最高。采用乘数模型计算的结果与之相同。

2004—2014年不同经济圈的混合所有制企业样本平均投资效率的变化趋势如图5-8所示。采用加数模型计算的不同经济圈的混合所有制企业样本的平均投资效率波动幅度从低到高依次为：泛珠江三角洲经济圈、非三大经济圈、环渤海经济圈、长江三角洲经济圈，它们的波动幅度分别为0.0618、0.0695、0.1114、0.1123。其中，非三大经济圈的混合所有制企业样本2010年的平均投资效率最低，2009年的平均投资效率最高，分别为0.4361、0.5057；长江三角洲经济圈的混合所有制企业样本2014年的平均投资效率最低，2008年的平均投资效率最高，分别为0.4225、0.5348；泛珠江三角洲经济圈的混合所有制企业样本2003年的平均投资效率最低，2009年的平均投资效率最高，分别为0.4272、0.4890；环渤海经济圈的混合所有制企业样本2008年的平均投资效率最低，2012年的平均投资效率最高，分别为0.4063、0.5177。

采用乘数模型计算的不同经济圈的混合所有制企业样本的平均投资效率波动幅度从低到高依次为：非三大经济圈、泛珠江三角洲经济圈、长江三角洲经济圈、环渤海经济圈，它们的波动幅度分别为0.0688、0.0782、0.0974、0.1049。其中，非三大经济圈的混合所有制企业样本2004年的平均投资效率最低，2009年的平均投资效率最高，分别为0.4362、0.5051；长江三角洲经济圈的混合所有制企业样本2005年的平均投资效率最低，2008年的平均投资效率最高，分别为0.4346、0.5319；泛珠江三角洲经济圈的混合所有制企业样本2003年的平均投资效率最低,2013 年的平均投资效率最高,分别为 0.4165、0.4948;环渤海经济圈的混合所有制企业样本 2008 年的平均投资效率最低,2012 年的平均投资效率最高,分别为 0.4114、0.5163。

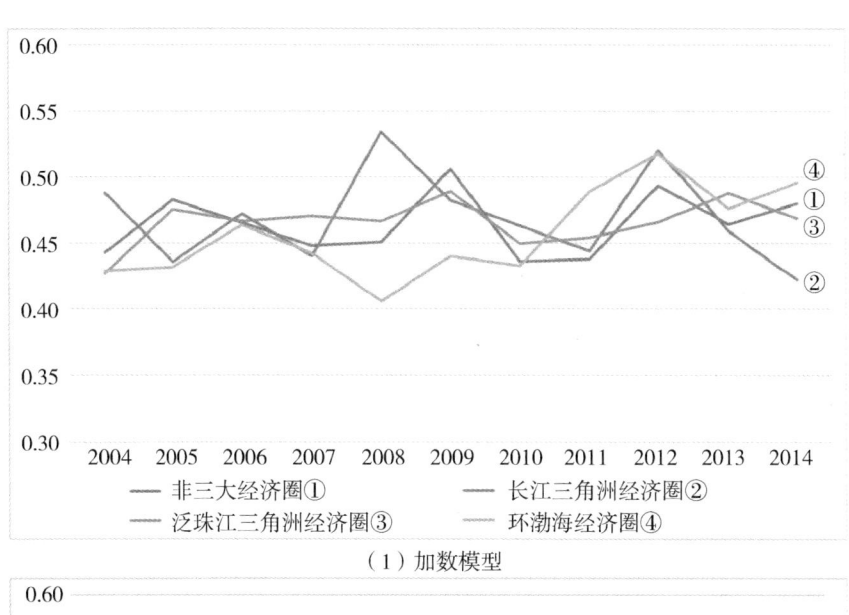

（1）加数模型

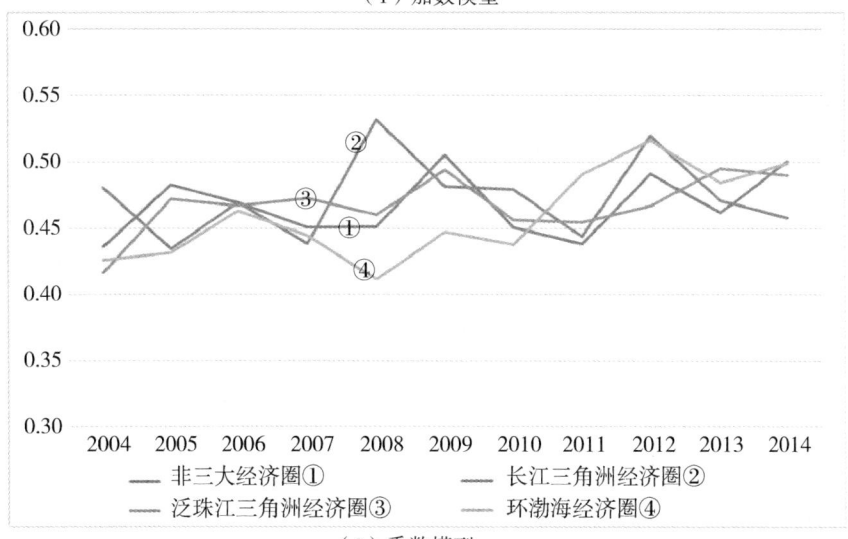

（2）乘数模型

图 5-8　2004—2014 年不同经济圈混合所有制企业投资效率变化趋势图

5.3 基于宏观经济波动的混合所有制企业投资效率评价模型有效性实证分析

上一节我们从混合所有制企业所处行业、经营规模、大股东特征以及地域差异等角度分析了我国混合所有制企业投资效率的特征,可以发现不同行业、不同经营规模、不同大股东特征以及不同地域的混合所有制企业的投资效率均存在差异。那么,这些因素是否会对混合所有制企业的投资水平产生影响呢?有鉴于此,本书分别从这几个角度出发对基于宏观经济波动的混合所有制企业投资效率评价模型有效性进行检验。

5.3.1 基于行业差异的模型有效性分析

本书选取的混合所有制企业样本涵盖15个行业类别,但是每个行业混合所有制企业样本数量存在较大差异。为了满足模型回归估计对样本数量的要求,我们将样本数量不超过20个的行业合并在一起进行分析,经过整理确定为以下七个行业类别:采矿业,制造业,电力、热力、燃气及水生产和供应业,批发和零售业,交通运输、仓储和邮政业,房地产业,综合类。

5.3.1.1 加数模型

我们以每个行业类别作为一个子单元,采用Chow分割点检验对基于宏观经济波动的混合所有制企业投资决策加数模型进行稳定性检验。从表5-22可以看出,不同行业的模型结构发生了显著性变化。

表 5-22 基于宏观经济波动的混合所有制企业投资决策加数
模型 Chow 分割点检验结果(行业差异)

F-statistic	4.134408	Prob. F(60,6970)	0.0000
Log likelihood ratio	246.2002	Prob. Chi-Square(60)	0.0000
Wald Statistic	248.0645	Prob. Chi-Square(60)	0.0000

既然不同行业的基于宏观经济波动的混合所有制企业投资决策加数模型的模型结构发生了变化,那么行业因素对混合所有制企业投资水平的影响是如何实现的?行业因素是改变了模型的截距项还是各因变量的斜率项?接下来我们通过引入虚拟变量来进行分析。根据混合所有制企业样本所属行业的不同,建立如下离散变量:

$$D_1 = \begin{cases} 1 & 采矿业 \\ 0 & 其他 \end{cases}$$

$$D_2 = \begin{cases} 1 & 制造业 \\ 0 & 其他 \end{cases}$$

$$D_3 = \begin{cases} 1 & 电力、热力、燃气及水生产和供应业 \\ 0 & 其他 \end{cases}$$

$$D_4 = \begin{cases} 1 & 批发和零售业 \\ 0 & 其他 \end{cases}$$

$$D_5 = \begin{cases} 1 & 交通运输、仓储和邮政业 \\ 0 & 其他 \end{cases}$$

$$D_6 = \begin{cases} 1 & 房地产业 \\ 0 & 其他 \end{cases}$$

将这些变量引入加数模型(5-3),得到基于行业差异的加数模型:

$$Inv_{it} = \sum D_j(\gamma_{0j} + \gamma_{1j}Inv_{i,t-1} + \gamma_{2j}Growth_{i,t-1} + \gamma_{3j}Size_{i,t-1} + \gamma_{4j}Lev_{i,t-1} + \gamma_{5j}Cash_{i,t-1} + \gamma_{6j}Ret_{i,t-1} + \gamma_{7j}Age_{i,t-1} + \gamma_{8j}State_{i,t-1} + \gamma_{9j}Mac_{t-1}) + \varepsilon_{it} \tag{5-8}$$

其中,$J = 0,1,2,\cdots,6, D_0 = 1$。

运用 Eviews 6.0 对模型(5-8)进行回归,结果如表 5-23 所示。

表 5-23　基于宏观经济波动的混合所有制企业投资决策加数模型回归结果（行业差异）

	D_0	D_1	D_2	D_3	D_4	D_5	D_6
C	-1.4790	-3.1243	-2.9332	-1.9924	0.7415	17.2022**	8.2194
	(-0.3519)	(-0.4700)	(-0.6555)	(-0.3336)	(0.1188)	(2.1617)	(1.3868)
$Inw_{i,t-1}$	0.4026***	0.0575	0.1282***	0.1851***	0.0582	0.1505***	-0.1509**
	(13.9951)	(0.9352)	(4.0603)	(4.3609)	(1.2378)	(3.4131)	(-2.2533)
$Growth_{i,t-1}$	0.3186*	0.1206	-0.3748*	-0.2303	-0.1451	-0.3625	-0.6310**
	(1.6889)	(0.3772)	(-1.8856)	(-0.7722)	(-0.4437)	(-0.7498)	(-2.1052)
$Size_{i,t-1}$	0.2972	0.1819	0.0670	0.0466	-0.2114	-0.5782*	-0.4386
	(1.4401)	(0.6010)	(0.3058)	(0.1619)	(-0.6949)	(-1.7114)	(-1.5647)
$Lev_{i,t-1}$	-0.0297***	-0.0013	0.0113	0.0177	0.0186	-0.0029	0.0099
	(-2.7071)	(-0.0539)	(0.9445)	(1.0439)	(1.1823)	(-0.1521)	(0.5722)

续表

	D_0	D_1	D_2	D_3	D_4	D_5	D_6
$Cash_{i,t-1}$	-0.0124	0.0555	0.0443***	0.1211***	0.0315	0.0357	0.0140
	(-0.8178)	(1.5889)	(2.5813)	(3.2364)	(1.3834)	(1.1979)	(0.5572)
$Ret_{i,t-1}$	-0.0021	0.0012	0.0080***	0.0076**	0.0040	0.0112**	0.0017
	(-0.9436)	(0.2843)	(3.3252)	(2.0761)	(1.2193)	(2.0323)	(0.5373)
$Age_{i,t-1}$	-0.1020*	-0.2449*	0.0211	-0.0305	0.1520*	-0.2212**	0.0280
	(-1.9470)	(-1.8749)	(0.3684)	(-0.3712)	(1.8830)	(-2.1013)	(0.3435)
$State_{i,t-1}$	-0.0005	0.0249	0.0015	-0.0039	0.0025	-0.0324	-0.0016
	(-0.0485)	(1.2906)	(0.1450)	(-0.2529)	(0.1758)	(-1.5559)	(-0.1169)
Mac_{t-1}	0.0324	-0.0514	0.0146	-0.0061	0.0416	-0.1003	0.0120
	(0.7256)	(-0.5186)	(0.2981)	(-0.0876)	(0.6240)	(-1.1482)	(0.1677)

*：在10%的水平上显著。
**：在5%的水平上显著。
***：在1%的水平上显著。

从回归结果来看，行业虚拟变量对基于宏观经济波动的混合所有制企业投资决策加数模型的截距项以及上年新增投资（$Inv_{i,t-1}$）、成长机会（$Growth_{i,t-1}$）、经营规模（$Size_{i,t-1}$）、现金持有量（$Cash_{i,t-1}$）、股票收益率（$Ret_{i,t-1}$）、上市年龄（$Age_{i,t-1}$）等因变量的斜率项产生了显著的影响。因此，我们认为不同行业的混合所有制企业需要建立各自的回归模型。接下来，我们分别对不同行业的混合所有制企业样本进行回归，结果如表5-24所示。

从基于宏观经济波动的混合所有制企业投资决策加数模型分行业回归结果来看，不同行业对不同的因变量的敏感性存在明显的差异。其中，上年新增投资（$Inv_{i,t-1}$）、现金持有量（$Cash_{i,t-1}$）两个因变量在电力、热力、燃气及水生产和供应业中的敏感性最高，成长机会（$Growth_{i,t-1}$）、经营规模（$Size_{i,t-1}$）、国有股权比例（$State_{i,t-1}$）三个因变量在采矿业中的敏感性最高，资产负债率（$Lev_{i,t-1}$）、上市年龄（$Age_{i,t-1}$）、宏观经济波动因子（Mac_{t-1}）三个因变量在批发和零售业中的敏感性最高。股票收益率（$Ret_{i,t-1}$）在交通运输、仓储和邮政业中的敏感性最高。上年新增投资（$Inv_{i,t-1}$）、成长机会（$Growth_{i,t-1}$）两个因变量在房地产业中的敏感性最低，经营规模（$Size_{i,t-1}$）、资产负债率（$Lev_{i,t-1}$）、国有股权比例（$State_{i,t-1}$）、宏观经济波动因子（Mac_{t-1}）四个因变量在交通运输、仓储和邮政业中的敏感性最低，现金持有量（$Cash_{i,t-1}$）、股票收益率（$Ret_{i,t-1}$）两个因变量在综合类行业中的敏感性最低，上市年龄（$Age_{i,t-1}$）在采矿业中的敏感性最低。

虽然不同行业的回归结果存在差异，但是从统计学的角度来看它们之间的差异是否显著呢？接下来我们通过以下两个假设检验来进一步判断它们的差异（高铁梅，2006；靳云汇和金赛男，2007）。

检验一：子样本的参数与全样本的参数是否相等

检验的假设为：

$$\begin{cases} H_0: \gamma^i = \gamma^0 \\ H_1: \gamma^i \neq \gamma^0 \end{cases}$$

表 5-24　基于宏观经济波动的混合所有制企业投资决策加数模型回归结果（分行业回归）

	采矿业	制造业	电力、热力、燃气及水生产和供应业	批发和零售业	交通运输、仓储和邮政业	房地产业	综合类
C	−4.6032	−4.4122***	−3.4714	−0.7375	15.7233	6.7404**	−1.4790
	(−1.4073)	(−2.8967)	(−1.2918)	(−0.7144)	(1.6217)	(2.3586)	(−0.8821)
$Inv_{i,t-1}$	0.4601***	0.5308***	0.5877***	0.4608***	0.5531***	0.2517***	0.4026***
	(8.2522)	(41.1746)	(17.3856)	(13.7568)	(11.5381)	(6.0874)	(13.7242)
$Growth_{i,t-1}$	0.4392*	−0.0562	0.0883	0.1735	−0.0439	−0.3124*	0.3186*
	(1.6569)	(−1.4178)	(0.8646)	(1.2333)	(−0.5808)	(−1.9615)	(1.6562)
$Size_{i,t-1}$	0.4791**	0.3642***	0.3439	0.0858	−0.2810	−0.1414	0.2972
	(2.1074)	(4.9807)	(1.5791)	(1.0053)	(−1.3114)	(−1.0901)	(1.4123)
$Lev_{i,t-1}$	−0.0310	−0.0184***	−0.0120*	−0.0112	−0.0327	−0.0198**	−0.0297***
	(−1.4522)	(−3.9645)	(−1.7122)	(−1.1069)	(−1.4436)	(−2.1600)	(−2.6546)
$Cash_{i,t-1}$	0.0430	0.0319***	0.1087***	0.0191	0.0233	0.0016	−0.0124
	(1.3338)	(4.0342)	(2.9336)	(1.2485)	(1.1488)	(0.6299)	(−1.3181)

续表

	采矿业	制造业	电力、热力、燃气及水生产和供应业	批发和零售业	交通运输、仓储和邮政业	房地产业	综合类
$Ret_{i,t-1}$	-0.0096	0.0589***	0.0545*	0.0191	0.0906	-0.0037	-0.0211
	(-0.8526)	(6.7731)	(1.7510)	(1.4505)	(1.2577)	(-0.8022)	(-1.5012)
$Age_{i,t-1}$	-0.3469***	-0.0809***	-0.1326*	0.0500*	-0.3232**	-0.0740*	-0.1020*
	(-2.8243)	(-3.4853)	(-1.9305)	(1.8062)	(-2.4678)	(-1.7341)	(-1.9093)
$State_{i,t-1}$	0.0245	0.0102	-0.0440	0.0203	-0.3281	-0.0202	-0.0045
	(1.4103)	(0.4848)	(-0.5545)	(0.4422)	(-1.2309)	(-0.5374)	(-0.2771)
Mac_{t-1}	-0.0190	0.0469**	0.0263	0.0740*	-0.0679	0.0444	0.0324
	(-0.7113)	(2.3842)	(0.9575)	(1.6546)	(-1.1323)	(1.1570)	(1.2133)

*：在10%的水平上显著。
**：在5%的水平上显著。
***：在1%的水平上显著。

检验统计量为：

$$F=\frac{(\varepsilon'\varepsilon_0-\varepsilon'\varepsilon_i)/(T_0-T_1)}{\varepsilon'\varepsilon_i/(T_i-k-1)} \sim F(T_0-T_i, T_i-k-1)$$

其中，$\varepsilon'\varepsilon_0$、$T_0$ 分别为全样本的残差平方和和样本数量，$\varepsilon'\varepsilon_i$、$T_i$ 分别为子样本 i 的残差平方和和样本数量，k 为自变量的数量，$i=1,2,3,\cdots,N$，N 为子样本数量。

检验二：不同子样本的参数是否相等

检验的假设为：

$$\begin{cases} H_0: \gamma^i = \gamma^j \\ H_1: \gamma^i \neq \gamma^j \end{cases}$$

检验统计量为：

$$F=\frac{(\varepsilon'\varepsilon_{i+j}-\varepsilon'\varepsilon_i-\varepsilon'\varepsilon_m)/(k+1)}{(\varepsilon'\varepsilon_i+\varepsilon'\varepsilon_j)/(T_i+T_j-2k-2)} \sim F(k+1, T_i+T_j-2k-2)$$

其中，$\varepsilon'\varepsilon_j$、$T_j$ 分别为子样本 j 的残差平方和和样本数量，$\varepsilon'\varepsilon_{i+j}$ 为子样本 i 和子样本 j 合并回归的残差平方和，$i \neq j$。

从表 5-25 的检验结果来看，采矿业，电力、热力、燃气及水生产和供应业，交通运输、仓储和邮政业，综合类行业的模型结构与全样本回归结果不存在显著性差异；采矿业与制造业，电力、热力、燃气及水生产和供应业，交通运输、仓储和邮政业的模型结构不存在显著性差异；电力、热力、燃气及水生产和供应业与交通运输、仓储和邮政业的模型结构不存在显著性差异；批发和零售业与综合类行业的模型结构不存在显著性差异。

5.3.1.2 乘数模型

以每个行业类别作为独立的子单元，采用 Chow 分割点检验对基于宏观经济波动的混合所有制企业投资决策乘数模型进行稳定性检验。从表 5-26 可以看出，不同行业的模型结构发生了显著性变化。

表 5-25　基于宏观经济波动的混合所有制企业投资决策加数模型回归结果行业差异性检验

	全样本	采矿业	制造业	电力、热力、燃气及水生产和供应业	批发和零售业	交通运输、仓储和邮政业	房地产业
采矿业	0.9731						
制造业	1.1055***	1.5597					
电力、热力、燃气及水生产和供应业	0.8643	1.5816	4.2159***				
批发和零售业	1.2921***	2.7470***	2.1222**	5.4867***			
交通运输、仓储和邮政业	0.4740	1.0761	2.7828***	0.9269	3.6831***		
房地产业	2.2957***	8.8757***	10.3867***	12.8963***	6.347***	7.6672***	
综合类	0.9859	1.7414*	3.766***	6.0500***	0.9545	3.6323***	5.5467***

*：在 10% 的水平上显著。
**：在 5% 的水平上显著。
***：在 1% 的水平上显著。

表5-26 基于宏观经济波动的混合所有制企业投资决策乘数模型 Chow 分割点检验结果(行业差异)

F-statistic	3.495346	Prob. F(90,6935)	0.0000
Log likelihood ratio	312.3130	Prob. Chi-Square(90)	0.0000
Wald Statistic	314.5811	Prob. Chi-Square(90)	0.0000

将行业虚拟变量引入乘数模型(5-4),得到基于行业差异的乘数模型:

$$Inv_{it} = \sum D_j(\gamma_{0j} + \gamma_{1j}Inv_{i,t-1} + \gamma_{2j}Growth_{i,t-1} + \gamma_{3j}Size_{i,t-1} + \gamma_{4j}Lev_{i,t-1} + \gamma_{5j}Cash_{i,t-1} + \gamma_{6j}\text{Ret}_{i,t-1} + \gamma_{7j}Age_{i,t-1} + \gamma_{8j}State_{i,t-1}) + \varepsilon_{it}$$
(5-9)

其中,$\gamma_l = \alpha_l + \beta_l Mac_{t-1}(l=0,1,2,\cdots,8)$,$j=0,1,2,\cdots,6$,$D_0=1$。

运用 Eviews 6.0 对模型(5-9)进行回归,结果如表5-27所示。

从回归结果来看,行业虚拟变量对基于宏观经济波动的混合所有制企业投资决策乘数模型的上年新增投资($Inv_{i,t-1}$)、成长机会($Growth_{i,t-1}$)、现金持有量($Cash_{i,t-1}$)、股票收益率($\text{Ret}_{i,t-1}$)、上市年龄($Age_{i,t-1}$)、国有股权比例($State_{i,t-1}$)等因变量的斜率项及宏观经济波动因子(Mac_{t-1})对相关变量的作用程度产生了显著的影响。我们继续对不同行业的混合所有制企业样本进行回归,结果如表5-28所示。

从基于宏观经济波动的混合所有制企业投资决策乘数模型分行业回归结果来看,宏观经济波动因子(Mac_{t-1})对交通运输、仓储和邮政业截距项的影响程度最高,对房地产业因变量上年新增投资($Inv_{i,t-1}$)的影响程度最高,对综合类行业因变量成长机会($Growth_{i,t-1}$)的影响程度最高,对制造业因变量经营规模($Size_{i,t-1}$)的影响程度最高,对采矿业因变量现金持有量($Cash_{i,t-1}$)、国有股权比例($State_{i,t-1}$)的影响程度最高,对批发和零售业因变量上市年龄($Age_{i,t-1}$)的影响程度最高;宏观经济波动因子(Mac_{t-1})对采矿业截距项的影响程度最低,对综合类行业因变量上年新

表 5-27　基于宏观经济波动的混合所有制企业投资决策乘数模型回归结果（行业差异）

	D_0	D_1	D_2	D_3	D_4	D_5	D_6
C	2.6413	-2.2765	-6.6959	-3.2995	-2.1738	10.6306	3.0935
	(0.6542)	(-0.3276)	(-1.5510)	(-0.5894)	(-0.3559)	(1.2372)	(0.5277)
Mac_{t-1}	-0.5132	-0.7548	-0.4768	-0.2806	0.5988	1.1268	0.6609
	(-0.5983)	(-0.5353)	(-0.5202)	(-0.2229)	(0.4709)	(0.6774)	(0.5318)
$Inv_{i,t-1}$	0.5592***	-0.0541	-0.0140	-0.0075	-0.1046*	0.0159	-0.3802***
	(14.5889)	(-0.6916)	(-0.3387)	(-0.1466)	(-1.8825)	(0.2876)	(-4.5195)
$Mac_{t-1}*Inv_{i,t-1}$	-0.0406***	0.0245*	0.0352***	0.0576***	0.0442***	0.0326***	0.0692***
	(-6.3344)	(1.6906)	(4.9749)	(6.2679)	(4.3728)	(3.1602)	(4.0038)
$Mac_{t-1}*Growth_{i,t-1}$	0.0708**	-0.0325	-0.0735**	-0.0311	-0.0690	-0.0923	-0.0257
	(2.1115)	(-0.5563)	(-2.0589)	(-0.5677)	(-1.2309)	(-1.1589)	(-0.5039)
$Size_{i,t-1}$	0.1032	0.1727	0.2357	0.1362	-0.0478	-0.3340	-0.2057
	(0.5059)	(0.5507)	(1.0863)	(0.4955)	(-0.1580)	(-0.9250)	(-0.7386)
$Mac_{t-1}*Size_{i,t-1}$	0.0302	0.0028	0.0194	0.0014	-0.0378	-0.0406	-0.0379
	(0.7689)	(0.0458)	(0.4609)	(0.0242)	(-0.6515)	(-0.5804)	(-0.6797)
$Lev_{i,t-1}$	-0.0310***	0.0010	0.0138	0.0186	0.0189	-0.0003	0.0142
	(-2.8823)	(0.0454)	(1.1769)	(1.1055)	(1.2258)	(-0.0154)	(0.8305)

续表

	D_0	D_1	D_2	D_3	D_4	D_5	D_6
$Cash_{i,t-1}$	-0.0023	0.0323	0.0304*	0.1021***	0.0198	0.0342	-0.0057
	(-0.1373)	(0.8300)	(1.6557)	(2.5666)	(0.8255)	(1.0276)	(-0.2184)
$Mac_{t-1}*Cash_{i,t-1}$	-0.0030	0.0063	0.0047	0.0053	0.0043	0.0016	0.0043
	(-0.9489)	(0.8034)	(1.3212)	(0.8033)	(0.9197)	(0.2442)	(0.8470)
$Ret_{i,t-1}$	-0.0012	0.0027	0.0069***	0.0057	0.0040	0.0110**	-0.0018
	(-0.5691)	(0.7239)	(2.9655)	(1.5990)	(1.2760)	(2.2076)	(-0.5811)
$Age_{i,t-1}$	-0.0781	-0.1800	0.0060	-0.0717	0.1239	-0.2244*	-0.0218
	(-1.3769)	(-1.2796)	(0.0966)	(-0.8098)	(1.4124)	(-1.9647)	(-0.2472)
$Mac_{t-1}*Age_{i,t-1}$	-0.0147	0.0109	0.0076	0.0167	0.0219	0.0089	0.0117
	(-1.5031)	(0.4736)	(0.7066)	(1.0915)	(1.5011)	(0.4834)	(0.7744)
$State_{i,t-1}$	-0.0113	0.0237	0.0096	0.0124	0.0122	-0.0078	0.0115
	(-1.1056)	(1.1552)	(0.8608)	(0.7330)	(0.7975)	(-0.3439)	(0.8007)
$Mac_{t-1}*State_{i,t-1}$	0.0035*	0.0073*	-0.0023	-0.0061*	-0.0029	-0.0090**	-0.0046*
	(1.8349)	(1.8383)	(-1.0888)	(-1.8855)	(-0.9961)	(-2.3393)	(-1.6455)

*：在10%的水平上显著。
**：在5%的水平上显著。
***：在1%的水平上显著。

表 5-28　基于宏观经济波动的混合所有制企业投资决策乘数模型回归结果（分行业回归）

	采矿业	制造业	电力、热力、燃气及水生产和供应业	批发和零售业	交通运输、仓储和邮政业	房地产业	综合类
C	0.3649	-4.0545***	-0.6582	0.4676	13.2720	5.7349**	2.6413
	(0.3105)	(-2.6721)	(-0.4035)	(0.3594)	(1.2081)	(1.9723)	(0.9033)
Mac_{t-1}	-1.2679	-0.9900***	-0.7937	0.0856	0.6136	0.1478	-0.5132
	(-1.1126)	(-3.0830)	(-1.2004)	(0.5069)	(0.7037)	(0.6466)	(-1.0066)
$Inv_{i,t-1}$	0.5051***	0.5451***	0.5517***	0.4546***	0.5751***	0.1790***	0.5592***
	(7.2776)	(34.6181)	(14.9343)	(12.4479)	(9.9332)	(3.4945)	(14.6341)
$Mac_{t-1} * Inv_{i,t-1}$	-0.0161	-0.0054*	0.0170**	0.0037	-0.0079	0.0286***	-0.0406***
	(-1.2118)	(-1.8128)	(2.3817)	(1.1117)	(-1.2704)	(2.6076)	(-6.3540)
$Mac_{t-1} * Growth_{i,t-1}$	0.0383	-0.0027	0.0397	0.0018	-0.0215	0.0451*	0.0708**
	(1.2050)	(-0.6436)	(1.2627)	(0.4646)	(-0.6260)	(1.7134)	(2.1180)
$Size_{i,t-1}$	0.2760	0.3389***	0.2394	0.0554	-0.2307	-0.1025	0.1032
	(1.1380)	(4.6310)	(1.1975)	(0.7997)	(-1.0614)	(-1.3168)	(1.0339)
$Mac_{t-1} * Size_{i,t-1}$	0.0330	0.0495***	0.0316	-0.0077	-0.0104	-0.0077	0.0302
	(1.1355)	(3.2833)	(1.1477)	(-0.6547)	(-0.5819)	(-0.7426)	(1.2289)
$Lev_{i,t-1}$	-0.0299	-0.0172***	-0.0123*	-0.0121	-0.0312	-0.0168*	-0.0310***
	(-1.4375)	(-3.7181)	(-1.7526)	(-1.2096)	(-1.4149)	(-1.8456)	(-2.8913)

续表

	采矿业	制造业	电力、热力、燃气及水生产和供应业	批发和零售业	交通运输、仓储和邮政业	房地产业	综合类
$Cash_{i,t-1}$	0.0301	0.0282***	0.0998**	0.0175	0.0320	-0.0080	-0.0023
	(1.4120)	(3.4150)	(2.5377)	(1.1041)	(1.3375)	(-1.1451)	(-0.7138)
$Mac_{t-1}*Cash_{i,t-1}$	0.0033	0.0017	0.0023	0.0013	-0.0014	0.0013	-0.0030
	(0.9218)	(1.0653)	(0.8395)	(0.8870)	(-0.6530)	(0.9446)	(-1.4244)
$Ret_{i,t-1}$	0.0015	0.0056***	0.0045	0.0027	0.0097	-0.0030**	-0.0012
	(1.0004)	(6.7638)	(1.4484)	(1.3490)	(1.5028)	(-2.0052)	(-1.0946)
$Age_{i,t-1}$	-0.2581**	-0.0722***	-0.1498**	0.0458	-0.3026**	-0.0999**	-0.0781
	(-1.9701)	(-2.9093)	(-2.0319)	(1.5067)	(-2.1073)	(-2.1680)	(-1.3812)
$Mac_{t-1}*Age_{i,t-1}$	-0.0038	-0.0071	0.0020	0.0073	-0.0058	-0.0030	-0.0147
	(-0.5200)	(-1.6186)	(0.4989)	(1.0772)	(-0.6001)	(-0.7224)	(-1.5078)
$State_{i,t-1}$	0.1240	-0.0171	0.0109	0.0090	-0.1906	0.0017	-0.1129
	(1.0039)	(-0.7101)	(0.3934)	(0.4057)	(-0.9711)	(0.3437)	(-1.1090)
$Mac_{t-1}*State_{i,t-1}$	0.1087***	0.0123	-0.0252	0.0059	-0.0543	-0.0104	0.0353*
	(3.0514)	(1.4423)	(-1.5553)	(0.9405)	(-1.1318)	(-1.4095)	(1.8405)

*：在10%的水平上显著。
**：在5%的水平上显著。
***：在1%的水平上显著。

表 5-29　基于宏观经济波动的混合所有制企业投资决策乘数模型回归结果行业差异性检验

	全样本	采矿业	制造业	电力、热力、燃气及水生产和供应业	批发和零售业	交通运输、仓储和邮政业	房地产业
采矿业	0.9954						
制造业	1.1067***	1.4293					
电力、热力、燃气及水生产和供应业	0.8656	1.9432**	3.6104***				
批发和零售业	1.2775***	2.5847***	1.6839***	3.6887***			
交通运输、仓储和邮政业	0.4672	1.1706	2.1165***	0.9149	2.6280***		
房地产业	2.3044***	7.3390***	7.3664***	8.4680***	4.4198***	5.2797***	
综合类	1.0429	1.7170*	4.3569***	6.5565***	2.2512***	2.9645***	4.8363***

*：在10%的水平上显著。
**：在5%的水平上显著。
***：在1%的水平上显著。

增投资($Inv_{i,t-1}$)、现金持有量($Cash_{i,t-1}$)、上市年龄($Age_{i,t-1}$)的影响程度最低,对交通运输、仓储和邮政业因变量成长机会($Growth_{i,t-1}$)、经营规模($Size_{i,t-1}$)、国有股权比例($State_{i,t-1}$)的影响程度最低。

从对基于宏观经济波动的混合所有制企业投资决策乘数模型回归结果行业差异性检验结果来看,采矿业、电力、热力、燃气及水生产和供应业、交通运输、仓储和邮政业,综合类行业的模型结构与全样本回归结果不存在显著性差异;采矿业与制造业,交通运输、仓储和邮政业的模型结构不存在显著性差异;电力、热力、燃气及水生产和供应业与交通运输、仓储和邮政业的模型结构不存在显著性差异,见表5-29。

5.3.2 基于规模差异的模型有效性分析

5.3.2.1 加数模型

本书以不同经营规模的混合所有制企业样本分别作为独立的子单元,采用Chow分割点检验对基于宏观经济波动的混合所有制企业投资决策加数模型进行稳定性检验。从表5-30可以看出,不同经营规模的混合所有制企业样本的模型结构发生了显著性变化。

表5-30 基于宏观经济波动的混合所有制企业投资决策加数
模型 Chow 分割点检验结果(规模差异)

F-statistic	5.367160	Prob. F(40,6990)	0.0000
Log likelihood ratio	212.9681	Prob. Chi-Square(40)	0.0000
Wald Statistic	214.6864	Prob. Chi-Square(40)	0.0000

考虑到不同规模的基于宏观经济波动的混合所有制企业投资决策加数模型的模型结构发生了变化,为了度量规模因素的影响机制,本书引入虚拟变量对其进行具体分析。根据混合所有制企业经营规模的不同,建

立如下离散变量：

$$D_1 = \begin{cases} 1 & \text{大规模企业} \\ 0 & \text{其他} \end{cases}$$

$$D_2 = \begin{cases} 1 & \text{较大规模企业} \\ 0 & \text{其他} \end{cases}$$

$$D_3 = \begin{cases} 1 & \text{中等规模企业} \\ 0 & \text{其他} \end{cases}$$

$$D_4 = \begin{cases} 1 & \text{较小规模企业} \\ 0 & \text{其他} \end{cases}$$

类似基于行业差异的加数模型(5-8)，本书引入这些变量建立基于规模差异的加数模型，并运用 Eviews 6.0 进行模型估计，结果如表 5-31 所示。

表 5-31　基于宏观经济波动的混合所有制企业投资决策加数模型回归结果(规模差异)

	D_0	D_1	D_2	D_3	D_4
C	2.1174	-1.4684	4.9047	10.9113	1.8108
	(0.4132)	(-0.2509)	(0.7248)	(1.6224)	(0.2470)
$Inv_{i,t-1}$	0.3780***	0.2756***	0.2378***	0.0913***	0.1332***
	(16.7538)	(9.1766)	(7.5599)	(3.0463)	(4.0864)
$Growth_{i,t-1}$	-0.1172	0.1642	0.1118	0.0015	0.2827
	(-1.1378)	(0.9669)	(0.7052)	(0.0099)	(1.6160)
$Size_{i,t-1}$	0.0903	0.1075	-0.2452	-0.4633	-0.1688
	(0.3680)	(0.3900)	(-0.7629)	(-1.4488)	(-0.4860)
$Lev_{i,t-1}$	-0.0281***	-0.0067	0.0069	-0.0016	0.0144
	(-4.1176)	(-0.6305)	(0.6584)	(-0.1556)	(1.4115)
$Cash_{i,t-1}$	0.0202*	-0.0173	-0.0147	0.0186	-0.0065
	(1.6804)	(-0.9677)	(-0.8166)	(1.0512)	(-0.3806)

续表

	D_0	D_1	D_2	D_3	D_4
$Ret_{i,t-1}$	0.0029*	0.0004	0.0004	0.0032	-0.0011
	(1.8282)	(0.2089)	(0.1766)	(1.3862)	(-0.4886)
$Age_{i,t-1}$	-0.0650*	-0.0786	0.0065	-0.0542	0.0412
	(-1.6671)	(-1.3928)	(0.1168)	(-0.9743)	(0.7416)
$State_{i,t-1}$	0.0055	-0.0030	-0.0012	-0.0035	-0.0025
	(0.8129)	(-0.3252)	(-0.1311)	(-0.3599)	(-0.2582)
Mac_{t-1}	0.0101	0.0379	-0.0221	-0.0194	0.0347
	(0.3063)	(0.7992)	(-0.4707)	(-0.4057)	(0.7345)

*:在10%的水平上显著。

***:在1%的水平上显著。

从回归结果来看,经营规模虚拟变量仅对基于宏观经济波动的混合所有制企业投资决策加数模型中因变量上年新增投资($Inv_{i,t-1}$)产生了显著影响。接下来对不同经营规模的混合所有制企业进行分组回归,回归结果如表5-32所示。

表5-32　基于宏观经济波动的混合所有制企业投资决策加数模型回归结果(分规模回归)

	小规模企业	较小规模企业	中等规模企业	较大规模企业	大规模企业
C	2.1174	3.9282	13.0288***	7.0221*	0.6491
	(0.8750)	(1.3063)	(2.6757)	(1.6835)	(0.7252)
$Inv_{i,t-1}$	0.3780***	0.5112***	0.4693***	0.6158***	0.6536***
	(15.8362)	(23.8332)	(21.2712)	(29.7627)	(34.5625)
$Growth_{i,t-1}$	-0.1172	0.1655	-0.1157	-0.0054	0.0470
	(-1.0755)	(1.2844)	(-1.3224)	(-0.4812)	(0.7986)

续表

	小规模企业	较小规模企业	中等规模企业	较大规模企业	大规模企业
$Size_{i,t-1}$	0.0903	-0.0785	-0.3730	-0.1549	0.1978*
	(0.8442)	(-0.8468)	(-1.6268)	(-1.2870)	(1.6508)
$Lev_{i,t-1}$	-0.0281***	-0.0138**	-0.0297***	-0.0212***	-0.0349***
	(-3.8921)	(-1.9948)	(-3.5653)	(-2.827)	(-4.4528)
$Cash_{i,t-1}$	0.0202	0.0137	0.0388***	0.0055	0.0029
	(1.5884)	(1.2423)	(2.6692)	(0.7747)	(0.5605)
$Ret_{i,t-1}$	0.0288*	0.0180	0.0605***	0.0328**	0.0333**
	(1.7280)	(1.2573)	(3.2815)	(2.2397)	(2.4807)
$Age_{i,t-1}$	-0.0650	-0.0238	-0.1192***	-0.0585	-0.1436***
	(-1.5757)	(-1.3225)	(-2.6904)	(-1.5611)	(-3.6960)
$State_{i,t-1}$	0.0554	0.0303	0.0203	0.0430	0.0251
	(1.2897)	(1.0003)	(0.7802)	(1.2101)	(0.9324)
Mac_{t-1}	0.0101	0.0449	-0.0093	-0.0120	0.0480
	(0.5930)	(1.4548)	(-0.5436)	(-0.6839)	(1.4807)

*:在10%的水平上显著。

**:在5%的水平上显著。

***:在1%的水平上显著。

从基于宏观经济波动的混合所有制企业投资决策加数模型不同经营规模样本回归结果来看,上年新增投资($Inv_{i,t-1}$)、经营规模($Size_{i,t-1}$)、宏观经济波动因子(Mac_{t-1})在大规模企业中的敏感性最高,成长机会($Growth_{i,t-1}$)、资产负债率($Lev_{i,t-1}$)、上市年龄($Age_{i,t-1}$)在较小规模企业中的敏感性最高,现金持有量($Cash_{i,t-1}$)、股票收益率($Ret_{i,t-1}$)在中等规模企业中的敏感性最高,国有股权比例($State_{i,t-1}$)在小规模企业中的敏感性最高,上年新增投资($Inv_{i,t-1}$)、成长机会($Growth_{i,t-1}$)在小规模企业中的敏感性最低,经营规模($Size_{i,t-1}$)、国有股权比例($State_{i,t-1}$)在中等规模企业中的敏感性最低,资产负债率($Lev_{i,t-1}$)、现金持有量($Cash_{i,t-1}$)、上市年龄($Age_{i,t-1}$)在大规模企业中的敏感性最低,股票收益率($Ret_{i,t-1}$)在较小规模企业中的敏感性最低,宏观经济波动因子(Mac_{t-1})在较大规模企业中的敏感性最低。

从对基于宏观经济波动的混合所有制企业投资决策加数模型回归结果规模差异性检验结果来看,小规模企业、中等规模企业的模型结构与全样本回归结果不存在显著性差异,而不同经营规模的混合所有制企业的模型结构之间则存在显著性差异,见表5-33。

表5-33 基于宏观经济波动的混合所有制企业投资决策加数模型回归结果规模差异性检验

	全样本	小规模企业	较小规模企业	中等规模企业	较大规模企业
小规模企业	0.8947				
较小规模企业	1.2921***	2.8296***			
中等规模企业	0.7753	3.5319***	2.6200***		
较大规模企业	1.1882***	8.0777***	3.2035***	4.1186***	
大规模企业	1.1577***	12.5183***	6.0815***	7.1032***	1.6293*

*:在10%的水平上显著。

***:在1%的水平上显著。

5.3.2.2 乘数模型

以不同经营规模的混合所有制企业作为样本单元,采用Chow分割点检验对基于宏观经济波动的混合所有制企业投资决策乘数模型进行稳定性检验。从表5-34可以看出,不同经营规模混合所有制企业的模型结构发生了显著性变化。

表 5-34　基于宏观经济波动的混合所有制企业投资决策
乘数模型 Chow 分割点检验结果(规模差异)

F-statistic	3.743339	Prob. F(60,6965)	0.0000
Log likelihood ratio	223.4354	Prob. Chi-Square(60)	0.0000
Wald Statistic	224.6003	Prob. Chi-Square(60)	0.0000

类似基于行业差异的乘数模型(5-9),本书引入规模虚拟变量建立基于规模差异的乘数模型,并运用 Eviews 6.0 进行模型估计,结果如表 5-35 所示。

表 5-35　基于宏观经济波动的混合所有制企业投资决策
乘数模型回归结果(规模差异)

	D_0	D_1	D_2	D_3	D_4
C	0.8255	1.6350	13.4753*	10.3117	6.1649
	(0.1558)	(0.2643)	(1.8520)	(1.4245)	(0.7797)
Mac_{t-1}	−0.2420	−0.5254	−2.7623*	0.2459	0.0266
	(−0.2209)	(−0.4184)	(−1.8868)	(0.1672)	(0.0165)
$Inv_{i,t-1}$	0.4037***	0.2672***	0.2343***	0.0969***	0.1034***
	(15.8276)	(7.6356)	(6.4614)	(2.7230)	(2.6975)
$Mac_{t-1} * Inv_{i,t-1}$	−0.0097**	0.0030	0.0005	−0.0006	0.0114
	(−2.0998)	(0.4659)	(0.0660)	(−0.0891)	(1.6372)
$Mac_{t-1} * Growth_{i,t-1}$	0.0075	−0.0016	0.0134	0.0145	0.0090
	(0.3536)	(−0.0487)	(0.4408)	(0.4854)	(0.2595)
$Size_{i,t-1}$	0.1175	−0.0057	−0.5874*	−0.4211	−0.3273
	(0.4625)	(−0.0195)	(−1.7061)	(−1.2276)	(−0.8732)
$Mac_{t-1} * Size_{i,t-1}$	0.0209	0.0163	0.1125	−0.0213	−0.0104
	(0.4061)	(0.2806)	(1.6404)	(−0.3089)	(−0.1382)

续表

	D_0	D_1	D_2	D_3	D_4
$Lev_{i,t-1}$	-0.0260***	-0.0084	0.0043	-0.0009	0.0116
	(-3.7981)	(-0.7925)	(0.4178)	(-0.0868)	(1.1421)
$Cash_{i,t-1}$	0.0176	-0.0217	-0.0090	0.0182	-0.0048
	(1.3848)	(-1.1431)	(-0.4659)	(0.9967)	(-0.2727)
$Mac_{t-1}*Cash_{i,t-1}$	0.0017	0.0013	-0.0025	0.0008	-0.0001
	(0.7234)	(0.3570)	(-0.6893)	(0.2244)	(-0.0270)
$Ret_{i,t-1}$	0.0021	0.0014	0.0001	0.0031	0.0003
	(1.3772)	(0.6940)	(0.0503)	(1.4152)	(0.1199)
$Age_{i,t-1}$	-0.0485	-0.0640	-0.0112	-0.0740	0.0279
	(-1.1547)	(-1.0461)	(-0.1867)	(-1.2485)	(0.4648)
$Mac_{t-1}*Age_{i,t-1}$	-0.0154**	0.0024	0.0112	0.0103	0.0157
	(-2.1103)	(0.2281)	(1.0345)	(0.9823)	(1.5004)
$State_{i,t-1}$	0.0052	-0.0067	-0.0039	-0.0039	0.0004
	(0.6974)	(-0.6636)	(-0.3815)	(-0.3656)	(0.0367)
$Mac_{t-1}*State_{i,t-1}$	0.0000	0.0019	0.0018	0.0006	-0.0010
	(0.0245)	(0.9506)	(0.8928)	(0.2643)	(-0.4629)

*：在10%的水平上显著。

**：在5%的水平上显著。

***：在1%的水平上显著。

从回归结果来看，规模虚拟变量对基于宏观经济波动的混合所有制企业投资决策乘数模型的截距项和上年新增投资（$Inv_{i,t-1}$）、经营规模（$Size_{i,t-1}$）等因变量的斜率项及宏观经济波动因子（Mac_{t-1}）对相关变量的作用程度产生了显著的影响。本书对不同规模的混合所有制企业样本进行分组回归，其结果如表5-36所示。

表 5-36 　　基于宏观经济波动的混合所有制企业投资决策乘数模型回归结果(分规模回归)

	小规模企业	较小规模企业	中等规模企业	较大规模企业	大规模企业
C	0.8255	6.9905	11.1372**	14.3008***	2.4605
	(0.6248)	(1.3031)	(2.0179)	(3.0488)	(1.2855)
Mac_{t-1}	−0.2420	−0.2154	0.0038	−3.0043***	−0.7674
	(−0.3459)	(−0.3365)	(0.1407)	(−3.2893)	(−1.3115)
$Inv_{i,t-1}$	0.4037***	0.5071***	0.5006***	0.6380***	0.6709***
	(14.9544)	(19.3996)	(18.0299)	(26.3254)	(29.3816)
$Mac_{t-1} * Inv_{i,t-1}$	−0.0097**	0.0017	−0.0103*	−0.0093*	−0.0067
	(−1.9839)	(0.7144)	(−1.9167)	(−1.9470)	(−1.5504)
$Mac_{t-1} * Growth_{i,t-1}$	0.0075	0.0164	0.0219	0.0209	0.0058
	(0.8729)	(1.1967)	(1.4713)	(1.0138)	(0.7699)
$Size_{i,t-1}$	0.1175	−0.2098	−0.3036	−0.4699**	0.1119
	(1.1388)	(−1.5350)	(−1.1778)	(−2.1511)	(1.5374)
$Mac_{t-1} * Size_{i,t-1}$	0.0209	0.0105	−0.0004	0.1334***	0.0372
	(0.5834)	(0.4063)	(−0.2081)	(3.1264)	(1.4390)
$Lev_{i,t-1}$	−0.0260***	−0.0143**	−0.0268***	−0.0217***	−0.0344***
	(−3.5886)	(−2.0715)	(−3.2548)	(−3.0255)	(−4.4367)
$Cash_{i,t-1}$	0.0176	0.0127	0.0358**	0.0085	−0.0042
	(1.3084)	(1.1176)	(2.4267)	(1.0776)	(−0.7712)
$Mac_{t-1} * Cash_{i,t-1}$	0.0017	0.0016	0.0025	−0.0008	0.0030
	(1.3246)	(1.3807)	(1.4725)	(−0.9515)	(1.1219)
$Ret_{i,t-1}$	0.0021	0.0024*	0.0053***	0.0023	0.0036***
	(1.3012)	(1.7753)	(3.0032)	(1.6061)	(2.7582)
$Age_{i,t-1}$	−0.0485	−0.0205	−0.1225***	−0.0597	−0.1125***
	(−1.091)	(−1.0446)	(−2.6188)	(−1.4758)	(−2.6509)

续表

	小规模企业	较小规模企业	中等规模企业	较大规模企业	大规模企业
$Mac_{t-1} * Age_{i,t-1}$	-0.0154**	0.0003	-0.0050	-0.0042	-0.0129*
	(-1.9939)	(0.4467)	(-0.9879)	(-0.9521)	(-1.7297)
$State_{i,t-1}$	0.0517	0.0556	0.0131	0.0126	-0.0152
	(1.0656)	(1.2041)	(0.5630)	(0.5948)	(-0.6400)
$Mac_{t-1} * State_{i,t-1}$	0.0004	-0.0092	0.0059	0.0183	0.0192
	(0.3774)	(-1.0419)	(0.7060)	(1.4095)	(1.4977)

*:在10%的水平上显著。

**:在5%的水平上显著。

***:在1%的水平上显著。

从基于宏观经济波动的混合所有制企业投资决策乘数模型分规模回归结果来看,宏观经济波动因子(Mac_{t-1})对中等规模混合所有制企业的截距项和因变量成长机会($Growth_{i,t-1}$)的影响程度最高,对较小规模混合所有制企业的因变量上年新增投资($Inv_{i,t-1}$)、上市年龄($Age_{i,t-1}$)的影响程度最高,对较大规模混合所有制企业的因变量经营规模($Size_{i,t-1}$)的影响程度最高,对大规模混合所有制企业的因变量现金持有量($Cash_{i,t-1}$)、国有股权比例($State_{i,t-1}$)的影响程度最高;宏观经济波动因子(Mac_{t-1})对较大规模混合所有制企业的截距项和因变量现金持有量($Cash_{i,t-1}$)的影响程度最低,对中等规模混合所有制企业的因变量上年新增投资($Inv_{i,t-1}$)、经营规模($Size_{i,t-1}$)的影响程度最低,对大规模混合所有制企业的因变量成长机会($Growth_{i,t-1}$)的影响程度最低,对小规模混合所有制企业的因变量上市年龄($Age_{i,t-1}$)的影响程度最低,对较小规模混合所有制企业的因变量国有股权比例($State_{i,t-1}$)的影响程度最低。

表 5-37　基于宏观经济波动的混合所有制企业投资决策乘数模型回归结果规模差异性检验

	全样本	小规模企业	较小规模企业	中等规模企业	较大规模企业
小规模企业	0.8922				
较小规模企业	1.281***	2.0827***			
中等规模企业	0.7724	2.4402***	1.8106**		
较大规模企业	1.196***	5.9976***	3.0349***	3.2244***	
大规模企业	1.1582***	7.6366***	4.2778***	4.6672***	1.3206

** :在 5%的水平上显著。

*** :在 1%的水平上显著。

从对基于宏观经济波动的混合所有制企业投资决策乘数模型回归结果规模差异性检验结果来看,小规模企业、中等规模企业的模型结构与全样本回归结果不存在显著性差异。除较大经营规模混合所有制企业的模型结构与大规模企业的模型结构不存在显著差异外,其他不同经营规模的混合所有制企业的模型结构之间均存在显著性差异,见表 5-37。

5.3.3　基于大股东差异的模型有效性分析

根据前文的分析,不同第一大股东特征的混合所有制企业的投资支出及其投资效率均表现出不同的特征。因此,基于大股东特征差异对混合所有制企业投资决策模型的有效性进行分析也是十分必要的。

5.3.3.1　加数模型

基于第一大股东的股东特征,采用 Chow 分割点检验对基于宏观经济波动的混合所有制企业投资决策加数模型进行稳定性检验。从表 5-38

可以看出,大股东属性不同的混合所有制企业的模型结构没有发生显著变化,而大股东股权集中程度不同的混合所有制企业的模型结构则发生了显著性变化。

表 5-38 基于宏观经济波动的混合所有制企业投资决策加数模型 Chow 分割点检验结果(大股东差异)

(1)大股东属性

F-statistic	1.036616	Prob. F(10,7020)	0.4091
Log likelihood ratio	10.38802	Prob. Chi-Square(10)	0.4071
Wald Statistic	10.36616	Prob. Chi-Square(10)	0.4090

(2)大股东股权集中程度

F-statistic	2.235625	Prob. F(30,7000)	0.0001
Log likelihood ratio	67.13092	Prob. Chi-Square(30)	0.0001
Wald Statistic	67.06876	Prob. Chi-Square(30)	0.0001

考虑到仅仅是大股东股权集中程度不同的混合所有制企业的模型结构发生了显著变化,本书建立如下股权集中度虚拟变量来分析大股东股权集中程度对混合所有制企业投资水平的不同影响。

$$D_1 = \begin{cases} 1 & 50\% \sim 100\% \\ 0 & 其他 \end{cases}$$

$$D_2 = \begin{cases} 1 & 30\% \sim 50\% \\ 0 & 其他 \end{cases}$$

$$D_3 = \begin{cases} 1 & 15\% \sim 30\% \\ 0 & 其他 \end{cases}$$

将股权集中度虚拟变量引入加数模型,并运用 Eviews 6.0 进行回归估计,结果如表 5-39 所示。

表 5-39　基于宏观经济波动的混合所有制企业投资决策加数模型回归结果(股权集中度差异)

	D_0	D_1	D_2	D_3
C	−7.3930	2.5686	3.9032	5.9547
	(−1.3335)	(0.4323)	(0.6636)	(0.9840)
$Inv_{i,t-1}$	0.6547***	−0.0868*	−0.1499***	−0.1252**
	(13.6819)	(−1.6845)	(−2.9783)	(−2.4697)
$Growth_{i,t-1}$	0.7785**	−0.7796**	−0.5550*	−0.8679***
	(2.5538)	(−2.4297)	(−1.7207)	(−2.7506)
$Size_{i,t-1}$	0.3516	0.0526	0.0408	−0.1391
	(1.3843)	(0.1930)	(0.1511)	(−0.4991)
$Lev_{i,t-1}$	−0.0088	−0.0229	−0.0208	−0.0061
	(−0.5643)	(−1.3528)	(−1.2492)	(−0.3635)
$Cash_{i,t-1}$	0.0644**	−0.0507*	−0.0691**	−0.0324
	(2.4995)	(−1.8184)	(−2.5219)	(−1.1657)
$Ret_{i,t-1}$	0.0047*	0.0001	−0.0014	−0.0030
	(1.7771)	(0.0435)	(−0.4932)	(−1.0298)
$Age_{i,t-1}$	−0.0812	−0.0147	−0.0737	0.0003
	(−1.1571)	(−0.1863)	(−0.9741)	(0.0035)
$State_{i,t-1}$	0.0114	−0.0080	−0.0047	−0.0019
	(0.4846)	(−0.3250)	(−0.1936)	(−0.0761)
Mac_{t-1}	0.0440	0.0533	−0.0547	−0.0363
	(0.7554)	(0.8068)	(−0.8665)	(−0.5678)

*：在10%的水平上显著。
**：在5%的水平上显著。
***：在1%的水平上显著。

从回归结果来看,股权集中度虚拟变量对基于宏观经济波动的混合所有制企业投资决策加数模型的上年新增投资($Inv_{i,t-1}$)、成长机会

($Growth_{i,t-1}$)、现金持有量($Cash_{i,t-1}$)等因变量的斜率项产生了显著的影响。因此,我们分别对大股东股权集中程度不同的混合所有制企业分别建立模型并进行回归,结果如表 5-40 所示。

表 5-40　　基于宏观经济波动的混合所有制企业投资决策加数模型回归结果(分股权集中度回归)

	0%~15%	15%~30%	30%~50%	50%~100%
C	−7.3930	−1.4383	−3.4898*	−4.8245**
	(−1.4687)	(−1.1614)	(−1.7691)	(−2.2913)
$Inv_{i,t-1}$	0.6547***	0.5295***	0.5048***	0.5679***
	(15.0693)	(31.0546)	(32.2042)	(30.0915)
$Growth_{i,t-1}$	0.7785***	−0.0894	0.2235**	−0.0011
	(2.8128)	(−1.0748)	(2.1136)	(−0.0222)
$Size_{i,t-1}$	0.3516	0.2125*	0.3925***	0.4042***
	(1.5246)	(1.8127)	(4.2529)	(4.1682)
$Lev_{i,t-1}$	−0.0088	−0.0149**	−0.0296***	−0.0318***
	(−1.2429)	(−2.4619)	(−5.1816)	(−4.9111)
$Cash_{i,t-1}$	0.0644***	0.0320***	−0.0048	0.0136
	(2.7530)	(2.9902)	(−1.0101)	(1.2849)
$Ret_{i,t-1}$	0.0472*	0.0173	0.0328***	0.0485***
	(1.9573)	(1.4467)	(2.7684)	(3.4242)
$Age_{i,t-1}$	−0.0812	−0.0809**	−0.1549***	−0.0959***
	(−1.2744)	(−2.5260)	(−5.4334)	(−2.7077)
$State_{i,t-1}$	0.1144	0.0957	0.0671	0.0340
	(1.0331)	(1.3661)	(1.0641)	(0.9646)
Mac_{t-1}	0.0440	0.0077	−0.0107	0.0973***
	(1.3514)	(0.8076)	(−0.9570)	(3.1511)

*:在 10%的水平上显著。
**:在 5%的水平上显著。
***:在 1%的水平上显著。

从基于宏观经济波动的混合所有制企业投资决策加数模型分股权集中度回归结果来看,上年新增投资($Inv_{i,t-1}$)、成长机会($Growth_{i,t-1}$)、资产负债率($Lev_{i,t-1}$)、现金持有量($Cash_{i,t-1}$)、国有股权比例($State_{i,t-1}$)在大股东股权集中度0%~15%的混合所有制企业中的敏感性最高,经营规模($Size_{i,t-1}$)、股票收益率($Ret_{i,t-1}$)、宏观经济波动因子(Mac_{t-1})在大股东股权集中度50%~100%的混合所有制企业中的敏感性最高,上市年龄($Age_{i,t-1}$)在大股东股权集中度15%~30%的混合所有制企业中的敏感性最高;上年新增投资($Inv_{i,t-1}$)、现金持有量($Cash_{i,t-1}$)、宏观经济波动因子(Mac_{t-1})在大股东股权集中度30%~50%的混合所有制企业中的敏感性最低,成长机会($Growth_{i,t-1}$)、经营规模($Size_{i,t-1}$)、股票收益率($Ret_{i,t-1}$)在大股东股权集中度15%~30%的混合所有制企业中的敏感性最低,资产负债率($Lev_{i,t-1}$)、国有股权比例($State_{i,t-1}$)在大股东股权集中度50%~100%的混合所有制企业中的敏感性最低。

表5-41　基于宏观经济波动的混合所有制企业投资决策加数模型回归结果股权集中度差异性检验

	全样本	0%~15%	15%~30%	30%~50%
0%~15%	1.2314***			
15%~30%	0.9473	2.6630***		
30%~50%	0.9965	2.1516**	2.2258**	
50%~100%	1.0460	1.7412*	2.2648**	2.1014**

*:在10%的水平上显著。

**:在5%的水平上显著。

***:在1%的水平上显著。

从对基于宏观经济波动的混合所有制企业投资决策加数模型回归结

果股权集中度差异性检验结果来看，大股东股权集中度 15%~30%、30%~50% 和 50%~100% 的混合所有制企业的模型结构与全样本回归结果不存在显著性差异，而大股东股权集中度不同的混合所有制企业的模型结构之间则存在显著性差异，见表 5-41。

5.3.3.2 乘数模型

基于大股东特征，采用 Chow 分割点检验对基于宏观经济波动的混合所有制企业投资决策乘数模型进行稳定性检验。从表 5-42 可以看出，大股东属性不同的混合所有制企业的模型结构没有发生显著变化，而大股东股权集中程度不同的混合所有制企业的模型结构则发生了显著性变化。

表 5-42　基于宏观经济波动的混合所有制企业投资决策乘数模型 Chow 分割点检验结果（大股东差异）

（1）大股东属性

F-statistic	1.005701	Prob. F(15,7010)	0.4454
Log likelihood ratio	15.13379	Prob. Chi-Square(15)	0.4418
Wald Statistic	15.08551	Prob. Chi-Square(15)	0.4453

（2）大股东股权集中程度

F-statistic	2.656223	Prob. F(45,6980)	0.0000
Log likelihood ratio	119.5369	Prob. Chi-Square(45)	0.0000
Wald Statistic	119.5301	Prob. Chi-Square(45)	0.0000

将股权集中度虚拟变量引入乘数模型，并运用 Eviews 6.0 进行回归估计，结果如表 5-43 所示。

表 5-43　基于宏观经济波动的混合所有制企业投资决策乘数模型回归结果(股权集中度差异)

	D_0	D_1	D_2	D_3
C	1.8312	−5.6206	−2.4818	−3.2888
	(0.3854)	(−1.0707)	(−0.4834)	(−0.6222)
Mac_{t-1}	−0.4423	−0.1541	−0.9692	0.1263
	(−0.3780)	(−0.1229)	(−0.7803)	(0.0985)
$Inv_{i,t-1}$	0.6970***	−0.1329**	−0.1276**	−0.1791***
	(12.4111)	(−2.1453)	(−2.1548)	(−3.0314)
$Mac_{t-1} * Inv_{i,t-1}$	−0.0181	0.0180	−0.0033	0.0235**
	(−1.6126)	(1.4787)	(−0.2852)	(1.9965)
$Mac_{t-1} * Growth_{i,t-1}$	0.0881*	−0.0999*	−0.0565	−0.0780
	(1.7264)	(−1.8481)	(−1.0304)	(−1.4537)
$Size_{i,t-1}$	0.0011	0.3347	0.2557	0.2268
	(0.0046)	(1.3129)	(1.0180)	(0.8762)
$Mac_{t-1} * Size_{i,t-1}$	0.0246	0.0137	0.0421	−0.0175
	(0.4826)	(0.2495)	(0.7739)	(−0.3106)
$Lev_{i,t-1}$	−0.0188	−0.0126	−0.0094	0.0046
	(−1.2362)	(−0.7645)	(−0.5791)	(0.2808)
$Cash_{i,t-1}$	0.0512*	−0.0521*	−0.0490*	−0.0237
	(1.9458)	(−1.8054)	(−1.7438)	(−0.8361)
$Mac_{t-1} * Cash_{i,t-1}$	0.0080	−0.0026	−0.0112**	−0.0045
	(1.5769)	(−0.4630)	(−2.0739)	(−0.8180)
$Ret_{i,t-1}$	0.0068***	−0.0014	−0.0030	−0.0061**
	(2.7326)	(−0.4883)	(−1.0870)	(−2.2449)
$Age_{i,t-1}$	−0.0470	−0.0076	−0.0850	−0.0628
	(−0.6466)	(−0.0914)	(−1.0789)	(−0.7855)

续表

	D_0	D_1	D_2	D_3
$Mac_{t-1} * Age_{i,t-1}$	-0.0148	0.0006	0.0024	0.0247*
	(-1.1375)	(0.0423)	(0.1679)	(1.7228)
$State_{i,t-1}$	0.0143	-0.0092	-0.0135	-0.0004
	(0.5879)	(-0.3586)	(-0.5339)	(-0.0162)
$Mac_{t-1} * State_{i,t-1}$	-0.0046	0.0037	0.0087	0.0028
	(-0.8958)	(0.6965)	(1.6433)	(0.5258)

*:在10%的水平上显著。

**:在5%的水平上显著。

***:在1%的水平上显著。

从回归结果来看,股权集中度虚拟变量对基于宏观经济波动的混合所有制企业投资决策乘数模型的上年新增投资($Inv_{i,t-1}$)、成长机会($Growth_{i,t-1}$)、现金持有量($Cash_{i,t-1}$)、股票收益率($Ret_{i,t-1}$)、上市年龄($Age_{i,t-1}$)等因变量的斜率项及宏观经济波动因子(Mac_{t-1})对相关变量的作用程度产生了显著的影响。我们继续对大股东股权集中度不同的混合所有制企业样本进行分组回归,如表5-44所示。

表5-44　　基于宏观经济波动的混合所有制企业投资决策乘数模型回归结果(分股权集中度回归)

	0%~15%	15%~30%	30%~50%	50%~100%
C	1.8312	-1.4576	-0.6506	-3.7894*
	(0.8799)	(-1.0714)	(-0.7923)	(-1.7186)
Mac_{t-1}	-0.4423	-0.3160	-1.4115***	-0.5964
	(-0.9171)	(-1.0931)	(-3.3950)	(-1.3452)
$Inv_{i,t-1}$	0.6970***	0.5179***	0.5693***	0.5641***
	(13.6116)	(27.5715)	(30.2277)	(21.8518)

续表

	0%~15%	15%~30%	30%~50%	50%~100%
$Mac_{t-1} * Inv_{i,t-1}$	-0.0181*	0.0055	-0.0214***	0.0000
	(-1.7686)	(1.4582)	(-6.1810)	(-0.0147)
$Mac_{t-1} * Growth_{i,t-1}$	0.0881*	0.0101	0.0316	-0.0117
	(1.8934)	(1.2336)	(1.5865)	(-1.3050)
$Size_{i,t-1}$	0.0011	0.2278**	0.2568***	0.3358***
	(0.0101)	(2.0048)	(2.8068)	(3.3474)
$Mac_{t-1} * Size_{i,t-1}$	0.0246	0.0071	0.0667***	0.0383*
	(0.9373)	(0.6947)	(3.5615)	(1.9161)
$Lev_{i,t-1}$	-0.0188	-0.0142**	-0.0282***	-0.0314***
	(-1.3558)	(-2.3786)	(-4.9850)	(-4.8994)
$Cash_{i,t-1}$	0.0512**	0.0275**	0.0022	-0.0009
	(2.1340)	(2.5122)	(0.3821)	(-0.2334)
$Mac_{t-1} * Cash_{i,t-1}$	0.0080*	0.0035	-0.0032*	0.0054**
	(1.7294)	(1.5645)	(-1.7163)	(2.498)
$Ret_{i,t-1}$	0.0068***	0.0006	0.0038***	0.0054***
	(2.9969)	(1.1086)	(3.4183)	(4.0919)
$Age_{i,t-1}$	-0.0470	-0.1098***	-0.1321***	-0.0546
	(-1.4182)	(-3.2201)	(-4.3454)	(-1.4022)
$Mac_{t-1} * Age_{i,t-1}$	-0.0148	0.0099	-0.0125**	-0.0142**
	(-1.2475)	(1.6168)	(-2.3351)	(-2.1754)
$State_{i,t-1}$	0.1434	0.1393*	0.0085	0.0511
	(1.1115)	(1.8501)	(0.5948)	(1.0936)
$Mac_{t-1} * State_{i,t-1}$	-0.0460*	-0.0179	0.0410***	-0.0087
	(-1.7586)	(-1.1852)	(3.1607)	(-1.3458)

*:在10%的水平上显著。

**:在5%的水平上显著。

***:在1%的水平上显著。

从基于宏观经济波动的混合所有制企业投资决策乘数模型依股权集中度差异分组回归结果来看,宏观经济波动因子(Mac_{t-1})对大股东股权集中度15%～30%的混合所有制企业的截距项和因变量上年新增投资($Inv_{i,t-1}$)、上市年龄($Age_{i,t-1}$)的影响程度最高,对大股东股权集中度0%～15%的混合所有制企业的因变量成长机会($Growth_{i,t-1}$)、现金持有量($Cash_{i,t-1}$)的影响程度最高,对大股东股权集中度30%～50%的混合所有制企业的因变量经营规模($Size_{i,t-1}$)、国有股权比例($State_{i,t-1}$)的影响程度最高;对大股东股权集中度30%～50%的混合所有制企业的截距项和因变量上年新增投资($Inv_{i,t-1}$)、现金持有量($Cash_{i,t-1}$)的影响程度最低,对大股东股权集中度50%～100%的混合所有制企业的因变量成长机会($Growth_{i,t-1}$)的影响程度最低,对大股东股权集中度15%～30%的混合所有制企业的因变量经营规模($Size_{i,t-1}$)的影响程度最低,对大股东股权集中度0%～15%的混合所有制企业的因变量上市年龄($Age_{i,t-1}$)、国有股权比例($State_{i,t-1}$)的影响程度最低。

表5-45 基于宏观经济波动的混合所有制企业投资决策乘数模型回归结果股权集中度差异性检验

	全样本	0%～15%	15%～30%	30%～50%
0%～15%	1.2271**			
15%～30%	0.9442	1.9419**		
30%～50%	1.0214	2.0881***	4.0968***	
50%～100%	1.0483	1.4561	2.0302**	2.8264***

**:在5%的水平上显著。

***:在1%的水平上显著。

从对基于宏观经济波动的混合所有制企业投资决策乘数模型回归结果股权集中度差异性检验结果来看,大股东股权集中度15%～30%、30%～50%和50%～100%的混合所有制企业的模型结构与全样本回归结果不存在显著性差异。除大股东股权集中度 0%~15% 和 50%~100% 的混合所有制企业外,其他大股东股权集中度不同的混合所有制企业的模型结构之间均存在显著性差异,见表 5-45。

5.3.4 基于地域差异的模型有效性分析

在前文中我们从省域、经济区域和经济圈三个角度对混合所有制企业投资效率的地区差异进行了比较和分析。考虑到不同省域混合所有制企业样本过于分散,我们仅从经济区域和经济圈两个角度对基于宏观经济波动的混合所有制企业投资决策模型的有效性进行分析。

5.3.4.1 经济区域

以不同经济区域的混合所有制企业样本作为子单元,采用 Chow 分割点检验对基于宏观经济波动的混合所有制企业投资决策模型进行稳定性检验。从表 5-46 可以看出,不同经济区域的混合所有制企业的模型结构发生了显著性变化。

表 5-46 基于宏观经济波动的混合所有制企业投资决策模型 Chow 分割点检验结果(经济区域差异)

(1)加数模型

F-statistic	2.468537	Prob. F(30,7000)	0.0000
Log likelihood ratio	74.08806	Prob. Chi-Square(30)	0.0000
Wald Statistic	74.05610	Prob. Chi-Square(30)	0.0000

(2)乘数模型

F-statistic	2.384045	Prob. F(45,6980)	0.0000
Log likelihood ratio	107.3811	Prob. Chi-Square(45)	0.0000
Wald Statistic	107.2820	Prob. Chi-Square(45)	0.0000

本书建立如下经济区域虚拟变量来分析不同经济区域的混合所有制企业投资水平影响机制的差异。

$$D_1 = \begin{cases} 1 & 东部地区 \\ 0 & 其他 \end{cases}$$

$$D_2 = \begin{cases} 1 & 中部地区 \\ 0 & 其他 \end{cases}$$

$$D_3 = \begin{cases} 1 & 西部地区 \\ 0 & 其他 \end{cases}$$

将经济区域虚拟变量引入基于宏观经济波动的混合所有制企业投资决策模型,并运用 Eviews 6.0 进行回归估计,结果如表 5-47 所示。

表 5-47　基于宏观经济波动的混合所有制企业投资决策模型回归结果(经济区域差异)

(1)加数模型

	D_0	D_1	D_2	D_3
C	−7.7399*	4.4985	1.9413	9.3015*
	(−1.8905)	(1.0252)	(0.3866)	(1.8922)
$Inv_{i,t-1}$	0.4231**	0.1146***	0.1369***	0.1364***
	(15.1494)	(3.6977)	(3.8301)	(3.8026)
$Growth_{i,t-1}$	0.0950	−0.0739	−0.1613	−0.0927
	(0.5027)	(−0.3660)	(−0.6722)	(−0.4240)
$Size_{i,t-1}$	0.5690***	−0.2092	−0.1594	−0.5421**
	(2.8580)	(−0.9870)	(−0.6550)	(−2.2486)
$Lev_{i,t-1}$	−0.0270**	−0.0026	−0.0033	0.0229*
	(−2.5636)	(−0.2286)	(−0.2371)	(1.6794)
$Cash_{i,t-1}$	0.0313	−0.0315	0.0128	0.0315
	(1.3715)	(−1.3141)	(0.4739)	(1.1489)

续表

	D_0	D_1	D_2	D_3
$\text{Ret}_{i,t-1}$	0.0032	0.0004	0.0016	0.0001
	(1.4010)	(0.1478)	(0.5645)	(0.0517)
$Age_{i,t-1}$	-0.0902	-0.0386	0.0772	0.0221
	(-1.3189)	(-0.5364)	(0.9472)	(0.2609)
$State_{i,t-1}$	0.0033	0.0026	0.0051	-0.0005
	(0.3430)	(0.2519)	(0.4174)	(-0.0403)
Mac_{t-1}	0.0849*	-0.0615	-0.0287	-0.0662
	(1.6950)	(-1.1404)	(-0.4643)	(-1.0556)

（2）乘数模型

	D_0	D_1	D_2	D_3
C	-4.7307	1.9474	1.9263	6.4785
	(-1.2450)	(0.4737)	(0.4028)	(1.3847)
Mac_{t-1}	-1.9722**	1.5589*	-0.3378	1.5254
	(-2.2808)	(1.6850)	(-0.3159)	(1.4663)
$Inv_{i,t-1}$	0.5106***	0.0315	0.0652	0.0499
	(14.7087)	(0.8207)	(1.4825)	(1.1600)
$Mac_{t-1} * Inv_{i,t-1}$	-0.0263***	0.0246***	0.0193**	0.0244***
	(-4.4844)	(3.6871)	(2.5268)	(3.1705)
$Mac_{t-1} * Growth_{i,t-1}$	0.0909***	-0.0850**	-0.0461	-0.1207***
	(2.6716)	(-2.3222)	(-1.0572)	(-2.9869)
$Size_{i,t-1}$	0.4356**	-0.1042	-0.1466	-0.4119*
	(2.3288)	(-0.5190)	(-0.6289)	(-1.7802)
$Mac_{t-1} * Size_{i,t-1}$	0.0953**	-0.0732*	0.0095	-0.0790
	(2.3427)	(-1.6911)	(0.1903)	(-1.5964)
$Lev_{i,t-1}$	-0.0273***	-0.0021	-0.0014	0.0232*
	(-2.6073)	(-0.1818)	(-0.1033)	(1.7171)

续表

	D_0	D_1	D_2	D_3
$Cash_{i,t-1}$	0.0225	-0.0249	0.0164	0.0326
	(0.9206)	(-0.9754)	(0.5764)	(1.1246)
$Mac_{t-1}*Cash_{i,t-1}$	0.0031	-0.0018	0.0017	0.0010
	(0.6820)	(-0.3883)	(0.3178)	(0.1822)
$\text{Ret}_{i,t-1}$	0.0024	0.0013	0.0008	0.0018
	(1.1272)	(0.5652)	(0.3208)	(0.6825)
$Age_{i,t-1}$	-0.0796	-0.0328	0.0274	0.0246
	(-1.1042)	(-0.4310)	(0.3176)	(0.2757)
$Mac_{t-1}*Age_{i,t-1}$	-0.0205*	0.0126	0.0174	0.0263*
	(-1.6932)	(0.9863)	(1.1984)	(1.7401)
$State_{i,t-1}$	-0.0073	0.0119	0.0186	0.0069
	(-0.6598)	(1.0039)	(1.3701)	(0.5049)
$Mac_{t-1}*State_{i,t-1}$	0.0034	-0.0028	-0.0040	-0.0015
	(1.6122)	(-1.2071)	(-1.5105)	(-0.5739)

*:在10%的水平上显著。

**:在5%的水平上显著。

***:在1%的水平上显著。

从加数模型的回归结果来看,经济区域虚拟变量对基于宏观经济波动的混合所有制企业投资决策模型的截距项以及上年新增投资($Inv_{i,t-1}$)、经营规模($Size_{i,t-1}$)、资产负债率($Lev_{i,t-1}$)等因变量的斜率项产生了显著的影响。从乘数模型的回归结果来看,经济区域虚拟变量对模型的上年新增投资($Inv_{i,t-1}$)、成长机会($Growth_{i,t-1}$)、经营规模($Size_{i,t-1}$)、资产负债率($Lev_{i,t-1}$)等因变量的斜率项及宏观经济波动因子(Mac_{t-1})对相关变量的作用程度产生了显著的影响。接下来对不同经济区域的混合所有制企业样本进行分组回归,结果如表5-48所示。

表 5-48 基于宏观经济波动的混合所有制企业投资决策模型回归结果(分经济区域回归)

(1)加数模型

	东北地区	中部地区	东部地区	西部地区
C	-7.7399*	-5.7986**	-3.2414**	1.5617
	(-1.7237)	(-2.0749)	(-2.1020)	(1.0846)
$Inv_{i,t-1}$	0.4231***	0.5599***	0.5377***	0.5594***
	(13.8129)	(26.1199)	(40.8989)	(23.4844)
$Growth_{i,t-1}$	0.0950	-0.0663	0.0211	0.0023
	(0.7705)	(-0.7783)	(0.6158)	(0.3319)
$Size_{i,t-1}$	0.5690***	0.4097***	0.3599***	0.0270
	(2.6058)	(3.0454)	(5.0762)	(0.3749)
$Lev_{i,t-1}$	-0.0270**	-0.0303***	-0.0296***	-0.0041
	(-2.3375)	(-3.5244)	(-6.9430)	(-0.9080)
$Cash_{i,t-1}$	0.0313	0.0441***	-0.0001	0.0628***
	(1.2505)	(3.1979)	(-0.0423)	(3.8943)
$Ret_{i,t-1}$	0.0320	0.0475***	0.0357***	0.0335*
	(1.2774)	(3.2417)	(3.8320)	(1.9180)
$Age_{i,t-1}$	-0.0902	-0.0130	-0.1288***	-0.0681
	(-1.2026)	(-0.6114)	(-5.9297)	(-1.2865)
$State_{i,t-1}$	0.0330	0.0835	0.0593	0.0281
	(0.6451)	(1.1798)	(1.5014)	(0.6844)
Mac_{t-1}	0.0849	0.0562	0.0234	0.0187
	(1.5454)	(1.6190)	(1.1984)	(0.9367)

(2)乘数模型

	东北地区	中部地区	东部地区	西部地区
C	-4.7307	-2.8044	-2.7833*	1.7478
	(-1.1505)	(-1.0068)	(-1.8121)	(1.2065)

续表

	东北地区	中部地区	东部地区	西部地区
Mac_{t-1}	-1.9722**	-2.3100***	-0.4133	-0.4467
	(-2.1077)	(-3.8254)	(-1.2824)	(-1.4554)
$Inv_{i,t-1}$	0.5106***	0.5759***	0.5421***	0.5605***
	(13.5923)	(22.2142)	(33.9673)	(20.8249)
$Mac_{t-1}*Inv_{i,t-1}$	-0.0263***	-0.0070	-0.0017	-0.0018
	(-4.1440)	(-1.5040)	(-0.9951)	(-0.7922)
$Mac_{t-1}*Growth_{i,t-1}$	0.0909**	0.0448*	0.0059	-0.0298
	(2.4688)	(1.7157)	(0.9006)	(-1.2876)
$Size_{i,t-1}$	0.4356**	0.2890**	0.3314***	0.0236
	(2.1520)	(2.1662)	(4.6465)	(0.3269)
$Mac_{t-1}*Size_{i,t-1}$	0.0953**	0.1048***	0.0221	0.0164
	(2.1649)	(3.8013)	(1.5193)	(1.0962)
$Lev_{i,t-1}$	-0.0273**	-0.0287***	-0.0294***	-0.0041
	(-2.4094)	(-3.3646)	(-6.9640)	(-0.9200)
$Cash_{i,t-1}$	0.0225	0.0389***	-0.0025	0.0551***
	(1.4415)	(2.7747)	(-0.9217)	(3.3127)
$Mac_{t-1}*Cash_{i,t-1}$	0.0031	0.0048*	0.0012	0.0040
	(1.3746)	(1.6479)	(1.6026)	(1.2569)
$Ret_{i,t-1}$	0.0024	0.0032***	0.0037***	0.0042**
	(1.0417)	(2.3381)	(4.0654)	(2.4915)
$Age_{i,t-1}$	-0.0796	-0.0522	-0.1124***	-0.0550**
	(-1.0203)	(-1.1547)	(-4.7474)	(-1.9738)
$Mac_{t-1}*Age_{i,t-1}$	-0.0205	-0.0030	-0.0078*	0.0058
	(-1.5647)	(-0.8867)	(-1.8964)	(1.1020)
$State_{i,t-1}$	-0.0730	0.1127	0.0464	-0.0041
	(-0.9387)	(1.5003)	(1.0869)	(-0.3774)

续表

	东北地区	中部地区	东部地区	西部地区
$Mac_{t-1} * State_{i,t-1}$	0.0343	−0.0054	0.0067	0.0191
	(1.4899)	(−0.9466)	(1.3839)	(1.1439)

*:在10%的水平上显著。

**:在5%的水平上显著。

***:在1%的水平上显著。

从加数模型不同经济区域的回归结果来看,上年新增投资($Inv_{i,t-1}$)、股票收益率($Ret_{i,t-1}$)、上市年龄($Age_{i,t-1}$)、国有股权比例($State_{i,t-1}$)在中部地区混合所有制企业中的敏感性最高,成长机会($Growth_{i,t-1}$)、经营规模($Size_{i,t-1}$)、宏观经济波动因子(Mac_{t-1})在东北地区混合所有制企业中的敏感性最高,资产负债率($Lev_{i,t-1}$)、现金持有量($Cash_{i,t-1}$)在西部地区混合所有制企业中的敏感性最高;上年新增投资($Inv_{i,t-1}$)、股票收益率($Ret_{i,t-1}$)在东北地区混合所有制企业中的敏感性最低,成长机会($Growth_{i,t-1}$)、资产负债率($Lev_{i,t-1}$)在中部地区混合所有制企业中的敏感性最低,经营规模($Size_{i,t-1}$)、国有股权比例($State_{i,t-1}$)、宏观经济波动因子(Mac_{t-1})在西部地区混合所有制企业中的敏感性最低,现金持有量($Cash_{i,t-1}$)、上市年龄($Age_{i,t-1}$)在东部地区混合所有制企业中的敏感性最低。

从乘数模型不同经济区域的回归结果来看,宏观经济波动因子(Mac_{t-1})对东部地区混合所有制企业的截距项和因变量上年新增投资($Inv_{i,t-1}$)的影响程度最高,对东北地区混合所有制企业的因变量成长机会($Growth_{i,t-1}$)、国有股权比例($State_{i,t-1}$)的影响程度最高,对中部地区混合所有制企业的因变量经营规模($Size_{i,t-1}$)、现金持有量($Cash_{i,t-1}$)的影响程度最高,对西部地区混合所有制企业的因变量上市年龄($Age_{i,t-1}$)的影响程度最高;宏观经济波动因子(Mac_{t-1})对中部地区混合所有制企业的截距项和因变量国有股权比例($State_{i,t-1}$)的影响程度最低,对东北地区混合所有制的因变量上年新增投资($Inv_{i,t-1}$)、上市年龄($Age_{i,t-1}$)的影响程度最低,对西部地区混合所有制企业的因变量成长机会($Growth_{i,t-1}$)、经营规模($Size_{i,t-1}$)的影响程度最低,对东部地区混合所有制企业的因变量现金持有量($Cash_{i,t-1}$)的影响程度最低。

表 5-49　基于宏观经济波动的混合所有制企业投资决策
模型不同经济区域回归结果差异性检验

(1)加数模型

	全样本	东北地区	中部地区	东部地区
东北地区	0.8199			
中部地区	1.1083**	1.6107*		
东部地区	1.1223***	2.4375***	2.8046***	
西部地区	0.8773	1.7963*	0.9839	2.7566***

(2)乘数模型

	全样本	东北地区	中部地区	东部地区
东北地区	0.8475			
中部地区	1.1170***	1.8106**		
东部地区	1.1161***	2.9303***	2.4964***	
西部地区	0.8745	2.2176***	1.1968	2.1456***

*:在10%的水平上显著。

**:在5%的水平上显著。

***:在1%的水平上显著。

从对基于宏观经济波动的混合所有制企业投资决策模型不同经济区域回归结果差异性检验结果来看,在加数模型中,东北地区和西部地区混合所有制企业的模型结构与全样本回归结果不存在显著性差异,中部地区混合所有制企业的模型结构与西部地区不存在显著性差异。乘数模型的差异性检验结果与加数模型检验结果一致,见表5-49。

5.3.4.2 经济圈

以不同经济圈的混合所有制企业样本作为独立的子单元,采用 Chow 分割点检验对基于宏观经济波动的混合所有制企业投资决策模型进行稳定性检验。从表 5-50 可以看出,不同经济圈的混合所有制企业的模型结构发生了显著性变化。

表 5-50 基于宏观经济波动的混合所有制企业投资决策模型 Chow 分割点检验结果(经济圈差异)

(1)加数模型

F-statistic	4.028036	Prob. F(30,7000)	0.0000
Log likelihood ratio	120.4945	Prob. Chi-Square(30)	0.0000
Wald Statistic	120.8411	Prob. Chi-Square(30)	0.0000

(2)乘数模型

F-statistic	3.314019	Prob. F(45,6980)	0.0000
Log likelihood ratio	148.8285	Prob. Chi-Square(45)	0.0000
Wald Statistic	149.1308	Prob. Chi-Square(45)	0.0000

我们通过引入如下经济圈虚拟变量来比较不同经济圈的混合所有制企业投资水平相关因素的影响程度。

$$D_1 = \begin{cases} 1 & 长江三角洲经济圈 \\ 0 & 其他 \end{cases}$$

$$D_2 = \begin{cases} 1 & 泛珠江三角洲经济圈 \\ 0 & 其他 \end{cases}$$

$$D_3 = \begin{cases} 1 & 环渤海经济圈 \\ 0 & 其他 \end{cases}$$

将经济圈虚拟变量引入模型进行回归估计,结果如表 5-51 所示。

表 5-51　基于宏观经济波动的混合所有制企业投资决策模型回归结果(经济圈差异)

(1) 加数模型

	D_0	D_1	D_2	D_3
C	-3.8052	4.2658	2.6347	-4.9612
	(-1.4818)	(1.1998)	(0.7956)	(-1.4221)
$Inv_{i,t-1}$	0.5302***	-0.0358	0.0457*	-0.0391
	(28.2718)	(-1.3209)	(1.7318)	(-1.4107)
$Growth_{i,t-1}$	-0.1000	0.2034	0.0728	0.2064
	(-0.8739)	(1.2422)	(0.4941)	(1.3305)
$Size_{i,t-1}$	0.2239*	0.0019	-0.0248	0.4723***
	(1.8030)	(0.0113)	(-0.1567)	(2.8165)
$Lev_{i,t-1}$	-0.0065	-0.0219**	-0.0212**	-0.0301***
	(-0.8908)	(-2.2001)	(-2.2151)	(-2.9700)
$Cash_{i,t-1}$	0.1026***	-0.1132***	-0.0761***	-0.1157***
	(7.1891)	(-6.3166)	(-4.2189)	(-6.4533)
$Ret_{i,t-1}$	0.0051***	-0.0010	-0.0004	-0.0047**
	(3.9051)	(-0.5298)	(-0.1937)	(-2.3720)
$Age_{i,t-1}$	0.0355	-0.2040***	-0.0986*	-0.2357***
	(0.8700)	(-3.9355)	(-1.9228)	(-3.9851)
$State_{i,t-1}$	0.0067	0.0011	0.0000	-0.0066
	(1.1544)	(0.1330)	(0.0060)	(-0.7215)
Mac_{t-1}	0.0665**	-0.0524	-0.0367	-0.0308
	(2.1025)	(-1.2174)	(-0.8754)	(-0.6730)

(2) 乘数模型

	D_0	D_1	D_2	D_3
C	-2.9247	4.7338	2.8259	-4.5745
	(-1.1520)	(1.3366)	(0.8629)	(-1.3203)

续表

	D_0	D_1	D_2	D_3
Mac_{t-1}	-1.0148*	-0.0107	-0.0411	0.9621
	(-1.8703)	(-0.0142)	(-0.0589)	(1.3023)
$Inv_{i,t-1}$	0.5707***	-0.0585*	-0.0215	-0.0500
	(26.6645)	(-1.8151)	(-0.6929)	(-1.5253)
$Mac_{t-1} * Inv_{i,t-1}$	-0.0163***	0.0092	0.0242***	0.0071
	(-3.9408)	(1.4711)	(4.1289)	(1.1568)
$Mac_{t-1} * Growth_{i,t-1}$	0.0143	-0.0273	-0.0055	0.0220
	(0.6559)	(-0.9003)	(-0.1941)	(0.7494)
$Size_{i,t-1}$	0.1852	-0.0238	-0.0281	0.4530***
	(1.5150)	(-0.1422)	(-0.1794)	(2.7229)
$Mac_{t-1} * Size_{i,t-1}$	0.0495*	0.0024	-0.0023	-0.0442
	(1.9481)	(0.0685)	(-0.0704)	(-1.2818)
$Lev_{i,t-1}$	-0.0042	-0.0243**	-0.0237**	-0.0325***
	(-0.5741)	(-2.4785)	(-2.5084)	(-3.2430)
$Cash_{i,t-1}$	0.0959***	-0.1073***	-0.0811***	-0.1034***
	(6.4407)	(-5.6995)	(-4.3005)	(-5.5334)
$Mac_{t-1} * Cash_{i,t-1}$	0.0022	-0.0015	0.0046	-0.0054
	(0.7715)	(-0.4001)	(1.2584)	(-1.5231)
$Ret_{i,t-1}$	0.0043***	0.0008	0.0001	-0.0039**
	(3.4198)	(0.4159)	(0.0485)	(-2.0773)
$Age_{i,t-1}$	0.0094	-0.1609***	-0.0645	-0.1993***
	(0.2170)	(-2.8937)	(-1.1762)	(-3.1614)
$Mac_{t-1} * Age_{i,t-1}$	0.0001	-0.0063	-0.0068	-0.0084
	(0.0135)	(-0.6558)	(-0.7280)	(-0.7905)
$State_{i,t-1}$	0.0048	0.0016	0.0020	-0.0088
	(0.7712)	(0.1782)	(0.2301)	(-0.8976)

续表

	D_0	D_1	D_2	D_3
$Mac_{t-1} * State_{i,t-1}$	0.0009	−0.0001	−0.0012	0.0009
	(0.7162)	(−0.0744)	(−0.6934)	(0.4795)

*:在10%的水平上显著。

**:在5%的水平上显著。

***:在1%的水平上显著。

从加数模型的回归结果来看,经济圈虚拟变量对上年新增投资($Inv_{i,t-1}$)、经营规模($Size_{i,t-1}$)、资产负债率($Lev_{i,t-1}$)、现金持有量($Cash_{i,t-1}$)、股票收益率($Ret_{i,t-1}$)、上市年龄($Age_{i,t-1}$)等因变量的斜率项产生了显著的影响。从乘数模型的回归结果来看,经济圈虚拟变量对模型的上年新增投资($Inv_{i,t-1}$)、经营规模($Size_{i,t-1}$)、资产负债率($Lev_{i,t-1}$)、现金持有量($Cash_{i,t-1}$)、股票收益率($Ret_{i,t-1}$)、上市年龄($Age_{i,t-1}$)等因变量的斜率项及宏观经济波动因子(Mac_{t-1})对相关变量的作用程度产生了显著的影响。

表 5-52 　基于宏观经济波动的混合所有制企业投资决策模型回归结果(分经济圈回归)

(1)加数模型

	非三大经济圈	长江三角洲经济圈	泛珠江三角洲经济圈	环渤海经济圈
C	−3.8052	0.4606	−1.1705	−8.7664 ***
	(−1.3984)	(0.5783)	(−0.9879)	(−3.6888)
$Inv_{i,t-1}$	0.5302 ***	0.4944 ***	0.5759 ***	0.4911 ***
	(26.6806)	(25.157)	(33.1133)	(23.8862)
$Growth_{i,t-1}$	−0.1000	0.1034	−0.0272	0.1064
	(−1.4972)	(1.5528)	(−0.985)	(1.0095)

续表

	非三大经济圈	长江三角洲经济圈	泛珠江三角洲经济圈	环渤海经济圈
$Size_{i,t-1}$	0.2239*	0.2258**	0.1991**	0.6962***
	(1.7015)	(1.9872)	(2.1613)	(6.1372)
$Lev_{i,t-1}$	-0.0065*	-0.0284***	-0.0277***	-0.0366***
	(-1.6813)	(-4.1776)	(-4.7895)	(-5.1827)
$Cash_{i,t-1}$	0.1026***	-0.0106*	0.0264**	-0.0131
	(6.7845)	(-1.9491)	(2.5498)	(-1.2015)
$Ret_{i,t-1}$	0.0514***	0.0411***	0.0478***	0.0043
	(3.6853)	(2.8755)	(3.8932)	(0.5774)
$Age_{i,t-1}$	0.0355	-0.1685***	-0.0631**	-0.2002***
	(1.6421)	(-5.2483)	(-2.1629)	(-4.6434)
$State_{i,t-1}$	0.0670	0.0782	0.0675	0.0012
	(1.0894)	(1.2931)	(1.2645)	(0.0339)
Mac_{t-1}	0.0665**	0.0141	0.0298	0.0357
	(1.9842)	(0.9676)	(1.1508)	(1.0754)

(2) 乘数模型

	非三大经济圈	长江三角洲经济圈	泛珠江三角洲经济圈	环渤海经济圈
C	-2.9247	1.8091	-0.0988	-7.4992***
	(-1.088)	(1.1196)	(-0.4412)	(-3.1572)
Mac_{t-1}	-1.0148*	-1.0255*	-1.0559**	-0.0527
	(-1.7664)	(-1.9606)	(-2.5623)	(-0.2088)
$Inv_{i,t-1}$	0.5707***	0.5122***	0.5491***	0.5206***
	(25.1829)	(21.1733)	(26.0319)	(20.7934)
$Mac_{t-1} * Inv_{i,t-1}$	-0.0163***	-0.0071	0.0079**	-0.0092**
	(-3.7218)	(-1.4984)	(2.0331)	(-2.0236)

续表

	非三大经济圈	长江三角洲经济圈	泛珠江三角洲经济圈	环渤海经济圈
$Mac_{t-1} * Growth_{i,t-1}$	0.0143	-0.0130	0.0088	0.0364*
	(1.2028)	(-1.1976)	(1.0997)	(1.8362)
$Size_{i,t-1}$	0.1852	0.1613	0.1571*	0.6382***
	(1.4309)	(1.4002)	(1.7117)	(5.6111)
$Mac_{t-1} * Size_{i,t-1}$	0.0495*	0.0519**	0.0472**	0.0052
	(1.8398)	(2.1717)	(2.5376)	(0.4449)
$Lev_{i,t-1}$	-0.0042	-0.0285***	-0.0279***	-0.0367***
	(-1.0844)	(-4.2892)	(-4.8885)	(-5.2547)
$Cash_{i,t-1}$	0.0959***	-0.0115*	0.0148	-0.0075
	(6.0828)	(-1.8154)	(1.3601)	(-1.4882)
$Mac_{t-1} * Cash_{i,t-1}$	0.0022	0.0007	0.0068***	-0.0032
	(1.2508)	(0.8377)	(3.1814)	(-1.5221)
$Ret_{i,t-1}$	0.0043***	0.0051***	0.0044***	0.0004
	(3.2298)	(3.6844)	(3.7378)	(0.5256)
$Age_{i,t-1}$	0.0094	-0.1514***	-0.0551*	-0.1899***
	(0.4100)	(-4.3437)	(-1.7538)	(-4.1238)
$Mac_{t-1} * Age_{i,t-1}$	0.0001	-0.0062	-0.0067	-0.0083
	(0.5177)	(-1.502)	(-1.218)	(-1.0646)
$State_{i,t-1}$	0.0480	0.0640*	0.0680	-0.0404
	(1.4712)	(1.7174)	(1.1854)	(-1.2685)
$Mac_{t-1} * State_{i,t-1}$	0.0088	0.0075	-0.0031	0.0180
	(1.1883)	(1.0972)	(-0.7857)	(1.2113)

*:在10%的水平上显著。

**:在5%的水平上显著。

***:在1%的水平上显著。

从加数模型不同经济圈的回归结果来看,上年新增投资($Inv_{i,t-1}$)在泛珠江三角洲经济圈混合所有制企业中的敏感性最高,成长机会($Growth_{i,t-1}$)、经营规模($Size_{i,t-1}$)在环渤海经济圈混合所有制企业中的敏感性最高,资产负债率($lev_{i,t-1}$)、现金持有量($Cash_{i,t-1}$)、股票收益率($Ret_{i,t-1}$)、上市年龄($Age_{i,t-1}$)、宏观经济波动因子(Mac_{t-1})在非三大经济圈混合所有制企业中的敏感性最高,国有股权比例($State_{i,t-1}$)在长江三角洲经济圈混合所有制企业中的敏感性最高;上年新增投资($Inv_{i,t-1}$)、资产负债率($Lev_{i,t-1}$)、现金持有量($Cash_{i,t-1}$)、股票收益率($Ret_{i,t-1}$)、上市年龄($Age_{i,t-1}$)、国有股权比例($State_{i,t-1}$)在环渤海经济圈混合所有制企业中的敏感性最低,成长机会($Growth_{i,t-1}$)在非三大经济圈混合所有制企业中的敏感性最低,经营规模($Size_{i,t-1}$)在泛珠江三角洲经济圈混合所有制企业中的敏感性最低,宏观经济波动因子(Mac_{t-1})在长江三角洲经济圈混合所有制企业中的敏感性最低。

从乘数模型不同经济圈的回归结果来看,宏观经济波动因子(Mac_{t-1})对泛珠江三角洲经济圈混合所有制企业的截距项和因变量上年新增投资($Inv_{i,t-1}$)、现金持有量($Cash_{i,t-1}$)的影响程度最高,对环渤海经济圈混合所有制企业的因变量成长机会($Growth_{i,t-1}$)、国有股权比例($State_{i,t-1}$)的影响程度最高,对长江三角洲经济圈混合所有制企业的因变量经营规模($Size_{i,t-1}$)的影响程度最高,对非三大经济圈混合所有制企业的因变量上市年龄($Age_{i,t-1}$)的影响程度最高;宏观经济波动因子(Mac_{t-1})对环渤海经济圈混合所有制企业的截距项和因变量经营规模($Size_{i,t-1}$)、现金持有量($Cash_{i,t-1}$)、上市年龄($Age_{i,t-1}$)的影响程度最低,对非三大经济圈混合所有制企业的因变量上年新增投资($Inv_{i,t-1}$)的影响程度最低,对长江三角洲经济圈混合所有制企业的因变量成长机会($Growth_{i,t-1}$)的影响程度最低,对泛珠江三角洲经济圈混合所有制企业的因变量国有股权比例($State_{i,t-1}$)的影响程度最低,见表5-52。

表 5-53　基于宏观经济波动的混合所有制企业投资决策
模型不同经济圈回归结果差异性检验

(1) 加数模型

	全样本	非三大经济圈	长江三角洲经济圈	泛珠江三角洲经济圈
非三大经济圈	0.8710			
长江三角洲经济圈	1.0093	6.543***		
泛珠江三角洲经济圈	1.2092***	4.9749***	2.1005**	
环渤海经济圈	1.0001	7.3841***	1.5177	3.3241***

(2) 乘数模型

	全样本	非三大经济圈	长江三角洲经济圈	泛珠江三角洲经济圈
非三大经济圈	0.8751			
长江三角洲经济圈	1.0082	4.1981***		
泛珠江三角洲经济圈	1.2168***	4.5004***	2.0833***	
环渤海经济圈	0.9998	4.8784***	1.4415	3.5797***

**：在5%的水平上显著。

***：在1%的水平上显著。

从对基于宏观经济波动的混合所有制企业投资决策模型不同经济圈回归结果差异性检验结果来看，在加数模型中，长江三角洲经济圈、环渤海经济圈以及非三大经济圈混合所有制企业的模型结构与全样本回归结果不存在显著性差异，长江三角洲经济圈混合所有制企业的模型结构与环渤海经济圈不存在显著性差异，乘数模型的差异性检验结果与之相同，见表5-53。

第6章 基于宏观经济波动的混合所有制企业投资效率影响因素实证分析

根据前文的分析,影响混合所有制企业投资效率的因素既包括宏观影响因素,又包括微观影响因素。其中,宏观影响因素又分为宏观经济环境因素和宏观经济政策因素。微观影响因素则包括公司治理、融资途径、资产特性及其产品市场因素等。本章将对混合所有制企业投资效率的宏观、微观影响因素进行实证分析,探讨这些因素对混合所有制企业的投资决策的影响机制,从而为混合所有制企业优化投资决策、提升投资效率提供一定的参考。

6.1 宏观影响因素实证分析

影响企业投资效率的宏观因素包括宏观经济环境因素和宏观经济政策因素。其中,宏观经济环境因素主要包括国内生产总值(GDP)增长率、通货膨胀率和失业率。宏观经济政策分为财政政策和货币政策。通常情况下,宏观经济变量对微观经济个体的影响具有一定的随机性,但是众多微观经济个体的共同行为会表现出一定的趋势性。在对混合所有制企业投资效率与宏观影响因素的分析中,本章主要探讨混合所有制企业样本投资效率均值与宏观影响因素的相关关系,并进一步对不同行业、不同经营规模、不同股东特征以及不同区域混合所有制企业样本投资效率均值受宏观经济因素影响程度进行比较。

6.1.1 混合所有制企业投资效率与宏观经济环境因素

根据上一章基于宏观经济波动的混合所有制企业投资效率评价模型,本章分别计算不同类别混合所有制企业样本的投资效率均值,并计算它们与宏观经济环境因素 GDP 增长率、通货膨胀率、失业率等变量的相关系数。

表 6-1　混合所有制企业投资效率和投资支出均值与宏观经济环境因素相关性统计

(1)加数模型

		宏观经济波动	GDP 增长率	通货膨胀率	失业率
投资效率	Pearson 相关性	0.046	−0.184	0.768***	−0.427
(全样本)	显著性(双侧)	0.893	0.588	0.006	0.190
投资效率	Pearson 相关性	0.122	0.161	0.803***	−0.526*
(投资不足)	显著性(双侧)	0.722	0.637	0.003	0.097
投资效率	Pearson 相关性	−0.090	−0.529*	0.318	−0.100
(投资过度)	显著性(双侧)	0.792	0.094	0.340	0.769
投资支出	Pearson 相关性	0.756***	0.764***	−0.063	0.222
(全样本)	显著性(双侧)	0.007	0.006	0.855	0.511
投资支出	Pearson 相关性	0.899***	0.719**	0.394	0.059
(投资不足)	显著性(双侧)	0.000	0.013	0.230	0.864
投资支出	Pearson 相关性	0.713**	0.734***	−0.185	0.289
(投资过度)	显著性(双侧)	0.014	0.010	0.585	0.389

(2) 乘数模型

		宏观经济波动	GDP 增长率	通货膨胀率	失业率
投资效率 (全样本)	Pearson 相关性	-0.346	-0.404	0.588*	-0.430
	显著性(双侧)	0.297	0.218	0.057	0.187
投资效率 (投资不足)	Pearson 相关性	-0.075	0.057	0.751***	-0.551*
	显著性(双侧)	0.827	0.868	0.008	0.079
投资效率 (投资过度)	Pearson 相关性	-0.492	-0.744***	0.016	-0.043
	显著性(双侧)	0.124	0.009	0.962	0.899
投资支出 (全样本)	Pearson 相关性	0.756***	0.764***	-0.063	0.222
	显著性(双侧)	0.007	0.006	0.855	0.511
投资支出 (投资不足)	Pearson 相关性	0.873***	0.730**	0.441	0.003
	显著性(双侧)	0.000	0.011	0.175	0.993
投资支出 (投资过度)	Pearson 相关性	0.735***	0.755***	-0.159	0.251
	显著性(双侧)	0.010	0.007	0.641	0.457

*:在 0.1 水平(双侧)上显著相关。

**:在 0.05 水平(双侧)上显著相关。

***:在 0.01 水平(双侧)上显著相关。

从表 6-1 可以看出,混合所有制企业的投资支出均值与宏观经济波动因子之间存在显著的正相关关系,而不管是全样本混合所有制企业投资效率均值还是投资不足混合所有制企业与投资过度混合所有制企业的投资效率均值都与宏观经济波动因子没有明显的相关性。这说明虽然混合所有制企业的投资支出受到宏观经济波动的影响,但是由于本章所构建的投资效率评价模型剔除了宏观经济波动的干扰,使得混合所有制企业的投资效率更具可比性,特别是便于混合所有制企业对自身不同时期的投资进行比较。

混合所有制企业投资效率和投资支出均值与宏观经济环境变量 GDP 增长率的相关性与宏观经济波动因子表现一致。这主要是本章所采用的宏观经济波动因子是基于我国宏观经济投入产出数据计算得到的,而 GDP 增长率则是基于宏观经济产出数据得到的,因此二者必然存在高度的相关性。混合所有制企业的投资支出均值与通货膨胀率不存在显著的相关关系,但是混合所有制企业的投资效率均值,尤其是投资不足混合所有制企业的投资均值与通货膨胀率存在显著的正相关关系,一方面随着通货膨胀率的升高,企业投资的名义回报率随之上升,企业因此增加投资支出弥补了部分投资不足缺口;另一方面是通货膨胀率升高,可能会导致企业的流动资产特别是货币性资产实际价值降低,企业通过增加投资降低流动资产来避免损失。混合所有制企业投资效率和投资支出均值与失业率之间的相关性不显著,这可能与我国失业率统计缺陷使得劳动力市场供需数据失真有关。

接下来我们分别从行业、经营规模、大股东股权集中程度、经济区域四个角度分析不同类别的混合所有制企业样本投资效率均值与宏观经济环境因素之间的关系。

表 6-2　不同行业混合所有制企业投资效率均值与宏观经济环境因素相关性统计

(1)加数模型

		宏观经济波动	GDP 增长率	通货膨胀率	失业率
采矿业	Pearson 相关性	−0.565*	−0.326	0.230	−0.698**
	显著性(双侧)	0.070	0.327	0.497	0.017
制造业	Pearson 相关性	−0.272	−0.220	0.418	−0.324
	显著性(双侧)	0.419	0.515	0.200	0.331
电力、热力、燃气及水生产和供应业	Pearson 相关性	−0.103	−0.465	0.577*	−0.379
	显著性(双侧)	0.764	0.149	0.063	0.250
批发和零售业	Pearson 相关性	0.340	−0.147	0.126	0.606**
	显著性(双侧)	0.307	0.666	0.712	0.048

续表

		宏观经济波动	GDP 增长率	通货膨胀率	失业率
交通运输、仓储和邮政业	Pearson 相关性	0.240	0.555*	0.250	−0.695**
	显著性(双侧)	0.477	0.077	0.459	0.017
房地产业	Pearson 相关性	0.789**	0.508	0.048	0.324
	显著性(双侧)	0.004	0.111	0.889	0.332
综合类	Pearson 相关性	−0.080	−0.330	0.761***	−0.430
	显著性(双侧)	0.816	0.321	0.007	0.187

(2)乘数模型

		宏观经济波动	GDP 增长率	通货膨胀率	失业率
采矿业	Pearson 相关性	−0.513	−0.305	0.281	−0.730**
	显著性(双侧)	0.106	0.362	0.403	0.011
制造业	Pearson 相关性	−0.519	−0.383	0.295	−0.306
	显著性(双侧)	0.102	0.245	0.379	0.361
电力、热力、燃气及水生产和供应业	Pearson 相关性	−0.079	−0.365	0.623**	−0.465
	显著性(双侧)	0.818	0.270	0.041	0.150
批发和零售业	Pearson 相关性	0.111	−0.352	0.073	0.616**
	显著性(双侧)	0.745	0.289	0.831	0.044
交通运输、仓储和邮政业	Pearson 相关性	0.062	0.523*	0.159	−0.719**
	显著性(双侧)	0.857	0.099	0.640	0.013
房地产业	Pearson 相关性	0.713**	0.449	−0.015	0.370
	显著性(双侧)	0.014	0.166	0.965	0.263
综合类	Pearson 相关性	−0.304	−0.465	0.588*	−0.361
	显著性(双侧)	0.364	0.150	0.057	0.276

*:在 0.1 水平(双侧)上显著相关。

**:在 0.05 水平(双侧)上显著相关。

***:在 0.01 水平(双侧)上显著相关。

从表 6-2 可以看出,宏观经济环境变量 GDP 增长率与交通运输、仓储和邮政业混合所有制企业的投资效率均值相关性显著;通货膨胀率与电力、热力、燃气及水生产和供应业和综合类行业混合所有制企业的投资效率均值相关性显著;失业率与采矿业、批发和零售业以及交通运输、仓储和邮政业混合所有制企业的投资效率均值相关性显著。从宏观经济环境变量与混合所有制企业投资效率均值的变动方向来看,当 GDP 增长率上升时,交通运输、仓储和邮政业与房地产业混合所有制企业的投资效率均值存在随之升高的倾向;采矿业,制造业,电力、热力、燃气及水生产和供应业,批发和零售业以及综合类行业混合所有制企业的投资效率均值存在随之降低的倾向。当通货膨胀率上升时,采矿业,制造业,电力、热力、燃气及水生产和供应业和综合类行业混合所有制企业的投资效率均值存在随之升高的倾向。当失业率上升时,采矿业,制造业,电力、热力、燃气及水生产和供应业,交通运输、仓储和邮政业和综合类行业的投资效率均值存在随之升高的倾向;批发和零售业与房地产业的投资效率均值也存在随之升高的倾向。

表 6-3　不同经营规模混合所有制企业投资效率均值与宏观经济环境因素相关性统计

(1)加数模型

		宏观经济波动	GDP 增长率	通货膨胀率	失业率
小规模企业	Pearson 相关性	0.712**	0.557*	0.315	-0.010
	显著性(双侧)	0.014	0.075	0.345	0.976
较小规模企业	Pearson 相关性	0.305	-0.188	0.346	0.258
	显著性(双侧)	0.361	0.580	0.297	0.443
中等规模企业	Pearson 相关性	-0.198	-0.111	0.723**	-0.731**
	显著性(双侧)	0.560	0.746	0.012	0.011
较大规模企业	Pearson 相关性	-0.180	-0.397	0.200	-0.026
	显著性(双侧)	0.596	0.226	0.555	0.938

续表

		宏观经济波动	GDP 增长率	通货膨胀率	失业率
大规模企业	Pearson 相关性	−0.275	−0.311	0.562*	−0.490
	显著性(双侧)	0.413	0.352	0.072	0.126

(2)乘数模型

		宏观经济波动	GDP 增长率	通货膨胀率	失业率
小规模企业	Pearson 相关性	0.684**	0.463	0.298	0.142
	显著性(双侧)	0.020	0.152	0.373	0.676
较小规模企业	Pearson 相关性	0.142	−0.273	0.359	0.191
	显著性(双侧)	0.678	0.417	0.278	0.573
中等规模企业	Pearson 相关性	−0.390	−0.222	0.598*	−0.669**
	显著性(双侧)	0.235	0.512	0.052	0.024
较大规模企业	Pearson 相关性	−0.560*	−0.566*	0.032	−0.138
	显著性(双侧)	0.073	0.069	0.925	0.686
大规模企业	Pearson 相关性	−0.510	−0.435	0.396	−0.457
	显著性(双侧)	0.109	0.182	0.228	0.157

*:在 0.1 水平(双侧)上显著相关。

**:在 0.05 水平(双侧)上显著相关。

从表 6-3 可以看出,在加数模型中,GDP 增长率与小规模混合所有制企业投资效率均值相关性显著,通货膨胀率与中等规模和大规模混合所有制企业投资效率均值相关性显著,失业率与中等规模混合所有制企业投资效率均值相关性显著。在乘数模型中,GDP 增长率与较大规模混合所有制企业投资效率均值相关性显著,通货膨胀率和失业率与中等规模混合所有制企业投资效率均值相关性显著。从宏观经济环境变量与混合所有制企业投资效率均值的变动方向来看,当 GDP 增长率上升时,仅小规模混合所有制企业投资效率均值存在随之升高的倾向。当通货膨胀率上升时,不同规模混合所有制企业的投资效率均值都存在随之升高的倾向。当失业率上升时,中等规模和大规模混合所有制企业投资效率均值都存在随之降低的倾向。

表 6-4　不同大股东特征混合所有制企业投资效率均值与宏观经济环境因素相关性统计

(1) 加数模型

		宏观经济波动	GDP 增长率	通货膨胀率	失业率
0%~15%	Pearson 相关性	0.281	0.090	-0.048	0.318
	显著性(双侧)	0.402	0.792	0.889	0.341
15%~30%	Pearson 相关性	-0.107	0.151	0.600*	-0.726**
	显著性(双侧)	0.755	0.658	0.051	0.011
30%~50%	Pearson 相关性	-0.033	-0.382	0.685**	-0.203
	显著性(双侧)	0.922	0.247	0.020	0.550
50%~100%	Pearson 相关性	-0.380	-0.187	0.093	-0.381
	显著性(双侧)	0.249	0.581	0.785	0.247

(2) 乘数模型

		宏观经济波动	GDP 增长率	通货膨胀率	失业率
0%~15%	Pearson 相关性	0.060	-0.101	-0.182	0.380
	显著性(双侧)	0.860	0.767	0.593	0.249
15%~30%	Pearson 相关性	-0.251	0.038	0.555*	-0.722**
	显著性(双侧)	0.457	0.911	0.077	0.012
30%~50%	Pearson 相关性	-0.231	-0.471	0.570*	-0.185
	显著性(双侧)	0.494	0.144	0.067	0.585
50%~100%	Pearson 相关性	-0.670**	-0.359	-0.005	-0.387
	显著性(双侧)	0.024	0.278	0.989	0.240

*:在 0.1 水平(双侧)上显著相关。

**:在 0.05 水平(双侧)上显著相关。

从表 6-4 可以看出,通货膨胀率与大股东股权集中度 15%~30% 和 30%~50% 的混合所有制企业投资效率均值显著相关,失业率与大股东股权集中度 15%~30% 的混合所有制企业投资效率均值显著相关。从宏观经济环境变量与混合所有制企业投资效率均值的变动方向来看,大股东股权集中度 30% 以上的混合所有制企业投资效率均值存在随之降低的倾向。当通货膨胀率上升时,大股东股权集中度 15% 以上的混合所有制企业投资效率均值存在随之升高的倾向。当失业率上升时,除了大股东股权集中度 0%~15% 的混合所有制企业外,其他混合所有制企业投资效率均值都存在随之降低的趋势。

表 6-5 不同经济区域混合所有制企业投资效率均值与宏观经济环境因素相关性统计

(1)加数模型

		宏观经济波动	GDP 增长率	通货膨胀率	失业率
东北地区	Pearson 相关性	-0.556*	-0.632**	0.132	-0.105
	显著性(双侧)	0.076	0.037	0.700	0.758
中部地区	Pearson 相关性	-0.364	-0.659**	0.284	0.162
	显著性(双侧)	0.272	0.027	0.398	0.634
东部地区	Pearson 相关性	0.357	0.071	0.690**	-0.381
	显著性(双侧)	0.282	0.835	0.019	0.247
西部地区	Pearson 相关性	0.267	0.442	0.618*	-0.567*
	显著性(双侧)	0.427	0.174	0.043	0.069

(2)乘数模型

		宏观经济波动	GDP 增长率	通货膨胀率	失业率
东北地区	Pearson 相关性	-0.616**	-0.645**	0.084	-0.102
	显著性(双侧)	0.043	0.032	0.806	0.765
中部地区	Pearson 相关性	-0.581*	-0.648**	0.117	0.142
	显著性(双侧)	0.061	0.031	0.732	0.676

续表

		宏观经济波动	GDP 增长率	通货膨胀率	失业率
东部地区	Pearson 相关性	−0.036	−0.197	0.642**	−0.477
	显著性(双侧)	0.917	0.561	0.033	0.138
西部地区	Pearson 相关性	0.061	0.256	0.563*	−0.562*
	显著性(双侧)	0.859	0.448	0.071	0.072

*:在 0.1 水平(双侧)上显著相关。

**:在 0.05 水平(双侧)上显著相关。

从表 6-5 可以看出,GDP 增长率与东北地区和中部地区混合所有制企业投资效率均值显著相关,通货膨胀率与东部地区和西部地区混合所有制企业投资效率均值显著相关,失业率与西部地区混合所有制企业投资效率均值显著相关。从宏观经济环境变量与混合所有制企业投资效率均值的变动方向来看,当 GDP 增长率上升时,东北地区和中部地区混合所有制企业投资效率均值存在随之降低的倾向;当通货膨胀率上升时,东部地区和西部地区混合所有制企业投资效率均值存在升高的倾向;当失业率上升时,东部地区和西部地区混合所有制企业投资效率均值则存在降低的倾向。

6.1.2 混合所有制企业投资效率与宏观经济政策因素

根据前文的分析,宏观经济政策因素包括财政政策和货币政策。其中,财政政策采用财政支出增长率和税收增长率来度量,货币政策采用广义货币(M2)增长率和实际利率来度量。根据第四章的分析,企业所得税税率对企业投资行为具有重要影响。我国曾在 2008 年实施一项重要的财政政策——企业所得税改革。在第五章对基于宏观经济波动的混合所有制企业投资效率评价模型进行分析时,我们发现 2008 年前后混合所有制企业的模型结构没有发生显著变化,且混合所有制企业的投资效率也没有在 2008 年发生明显变化。因此,本章不再对 2008 年企业所得税改革对企业投资效率的影响进行分析。下文将计算混合所有制企业投资效率均值与宏观经济政策因素财政支出增长率、税收增长率、广义货币增长率和实际利率等变量的关系。

表 6-6　　混合所有制企业投资效率和投资支出均值
与宏观经济政策因素相关性统计

(1) 加数模型

		财政支出增长率	税收增长率	广义货币增长率	实际利率
投资效率	Pearson 相关性	0.387	0.308	−0.600*	−0.712**
(全样本)	显著性(双侧)	0.239	0.357	0.051	0.014
投资效率	Pearson 相关性	0.503	0.595*	−0.446	−0.696**
(投资不足)	显著性(双侧)	0.114	0.054	0.169	0.017
投资效率	Pearson 相关性	0.018	−0.213	−0.461	−0.361
(投资过度)	显著性(双侧)	0.958	0.529	0.153	0.276
投资支出	Pearson 相关性	0.177	0.575*	0.310	0.085
(全样本)	显著性(双侧)	0.602	0.064	0.354	0.805
投资支出	Pearson 相关性	0.387	0.734**	0.016	−0.372
(投资不足)	显著性(双侧)	0.240	0.010	0.962	0.259
投资支出	Pearson 相关性	0.152	0.464	0.317	0.216
(投资过度)	显著性(双侧)	0.656	0.151	0.343	0.523

(2) 乘数模型

		财政支出增长率	税收增长率	广义货币增长率	实际利率
投资效率	Pearson 相关性	0.263	0.014	−0.537*	−0.539*
(全样本)	显著性(双侧)	0.434	0.968	0.089	0.087
投资效率	Pearson 相关性	0.484	0.452	−0.391	−0.664**
(投资不足)	显著性(双侧)	0.132	0.163	0.234	0.026

续表

		财政支出增长率	税收增长率	广义货币增长率	实际利率
投资效率	Pearson 相关性	-0.206	-0.542*	-0.377	-0.051
(投资过度)	显著性(双侧)	0.543	0.085	0.254	0.881
投资支出	Pearson 相关性	0.177	0.575*	0.310	0.085
(全样本)	显著性(双侧)	0.602	0.064	0.354	0.805
投资支出	Pearson 相关性	0.445	0.776***	0.007	-0.410
(投资不足)	显著性(双侧)	0.170	0.005	0.983	0.211
投资支出	Pearson 相关性	0.142	0.491	0.281	0.197
(投资过度)	显著性(双侧)	0.677	0.125	0.403	0.561

*:在 0.1 水平(双侧)上显著相关。

**:在 0.05 水平(双侧)上显著相关。

***:在 0.01 水平(双侧)上显著相关。

从表6-6可以看出,仅税收增长率与混合所有制企业,特别是投资不足的混合所有制企业的投资支出均值存在显著的相关关系。而财政支出增长率、广义货币增长率、实际利率则与混合所有制企业的投资支出均值没有显著的相关性。尽管如此,财政政策和货币政策的变化对混合所有制企业投资行为的影响仍是不能忽视的。

从混合所有制企业投资效率均值与宏观经济政策因素的关系来看,广义货币增长率与混合所有制企业投资效率均值存在显著的负相关关系,实际利率与全样本和投资不足混合所有制企业投资效率均值存在显著的负相关关系,税收增长率与投资过度混合所有制企业投资效率均值存在显著的负相关关系。财政支出增长率与混合所有制企业投资效率均值没有显著的相关性。

通常情况下,财政支出特别是投资补贴性财政支出的增加会促进企业投资,税收的增加特别是税率的提高则会抑制企业投资。货币供应量增长,企业融资相对容易,企业投资也会随之增加;实际利率提高,企业融资成本会上升,企业投资则会随之减少。下文将分别从行业、经营规模、大股东股权集中程度、经济区域四个角度分析不同类别的混合所有制企业样本投资效率均值与宏观经济政策因素之间的关系。

表6-7　　　不同行业混合所有制企业投资效率均值与
宏观经济政策因素相关性统计

(1)加数模型

		财政支出增长率	税收增长率	广义货币增长率	实际利率
采矿业	Pearson 相关性	-0.071	-0.119	-0.433	-0.097
	显著性(双侧)	0.835	0.728	0.183	0.776
制造业	Pearson 相关性	0.366	0.139	-0.378	-0.327
	显著性(双侧)	0.269	0.683	0.252	0.326
电力、热力、燃气及水生产和供应业	Pearson 相关性	-0.089	-0.088	-0.714**	-0.558*
	显著性(双侧)	0.794	0.798	0.014	0.075
批发和零售业	Pearson 相关性	0.187	0.023	0.327	-0.277
	显著性(双侧)	0.582	0.947	0.327	0.410
交通运输、仓储和邮政业	Pearson 相关性	0.228	0.560*	-0.291	-0.091
	显著性(双侧)	0.501	0.073	0.386	0.789
房地产业	Pearson 相关性	0.068	0.350	0.004	-0.132
	显著性(双侧)	0.843	0.292	0.990	0.698
综合类	Pearson 相关性	0.175	0.101	-0.490	-0.762***
	显著性(双侧)	0.607	0.769	0.126	0.006

(2)乘数模型

		财政支出增长率	税收增长率	广义货币增长率	实际利率
采矿业	Pearson 相关性	-0.084	-0.070	-0.500	-0.148
	显著性(双侧)	0.805	0.837	0.117	0.665
制造业	Pearson 相关性	0.266	-0.084	-0.329	-0.223
	显著性(双侧)	0.429	0.806	0.324	0.509
电力、热力、燃气及水生产和供应业	Pearson 相关性	0.002	0.015	-0.735***	-0.582*
	显著性(双侧)	0.996	0.966	0.010	0.060
批发和零售业	Pearson 相关性	0.112	-0.151	0.319	-0.234
	显著性(双侧)	0.744	0.658	0.338	0.489
交通运输、仓储和邮政业	Pearson 相关性	0.246	0.506	-0.187	0.015
	显著性(双侧)	0.465	0.112	0.581	0.965
房地产业	Pearson 相关性	-0.012	0.242	0.020	-0.079
	显著性(双侧)	0.971	0.473	0.953	0.817
综合类	Pearson 相关性	0.057	-0.124	-0.421	-0.604**
	显著性(双侧)	0.869	0.716	0.197	0.049

*:在 0.1 水平(双侧)上显著相关。

**:在 0.05 水平(双侧)上显著相关。

***:在 0.01 水平(双侧)上显著相关。

从表 6-7 可以看出,宏观经济政策变量税收增长率与交通运输、仓储和邮政业混合所有制企业的投资效率均值(加数模型)相关性显著;广义货币增长率与电力、热力、燃气及水生产和供应业混合所有制企业的投资效率均值相关性显著;实际利率与电力、热力、燃气及水生产和供应业及综合类混合所有制企业的投资效率均值相关性显著。从宏观经济政策变量与混合所有制企业投资效率均值的变动方向来看,当税收增长率上升时,交通运输、仓储和邮政业与房地产业混合所有制企业的投资效率均值存在随之升高的倾向;当广义货币增长率上升时,采矿业,制造业,电力、热力、燃气及水生产和供应业以及综合类行业混合所有制企业的投资效率均值存在随之降低的倾向,而批发和零售业则存在随之升高的倾向;当实际利率上升时,制造业,电力、热力、燃气及水生产和供应业,批发和零售业以及综合类行业混合所有制企业的投资效率均值存在随之降低的倾向。

表 6-8　　不同经营规模混合所有制企业投资效率均值与
宏观经济政策因素相关性统计

(1) 加数模型

		财政支出增长率	税收增长率	广义货币增长率	实际利率
小规模企业	Pearson 相关性	0.313	0.685**	0.016	-0.241
	显著性(双侧)	0.348	0.020	0.962	0.475
较小规模企业	Pearson 相关性	-0.002	0.040	-0.316	-0.445
	显著性(双侧)	0.995	0.907	0.344	0.170
中等规模企业	Pearson 相关性	0.386	0.266	-0.496	-0.627**
	显著性(双侧)	0.242	0.429	0.121	0.039
较大规模企业	Pearson 相关性	0.164	-0.121	-0.210	-0.218
	显著性(双侧)	0.629	0.724	0.536	0.519
大规模企业	Pearson 相关性	0.260	0.084	-0.602**	-0.483
	显著性(双侧)	0.440	0.806	0.050	0.132

(2) 乘数模型

		财政支出增长率	税收增长率	广义货币增长率	实际利率
小规模企业	Pearson 相关性	0.379	0.566*	0.119	-0.269
	显著性(双侧)	0.250	0.069	0.727	0.424

续表

		财政支出增长率	税收增长率	广义货币增长率	实际利率
较小规模企业	Pearson 相关性	0.041	−0.002	−0.335	−0.444
	显著性(双侧)	0.904	0.995	0.314	0.171
中等规模企业	Pearson 相关性	0.309	0.099	−0.418	−0.520
	显著性(双侧)	0.355	0.772	0.201	0.101
较大规模企业	Pearson 相关性	−0.039	−0.354	−0.247	−0.020
	显著性(双侧)	0.909	0.286	0.464	0.953
大规模企业	Pearson 相关性	0.124	−0.126	−0.531*	−0.328
	显著性(双侧)	0.715	0.712	0.093	0.324

*:在0.1水平(双侧)上显著相关。

**:在0.05水平(双侧)上显著相关。

从表6-8可以看出,税收增长率与小规模混合所有制企业投资效率均值相关性显著;广义货币增长率与大规模混合所有制企业投资效率均值相关性显著;实际利率与中等规模混合所有制企业投资效率均值(加数模型)相关性显著。从宏观经济政策变量与混合所有制企业投资效率均值的变动方向来看,当财政支出增长率上升时,小规模和中等规模混合所有制企业投资效率均值存在随之升高的倾向;当税收增长率上升时,小规模混合所有制企业投资效率均值存在随之升高的倾向;当广义货币增长率上升时,除小规模混合所有制企业外,其他规模混合所有制企业投资效率均值都存在随之降低的倾向;当实际利率上升时,不同经营规模混合所有制企业的投资效率均值都存在随之降低的倾向。

表 6-9　不同大股东特征混合所有制企业投资效率均值与
宏观经济政策因素相关性统计

(1) 加数模型

		财政支出增长率	税收增长率	广义货币增长率	实际利率
0%~15%	Pearson 相关性	0.081	0.105	−0.133	−0.005
	显著性(双侧)	0.813	0.758	0.696	0.989
15%~30%	Pearson 相关性	0.357	0.478	−0.430	−0.479
	显著性(双侧)	0.281	0.137	0.187	0.136
30%~50%	Pearson 相关性	0.381	0.089	−0.403	−0.692**
	显著性(双侧)	0.247	0.794	0.219	0.018
50%~100%	Pearson 相关性	0.131	−0.140	−0.306	0.029
	显著性(双侧)	0.701	0.682	0.361	0.933

(2) 乘数模型

		财政支出增长率	税收增长率	广义货币增长率	实际利率
0%~15%	Pearson 相关性	−0.050	−0.130	−0.110	0.115
	显著性(双侧)	0.884	0.703	0.746	0.737
15%~30%	Pearson 相关性	0.294	0.337	−0.435	−0.442
	显著性(双侧)	0.380	0.310	0.181	0.173
30%~50%	Pearson 相关性	0.372	−0.031	−0.334	−0.579*
	显著性(双侧)	0.261	0.928	0.316	0.062
50%~100%	Pearson 相关性	−0.049	−0.348	−0.275	0.103
	显著性(双侧)	0.885	0.294	0.414	0.762

*:在 0.1 水平(双侧)上显著相关。

**:在 0.05 水平(双侧)上显著相关。

从表 6-9 可以看出,仅实际利率与大股东股权集中度 30%~50% 的混合所有制企业投资效率均值显著相关。从宏观经济政策变量与混合所有制企业投资效率均值的变动方向来看,当财政支出增长率上升时,大股东股权集中度15%～50%的混合所有制企业投资效率均值存在随之升高的倾向;当税收增长率上升时,大股东股权集中度15%～30%的混合所有制企业投资效率均值存在随之升高的倾向;当广义货币增长率上升时,不同大股东股权集中度的混合所有制企业投资效率均值都存在随之降低的倾向;当实际利率上升时,大股东股权集中度15%～50%的混合所有制企业的投资效率均值都存在随之降低的倾向。

表6-10 不同经济区域混合所有制企业投资效率均值与宏观经济政策因素相关性统计

(1)加数模型

		财政支出增长率	税收增长率	广义货币增长率	实际利率
东北地区	Pearson 相关性	-0.068	-0.346	-0.241	-0.230
	显著性(双侧)	0.843	0.297	0.476	0.496
中部地区	Pearson 相关性	0.125	-0.385	0.091	-0.388
	显著性(双侧)	0.714	0.243	0.790	0.238
东部地区	Pearson 相关性	0.310	0.488	-0.595*	-0.601*
	显著性(双侧)	0.354	0.128	0.053	0.051
西部地区	Pearson 相关性	0.533*	0.613**	-0.479	-0.442
	显著性(双侧)	0.091	0.045	0.136	0.173

(2)乘数模型

		财政支出增长率	税收增长率	广义货币增长率	实际利率
东北地区	Pearson 相关性	-0.066	-0.379	-0.206	-0.176
	显著性(双侧)	0.847	0.250	0.543	0.604

续表

		财政支出增长率	税收增长率	广义货币增长率	实际利率
中部地区	Pearson 相关性	0.085	-0.469	0.178	-0.203
	显著性(双侧)	0.803	0.146	0.601	0.549
东部地区	Pearson 相关性	0.223	0.231	-0.653**	-0.547*
	显著性(双侧)	0.510	0.495	0.030	0.081
西部地区	Pearson 相关性	0.444	0.418	-0.520	-0.408
	显著性(双侧)	0.171	0.201	0.101	0.212

*:在 0.1 水平(双侧)上显著相关。

**:在 0.05 水平(双侧)上显著相关。

从表 6-10 可以看出,财政支出增长率和税收增长率与西部地区混合所有制企业投资效率均值(加数模型)显著相关,广义货币增长率和实际利率与东部地区混合所有制企业投资效率均值显著相关。从宏观经济政策变量与混合所有制企业投资效率均值的变动方向来看,当财政支出增长率上升时,东部与西部地区混合所有制企业投资效率均值存在随之升高的倾向;当税收增长率上升时,东北和中部地区混合所有制企业投资效率均值存在随之降低的倾向,而东部与西部地区则存在随之升高的倾向;当广义货币增长率上升时,除中部地区外,其他地区混合所有制企业投资效率均值存在随之降低的倾向;当实际利率上升时,不同地区混合所有制企业投资效率均值存在随之降低的倾向。

综合以上分析可以发现,不管是宏观经济环境因素还是宏观经济政策因素,不管是不同行业、不同经营规模、不同大股东特征以及不同经济区域,宏观影响因素与混合所有制企业投资支出与投资效率均值并没有表现出充分的相关性。这一方面可能是本章选取的宏观波动因子充分融合了各项宏观经济因素的影响,另一方面可能是由于本章的样本区间过小,导致它们之间的关系未被充分挖掘出来。

6.2 微观影响因素实证分析

对于微观企业而言,宏观影响因素属于外生变量,企业需要通过调整自身的行为来适应宏观影响因素的变化。而微观影响因素则属于企业的内生变量,企业可以根据自身的发展战略与需求进行相应的调整。同时,微观影响因素的变化又反作用于企业行为,包括企业的投资行为。下文将分析不同微观影响因素与混合所有制企业投资决策及其投资效率的关系。

6.2.1 公司治理与混合所有制企业投资效率

根据前文的分析,混合所有制企业的公司治理因素包括股东治理、董事会、管理层及监事会四个方面因素,下文将分别分析它们与混合所有制企业投资效率之间的关系。

6.2.1.1 股东治理与混合所有制企业投资效率

混合所有制企业的股东治理因素进一步分为大股东控制程度、股权制衡程度、国有股权比例以及流通股比例等指标,其中国有股权比例指标已在前文测算混合所有制企业投资效率的过程中进行了分析,在此不予赘述。每一指标对应的变量如表 6-11 所示。

表 6-11 股东治理因素观测变量统计表

序号	股东治理因素指标	观测变量	说明
1	大股东控制程度	第一大股东持股比例	第一大股东持股数/企业总股数
2	股权制衡程度	第二至第十大股东持股比例	第二至第十大股东持股/企业总股数
3	流通股比例	—	流通股总数/企业总股数

下文将分析不同样本(包括全样本、投资不足样本、投资过度样本)的混合所有制企业股东治理因素各指标变量与其新增投资和投资效率(包括加数模型投资效率和乘数模型投资效率)之间的相关关系。

表6-12 混合所有制企业新增投资和投资效率与股东治理因素相关性分析表

			大股东控制程度	股权制衡程度	流通股比例
全样本	新增投资	Pearson 相关性	0.074**	0.062**	-0.067**
		显著性(双侧)	0.000	0.000	0.000
		N	7040	7040	7040
	投资效率(加数模型)	Pearson 相关性	0.078**	0.003	0.032**
		显著性(双侧)	0.000	0.814	0.008
		N	7040	7040	7040
	投资效率(乘数模型)	Pearson 相关性	0.077**	0.005	0.042**
		显著性(双侧)	0.000	0.690	0.000
		N	7040	7040	7040
投资不足	新增投资(加数模型)	Pearson 相关性	0.122**	0.040**	-0.040**
		显著性(双侧)	0.000	0.007	0.008
		N	4464	4464	4464
	新增投资(乘数模型)	Pearson 相关性	0.119**	0.045**	-0.034*
		显著性(双侧)	0.000	0.002	0.022
		N	4450	4450	4450
	投资效率(加数模型)	Pearson 相关性	0.070**	0.024	0.037*
		显著性(双侧)	0.000	0.106	0.014
		N	4464	4464	4464
	投资效率(乘数模型)	Pearson 相关性	0.063**	0.035*	0.047**
		显著性(双侧)	0.000	0.020	0.002
		N	4450	4450	4450

续表

			大股东控制程度	股权制衡程度	流通股比例
投资过度	新增投资（加数模型）	Pearson 相关性	0.127**	0.088**	-0.142**
		显著性(双侧)	0.000	0.000	0.000
		N	2576	2576	2576
	新增投资（乘数模型）	Pearson 相关性	0.114**	0.093**	-0.144**
		显著性(双侧)	0.000	0.000	0.000
		N	2590	2590	2590
	投资效率（加数模型）	Pearson 相关性	0.089**	-0.027	0.025
		显著性(双侧)	0.000	0.173	0.201
		N	2576	2576	2576
	投资效率（乘数模型）	Pearson 相关性	0.097**	-0.038	0.034
		显著性(双侧)	0.000	0.054	0.079
		N	2590	2590	2590

**:在0.01水平(双侧)上显著相关。

*:在0.05水平(双侧)上显著相关。

从表6-12可以看出,不同样本的混合所有制企业的新增投资与其股东治理因素指标变量之间都存在着显著的相关关系,说明这些因素会对混合所有制企业的新增投资的变化产生影响,因此这些因素也应该会影响到混合所有制企业的投资效率。而从不同样本的混合所有制企业的投资效率与其股东治理因素指标变量相关性来看,全样本混合所有制企业的投资效率与大股东控制程度、流通股比例两个指标变量的相关性显著,投资不足的混合所有制企业的投资效率与之相同;而投资过度的混合所有制企业的投资效率仅与大股东控制程度存在显著的相关关系。因此,本章选取股东治理因素中的大股东控制程度、流通股比例两个指标变量,进一步探讨它们对混合所有制企业投资效率的影响程度。结合第三章的理论分析和表6-12的相关性分析,本章对股东治理因素与混合所有制企业的投资效率之间的关系作如下假设:

假设1-1：大股东控制程度对混合所有制企业投资效率具有正向影响。

假设1-2：流通股比例对混合所有制企业投资效率具有正向影响。

6.2.1.2 董事会与混合所有制企业投资效率

混合所有制企业的董事会因素进一步分为董事会规模、独立董事规模、董事长持股比例等指标，每一指标对应的变量如表6-13所示。

表6-13　　　　董事会因素观测变量统计表

序号	董事会因素指标（观测变量）	说明
1	董事会规模	董事会人数
2	独立董事规模	独立董事人数
3	董事长持股比例	董事长持股数/企业总股数

下文将分析不同样本的混合所有制企业董事会因素各指标变量与其新增投资和投资效率之间的相关关系。

表6-14　　混合所有制企业新增投资和投资效率与董事会因素相关性分析表

			董事会规模	独立董事规模	董事长持股比例
全样本	新增投资	Pearson 相关性	0.015	0.005	0.036**
		显著性（双侧）	0.206	0.663	0.003
		N	7040	7040	7040
	投资效率（加数模型）	Pearson 相关性	0.001	0.041**	0.002
		显著性（双侧）	0.957	0.001	0.897
		N	7040	7040	7040
	投资效率（乘数模型）	Pearson 相关性	0.004	0.048**	0.003
		显著性（双侧）	0.737	0.000	0.832
		N	7040	7040	7040

续表

			董事会规模	独立董事规模	董事长持股比例
投资不足	新增投资（加数模型）	Pearson 相关性	0.007	0.042**	0.049**
		显著性（双侧）	0.647	0.005	0.001
		N	4464	4464	4464
	新增投资（乘数模型）	Pearson 相关性	0.012	0.048**	0.055**
		显著性（双侧）	0.433	0.001	0.000
		N	4450	4450	4450
	投资效率（加数模型）	Pearson 相关性	−0.006	0.052**	0.022
		显著性（双侧）	0.700	0.001	0.137
		N	4464	4464	4464
	投资效率（乘数模型）	Pearson 相关性	0.008	0.063**	0.026
		显著性（双侧）	0.613	0.000	0.088
		N	4450	4450	4450
投资过度	新增投资（加数模型）	Pearson 相关性	−0.012	−0.046*	0.024
		显著性（双侧）	0.541	0.020	0.217
		N	2576	2576	2576
	新增投资（乘数模型）	Pearson 相关性	−0.009	−0.048*	0.027
		显著性（双侧）	0.638	0.014	0.177
		N	2590	2590	2590
	投资效率（加数模型）	Pearson 相关性	0.011	0.028	−0.020
		显著性（双侧）	0.567	0.156	0.306
		N	2576	2576	2576
	投资效率（乘数模型）	Pearson 相关性	0.001	0.027	−0.023
		显著性（双侧）	0.976	0.167	0.252
		N	2590	2590	2590

**:在 0.01 水平（双侧）上显著相关。

*:在 0.05 水平（双侧）上显著相关。

从表 6-14 可以看出,全样本的混合所有制企业的新增投资仅与其董事会因素指标董事长持股比例存在着显著的相关关系,投资不足样本的混合所有制企业的新增投资与独立董事规模、董事长持股比例两个变量存在显著的相关关系,投资过度样本的混合所有制企业的新增投资仅与独立董事规模存在显著的相关关系,这说明独立董事规模、董事长持股比例两个因素对混合所有制企业的新增投资的变化可能存在一定的影响。而从不同样本的混合所有制企业的投资效率与其董事会因素指标变量相关性来看,全样本和投资不足样本的混合所有制企业的投资效率仅与指标变量独立董事规模的相关性显著,而投资过度样本的混合所有制企业的投资效率与其董事会因素指标变量之间不存在显著的相关性。因此,本章选取董事会因素中的指标变量独立董事规模,进一步探讨它对混合所有制企业投资效率的影响程度。为此,本章对董事会因素与混合所有制企业的投资效率之间的关系作如下假设:

假设 1-3:独立董事规模对混合所有制企业投资效率具有正向影响。

6.2.1.3 管理层与混合所有制企业投资效率

混合所有制企业的管理层因素进一步分为管理层薪酬、管理层持股比例、代理成本等指标,每一指标对应的变量如表 6-15 所示。

表 6-15   管理层因素观测变量统计表

序号	管理层因素指标(观测变量)	说明
1	管理层薪酬	高级管理人员薪酬总额
2	管理层持股比例	高级管理人员持股数/企业总股数
3	代理成本	管理费用/企业平均总资产

下文将分析不同样本的混合所有制企业管理层因素各指标变量与其新增投资和投资效率之间的相关关系。

表 6-16 混合所有制企业新增投资和投资效率与管理层因素相关性分析表

			管理层薪酬	管理层持股比例	代理成本
全样本	新增投资	Pearson 相关性	0.017	0.028*	-0.024*
		显著性(双侧)	0.143	0.017	0.048
		N	7040	7040	7040
	投资效率(加数模型)	Pearson 相关性	0.119**	0.011	0.069**
		显著性(双侧)	0.000	0.343	0.000
		N	7040	7040	7040
	投资效率(乘数模型)	Pearson 相关性	0.130**	0.013	0.066**
		显著性(双侧)	0.000	0.272	0.000
		N	7040	7040	7040
投资不足	新增投资(加数模型)	Pearson 相关性	0.059**	0.043**	0.009
		显著性(双侧)	0.000	0.004	0.570
		N	4464	4464	4464
	新增投资(乘数模型)	Pearson 相关性	0.068**	0.049**	0.010
		显著性(双侧)	0.000	0.001	0.509
		N	4450	4450	4450
	投资效率(加数模型)	Pearson 相关性	0.082**	0.021	0.121**
		显著性(双侧)	0.000	0.159	0.000
		N	4464	4464	4464
	投资效率(乘数模型)	Pearson 相关性	0.099**	0.023	0.122**
		显著性(双侧)	0.000	0.117	0.000
		N	4450	4450	4450
投资过度	新增投资(加数模型)	Pearson 相关性	-0.023	0.014	-0.115**
		显著性(双侧)	0.249	0.487	0.000
		N	2576	2576	2576
	新增投资(乘数模型)	Pearson 相关性	-0.022	0.016	-0.113**
		显著性(双侧)	0.259	0.428	0.000
		N	2590	2590	2590

续表

			管理层薪酬	管理层持股比例	代理成本
投资过度	投资效率（加数模型）	Pearson 相关性	0.179**	0.001	0.002
		显著性（双侧）	0.000	0.942	0.924
		N	2576	2576	2576
	投资效率（乘数模型）	Pearson 相关性	0.180**	0.002	-0.009
		显著性（双侧）	0.000	0.914	0.635
		N	2590	2590	2590

**：在0.01水平（双侧）上显著相关。

*：在0.05水平（双侧）上显著相关。

从表6-16可以看出，全样本的混合所有制企业的新增投资与其管理层因素指标管理层持股比例、代理成本存在着显著的相关关系，投资不足样本的混合所有制企业的新增投资与管理层薪酬、管理层持股比例两个指标变量存在显著的相关关系，而投资过度样本的混合所有制企业的新增投资仅与指标变量代理成本存在显著的相关关系。这说明管理层因素对混合所有制企业的新增投资的变化具有一定的影响。从不同样本的混合所有制企业的投资效率与其管理层因素指标变量相关性来看，全样本和投资不足样本的混合所有制企业的投资效率与管理层薪酬、代理成本两个指标变量存在显著的相关性，而投资过度样本的混合所有制企业的投资效率仅与指标变量管理层薪酬存在显著的相关性。因此，本章选取管理层因素中的指标变量管理层薪酬和代理成本，进一步探讨它们对混合所有制企业投资效率的影响程度。为此，本章对管理层因素与混合所有制企业的投资效率之间的关系作如下假设：

假设1-4：管理层薪酬对混合所有制企业投资效率具有正向影响。

假设1-5：代理成本对混合所有制企业投资效率具有正向影响。

6.2.1.4 监事会与混合所有制企业投资效率

混合所有制企业的监事会因素进一步分为监事会规模、监事会持股比例等指标，每一指标对应的变量如表 6-17 所示。

表 6-17   监事会因素观测变量统计表

序号	监事会因素指标（观测变量）	说明
1	监事会规模	监事会人数
2	监事会持股比例	监事会成员持股数/企业总股数

下文将分析不同样本的混合所有制企业监事会因素各指标变量与其新增投资和投资效率之间的相关关系。

表 6-18   混合所有制企业新增投资和投资效率与监事会因素
相关性分析表

			监事会规模	监事会持股比例
全样本	新增投资	Pearson 相关性	0.033**	−0.003
		显著性（双侧）	0.006	0.782
		N	7040	7040
	投资效率（加数模型）	Pearson 相关性	0.030*	0.004
		显著性（双侧）	0.011	0.744
		N	7040	7040
	投资效率（乘数模型）	Pearson 相关性	0.034**	0.018
		显著性（双侧）	0.004	0.140
		N	7040	7040
投资不足	新增投资（加数模型）	Pearson 相关性	0.013	−0.001
		显著性（双侧）	0.397	0.922
		N	4464	4464
	新增投资（乘数模型）	Pearson 相关性	0.015	−0.001
		显著性（双侧）	0.311	0.938
		N	4450	4450

续表

			监事会规模	监事会持股比例
投资不足	投资效率（加数模型）	Pearson 相关性	0.024	0.004
		显著性（双侧）	0.104	0.767
		N	4464	4464
	投资效率（乘数模型）	Pearson 相关性	0.029	0.023
		显著性（双侧）	0.053	0.118
		N	4450	4450
投资过度	新增投资（加数模型）	Pearson 相关性	0.039*	0.010
		显著性（双侧）	0.050	0.613
		N	2576	2576
	新增投资（乘数模型）	Pearson 相关性	0.034	0.013
		显著性（双侧）	0.080	0.523
		N	2590	2590
	投资效率（加数模型）	Pearson 相关性	0.040*	0.004
		显著性（双侧）	0.043	0.854
		N	2576	2576
	投资效率（乘数模型）	Pearson 相关性	0.044*	0.003
		显著性（双侧）	0.027	0.879
		N	2590	2590

**：在 0.01 水平（双侧）上显著相关。

*：在 0.05 水平（双侧）上显著相关。

从表 6-18 可以看出，全样本和投资过度样本的混合所有制企业的新增投资及其投资效率与监事会因素指标变量监事会规模存在着显著的相关性，这说明监事会规模对混合所有制企业的新增投资及其投资效率存在着一定的影响。因此，本章选取监事会因素中的指标变量监事会规模，进一步探讨它对混合所有制企业投资效率的影响程度。为

此,本章对监事会因素与混合所有制企业的投资效率之间的关系作如下假设:

假设 1-6:监事会规模对混合所有制企业投资效率具有正向影响。

6.2.2 融资途径与混合所有制企业投资效率

根据前文的分析,混合所有制企业的融资途径分为内部融资与外部融资,外部融资又分为股权融资与债权融资,而债权融资进一步分为短期债权融资与长期债权融资①,而企业采取何种融资途径与其面临的投资机会存在一定的关联性。因此,本章从股权融资、短期债权融资、长期债权融资、内部融资以及投资机会五个方面探讨融资途径与混合所有制企业投资效率之间的关系。

表 6-19　　　　　融资途径因素观测变量统计表

序号	融资途径因素指标 (观测变量)	说明
1	股权融资	(股东权益变动-留存收益)/企业平均总资产
2	短期债权融资	(年末流动负债-年初流动负债)/企业平均总资产
3	长期债权融资	(年末非流动负债-年初非流动负债)/企业平均总资产
4	内部融资	留存收益/企业平均总资产
5	投资机会	营业收入增长率

下文将分析不同样本的混合所有制企业融资途径因素各指标变量与其新增投资和投资效率之间的相关关系。

---

① 权小锋,吴世农. CEO 权利强度、信息披露质量与企业业绩的波动性——基于深交所上市公司的实证研究[J]. 南开经济评论,2010(4):142-153.

表 6-20 混合所有制企业新增投资和投资效率与融资途径因素相关性分析表

			股权融资	短期债权融资	长期债权融资	内部融资	投资机会
全样本	新增投资	Pearson 相关性	0.136**	−0.200**	0.090**	0.110**	−0.010
		显著性(双侧)	0.000	0.000	0.000	0.000	0.392
		N	7040	7040	7040	7040	7040
	投资效率(加数模型)	Pearson 相关性	0.078**	−0.035**	0.080**	0.089**	−0.021
		显著性(双侧)	0.000	0.004	0.000	0.000	0.077
		N	7040	7040	7040	7040	7040
	投资效率(乘数模型)	Pearson 相关性	0.079**	−0.032**	0.083**	0.092**	−0.017
		显著性(双侧)	0.000	0.007	0.000	0.000	0.148
		N	7040	7040	7040	7040	7040
投资不足	新增投资(加数模型)	Pearson 相关性	0.137**	−0.160**	0.124**	0.119**	−0.010
		显著性(双侧)	0.000	0.000	0.000	0.000	0.512
		N	4464	4464	4464	4464	4464
	新增投资(乘数模型)	Pearson 相关性	0.140**	−0.163**	0.126**	0.119**	−0.012
		显著性(双侧)	0.000	0.000	0.000	0.000	0.441
		N	4450	4450	4450	4450	4450

续表

		股权融资	短期债权融资	长期债权融资	内部融资	投资机会
投资不足	投资效率（加数模型） Pearson 相关性	0.110**	−0.021	0.063**	0.091**	−0.024
	显著性（双侧）	0.000	0.153	0.000	0.000	0.115
	N	4464	4464	4464	4464	4464
	投资效率（乘数模型） Pearson 相关性	0.113**	−0.019	0.065**	0.094**	−0.021
	显著性（双侧）	0.000	0.215	0.000	0.000	0.165
	N	4450	4450	4450	4450	4450
投资过度	新增投资（加数模型） Pearson 相关性	0.149**	−0.254**	0.071**	0.121**	−0.028
	显著性（双侧）	0.000	0.000	0.000	0.000	0.157
	N	2576	2576	2576	2576	2576
	新增投资（乘数模型） Pearson 相关性	0.150**	−0.256**	0.073**	0.123**	−0.003
	显著性（双侧）	0.000	0.000	0.000	0.000	0.878
	N	2590	2590	2590	2590	2590
	投资效率（加数模型） Pearson 相关性	0.034	−0.058**	0.107**	0.092**	−0.031
	显著性（双侧）	0.083	0.003	0.000	0.000	0.111
	N	2576	2576	2576	2576	2576
	投资效率（乘数模型） Pearson 相关性	0.035	−0.055**	0.111**	0.093**	−0.032
	显著性（双侧）	0.078	0.005	0.000	0.000	0.099
	N	2590	2590	2590	2590	2590

**：在 0.01 水平（双侧）上显著相关。
*：在 0.05 水平（双侧）上显著相关。

从表 6-20 可以看出，不同样本的混合所有制企业的新增投资与其融资途径因素指标变量股权融资、短期债权融资、长期债权融资、内部融资存在着显著的相关关系，这说明这些因素对混合所有制企业的新增投资的变化会产生影响。从不同样本的混合所有制企业的投资效率与其融资途径因素指标变量相关性来看，全样本的混合所有制企业的投资效率与指标变量股权融资、短期债权融资、长期债权融资、内部融资存在显著的相关性；投资不足样本的混合所有制企业的投资效率与指标变量股权融资、长期债权融资、内部融资存在显著的相关性；投资过度样本的混合所有制企业的投资效率与指标变量短期债权融资、长期债权融资、内部融资存在显著的相关性。因此，本章选取融资途径因素中的指标变量股权融资、短期债权融资、长期债权融资、内部融资，进一步探讨它们对混合所有制企业投资效率的影响程度。为此，本章对融资途径因素与混合所有制企业的投资效率之间的关系作如下假设：

假设 2-1：股权融资对混合所有制企业投资效率具有正向影响。

假设 2-2：短期债权融资对混合所有制企业投资效率具有负向影响。

假设 2-3：长期债权融资对混合所有制企业投资效率具有正向影响。

假设 2-4：内部融资对混合所有制企业投资效率具有正向影响。

6.2.3 资产特性与混合所有制企业投资效率

根据前文的分析，混合所有制企业的资产特性包括资产流动性、现金持有量、经营活动产生的现金流、利润分配现金流等指标，其中现金持有量指标已在前文测算混合所有制企业投资效率的过程中进行了分析，在此不予赘述。每一指标对应的变量如表 6-21 所示。

表 6-21　　　　　　　资产特性因素观测变量统计表

序号	资产特性因素指标	观测变量	说明
1	资产流动性	流动资产比例	流动资产/企业年末总资产
2	利润分配现金流	股利分配	分配股利/企业平均总资产
3	经营活动产生的现金流	经营活动现金流	经营活动产生的现金流净额/企业平均总资产
4	现金流入	—	年度现金流入/企业平均总资产
5	营运资金	—	年度营运资金/企业平均总资产

下文将分析不同样本的混合所有制企业资产特性因素各指标变量与其新增投资和投资效率之间的相关关系。

从表 6-22 可以看出,全样本的混合所有制企业的新增投资与其资产特性因素指标变量流动资产比例、经营活动现金流、股利分配、营运资金、现金流入存在着显著的相关关系,投资不足样本的混合所有制企业的新增投资与其资产特性因素指标变量流动资产比例、经营活动现金流、股利分配、营运资金存在着显著的相关关系,投资过度样本的混合所有制企业的新增投资与其资产特性因素指标变量流动资产比例、经营活动现金流、股利分配、现金流入存在着显著的相关关系。这说明资产特性因素会影响混合所有制企业的新增投资的变化。从不同样本的混合所有制企业的投资效率与其资产特性因素指标变量相关性来看,全样本和投资不足样本的混合所有制企业的投资效率与指标变量流动资产比例、经营活动现金流、股利分配、营运资金存在显著的相关性;投资过度样本的混合所有制企业的投资效率与指标变量流动资产比例、股利分配、现金流入存在显著的相关性。因此,本章选取资产特性因素中的指标变量流动资产比例、经营活动现金流、股利分配、营运资金,进一步探讨它们对混合所有制企业投资效率的影响程度。为此,本章对资产特性因素与混合所有制企业的投资效率之间的关系作如下假设:

表6-22 混合所有制企业新增投资和投资效率与资产特性因素相关性分析表

			流动资产比例	经营活动现金流	股利分配	营运资金	现金流入
全样本	新增投资	Pearson 相关性	-0.331**	0.228**	0.117**	-0.148**	0.052**
		显著性(双侧)	0.000	0.000	0.000	0.000	0.000
		N	7040	7040	7040	7040	7040
	投资效率(加数模型)	Pearson 相关性	-0.143**	0.103**	0.090**	-0.095**	-0.022
		显著性(双侧)	0.000	0.000	0.000	0.000	0.069
		N	7040	7040	7040	7040	7040
	投资效率(乘数模型)	Pearson 相关性	-0.136**	0.103**	0.092**	-0.090**	-0.021
		显著性(双侧)	0.000	0.000	0.000	0.000	0.077
		N	7040	7040	7040	7040	7040
投资不足	新增投资(加数模型)	Pearson 相关性	-0.295**	0.202**	0.135**	-0.137**	-0.010
		显著性(双侧)	0.000	0.000	0.000	0.000	0.517
		N	4464	4464	4464	4464	4464
	新增投资(乘数模型)	Pearson 相关性	-0.296**	0.204**	0.141**	-0.135**	-0.010
		显著性(双侧)	0.000	0.000	0.000	0.000	0.501
		N	4450	4450	4450	4450	4450

续表

			流动资产比例	经营活动现金流	股利分配	营运资金	现金流入
投资不足	投资效率（加数模型）	Pearson 相关性	-0.224**	0.153**	0.107**	-0.181**	0.021
		显著性（双侧）	0.000	0.000	0.000	0.000	0.160
		N	4464	4464	4464	4464	4464
	投资效率（乘数模型）	Pearson 相关性	-0.216**	0.155**	0.115**	-0.175**	0.018
		显著性（双侧）	0.000	0.000	0.000	0.000	0.228
		N	4450	4450	4450	4450	4450
投资过度	新增投资（加数模型）	Pearson 相关性	-0.287**	0.213**	0.095**	-0.022	0.056**
		显著性（双侧）	0.000	0.000	0.000	0.265	0.004
		N	2576	2576	2576	2576	2576
	新增投资（乘数模型）	Pearson 相关性	-0.288**	0.215**	0.098**	-0.018	0.049*
		显著性（双侧）	0.000	0.000	0.000	0.350	0.012
		N	2590	2590	2590	2590	2590
	投资效率（加数模型）	Pearson 相关性	-0.041*	0.038	0.070**	0.021	-0.086**
		显著性（双侧）	0.036	0.054	0.000	0.282	0.000
		N	2576	2576	2576	2576	2576
	投资效率（乘数模型）	Pearson 相关性	-0.034	0.033	0.063**	0.023	-0.078**
		显著性（双侧）	0.084	0.092	0.001	0.234	0.000
		N	2590	2590	2590	2590	2590

**：在 0.01 水平（双侧）上显著相关。
*：在 0.05 水平（双侧）上显著相关。

假设 3-1：流动资产比例对混合所有制企业投资效率具有负向影响。

假设 3-2：经营活动现金流对混合所有制企业投资效率具有正向影响。

假设 3-3：股利分配对混合所有制企业投资效率具有正向影响。

假设 3-4：营运资金对混合所有制企业投资效率具有负向影响。

6.2.4　产品市场与混合所有制企业投资效率

根据前文的分析，混合所有制企业的产品市场因素包括产品市场经营风险、产品市场竞争力、多元化经营等指标。每一指标对应的变量如表 6-23 所示。

表 6-23　　　　　　　产品市场因素观测变量统计表

序号	产品市场因素指标	观测变量	说明
1	产品市场经营风险	应收款项比例	应收账款、应收票据和其他应收款/企业平均总资产
2	产品市场竞争力	主营业务利润率	主营业务利润/主营业务收入净额
3	多元化经营	收入 Herfindhal 指数	所有单项业务收入百分比平方之和

下文将分析不同样本的混合所有制企业产品市场因素各指标变量与其新增投资和投资效率之间的相关关系。

从表 6-24 可以看出，全样本和投资不足样本的混合所有制企业的新增投资与其产品市场因素指标产品市场经营风险、产品市场竞争力、多元化经营存在着显著的相关关系，而投资过度样本的混合所有制企业的新增投资仅与指标变量产品市场经营风险、产品市场竞争力存在显著的相关关系。这说明产品市场因素对混合所有制企业的新增投资的变化具有

表 6-24　　混合所有制企业新增投资和投资效率与产品市场因素相关性分析表

			产品市场经营风险	产品市场竞争力	多元化经营
全样本	新增投资	Pearson 相关性	−0.167**	0.075**	0.028*
		显著性(双侧)	0.000	0.000	0.019
		N	7040	7040	7040
	投资效率(加数模型)	Pearson 相关性	0.027*	0.043**	0.000
		显著性(双侧)	0.022	0.000	0.954
		N	7040	7040	7040
	投资效率(乘数模型)	Pearson 相关性	0.026*	0.044**	−0.002
		显著性(双侧)	0.031	0.000	0.872
		N	7040	7040	7040
投资不足	新增投资(加数模型)	Pearson 相关性	−0.093**	0.080**	0.051**
		显著性(双侧)	0.000	0.000	0.001
		N	4464	4464	4464
	新增投资(乘数模型)	Pearson 相关性	−0.095**	0.079**	0.046**
		显著性(双侧)	0.000	0.000	0.002
		N	4450	4450	4450
	投资效率(加数模型)	Pearson 相关性	0.062**	0.039**	0.034*
		显著性(双侧)	0.000	0.010	0.024
		N	4464	4464	4464
	投资效率(乘数模型)	Pearson 相关性	0.064**	0.042**	0.023
		显著性(双侧)	0.000	0.005	0.131
		N	4450	4450	4450

续表

			产品市场经营风险	产品市场竞争力	多元化经营
投资过度	新增投资（加数模型）	Pearson 相关性	-0.236**	0.206**	0.030
		显著性（双侧）	0.000	0.000	0.129
		N	2576	2576	2576
	新增投资（乘数模型）	Pearson 相关性	-0.234**	0.213**	0.029
		显著性（双侧）	0.000	0.000	0.137
		N	2590	2590	2590
	投资效率（加数模型）	Pearson 相关性	-0.032	0.091**	-0.050*
		显著性（双侧）	0.105	0.000	0.011
		N	2576	2576	2576
	投资效率（乘数模型）	Pearson 相关性	-0.040*	0.081**	-0.037
		显著性（双侧）	0.043	0.000	0.059
		N	2590	2590	2590

**：在0.01水平（双侧）上显著相关。

*：在0.05水平（双侧）上显著相关。

一定的影响。从不同样本的混合所有制企业的投资效率与其产品市场因素指标变量相关性来看，全样本和投资不足样本的混合所有制企业的投资效率与产品市场经营风险、产品市场竞争力两个指标变量存在显著的相关性，而投资过度样本的混合所有制企业的投资效率与指标变量产品市场竞争力、多元化经营存在显著的相关性。因此，本章选取产品市场因素中的指标变量产品市场经营风险、产品市场竞争力，进一步探讨它们对混合所有制企业投资效率的影响程度。为此，本章对产品市场因素与混合所有制企业的投资效率之间的关系作如下假设：

假设4-1：产品市场经营风险对混合所有制企业投资效率具有正向影响。

假设4-2：产品市场竞争力对混合所有制企业投资效率具有正向

影响。

上文分析了混合所有制企业公司治理、融资途径、资产特性和产品市场四个因素各相关指标与混合所有制企业投资效率之间的相关关系,我们在此基础上对这些指标变量对混合所有制企业投资效率的影响做出了相应的研究假设。结合公司治理、融资途径、资产特性和产品市场四个因素各指标变量的研究假设,本章进一步提出它们的研究假设:

假设 5-1:公司治理对混合所有制企业投资效率具有正向影响。

假设 5-2:融资途径对混合所有制企业投资效率具有正向影响。

假设 5-3:资产特性对混合所有制企业投资效率具有正向影响。

假设 5-4:产品市场对混合所有制企业投资效率具有正向影响。

考虑到公司治理、融资途径、资产特性和产品市场四个因素是无法进行直接观测的潜在变量,通过传统的多元线性回归分析不能对其进行有效分析,因此,下文将采用结构方程模型对微观影响因素进行假设检验和实证分析。

6.2.5 基于结构方程模型的微观影响因素实证分析

作为一种实证分析方法,结构方程模型(Structural Equation Modeling,SEM)借助于探寻变量之间的内在结构性关系,对模型假设的合理性及模型设定的正确性进行验证,并加以修正。SEM 不仅可以对可观测变量进行分析,还可以对隐变量及其与可观测变量之间的相互关系进行描述[1]。下文将运用 SEM 对混合所有制企业的投资效率与其微观影响因素之间的关系进行分析。

6.2.5.1 混合所有制企业投资效率微观影响因素结构方程模型设计

根据上一小节的混合所有制企业投资效率微观影响因素的假设,我

---

[1] 何晓群,刘文卿. 应用回归分析(第 2 版)[M]. 北京:中国人民大学出版社,2007.

们首先建立混合所有制企业投资效率微观影响因素结构方程模型的路径关系,如图 6-1 所示。

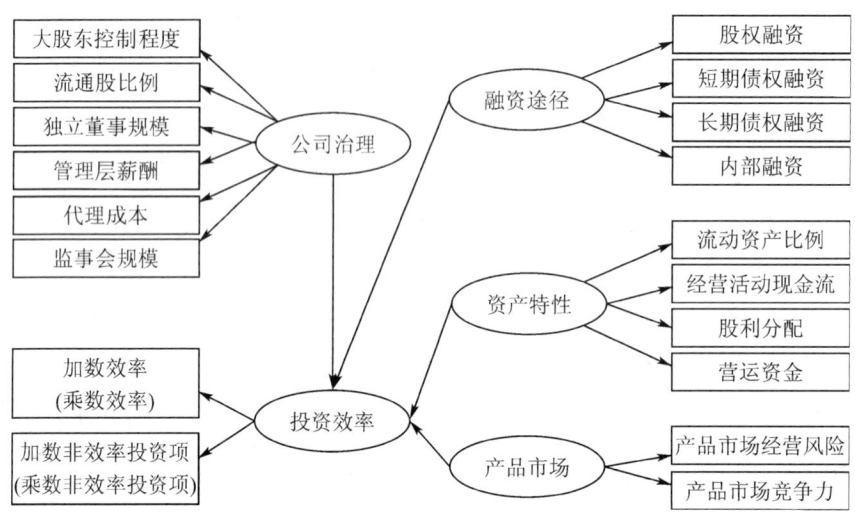

图 6-1 混合所有制企业投资效率微观影响因素结构方程模型路径图

根据结构方程模型路径图,本文采用 η 和 ζ 表示潜变量投资效率及其误差,$\xi_i(i=1,2,3,4)$ 和 $\gamma_i(i=1,2,3,4)$ 分别表示潜变量公司治理、融资途径、资产特性与产品市场及其在潜变量投资效率 η 上的荷载系数;$x_{1,i}(i=1,2,\cdots,6)$、$\lambda_{1,i}(i=1,2,\cdots,6)$ 和 $\delta_{1,i}(i=1,2,\cdots,6)$ 分别表示潜变量公司治理 ξ_1 的观测变量大股东控制程度、流通股比例、独立董事规模、管理层薪酬、代理成本和监事会规模及其在潜变量公司治理 ξ_1 上的荷载系数和观测误差,$x_{2,i}(i=1,2,3,4)$、$\lambda_{2,i}(i=1,2,3,4)$ 和 $\delta_{2,i}(i=1,2,3,4)$ 分别表示潜变量融资途径 ξ_2 的观测变量股权融资、短期债权融资、长期债权融资和内部融资及其在潜变量融资途径 ξ_2 上的荷载系数和观测误差,$x_{3,i}(i=1,2,3,4)$、$\lambda_{3,i}(i=1,2,3,4)$ 和 $\delta_{3,i}(i=1,2,3,4)$ 分别表示潜变量资产特性 ξ_3 的观测变量流动资产比例、经营活动现金流、股利分配和营运资金及其在潜变量资产特性 ξ_3 上的荷载系数和观测误差,$x_{4,i}(i=1$,

2)、$\lambda_{4,i}(i=1,2)$ 和 $\delta_{4,i}(i=1,2)$ 分别表示潜变量产品市场 ξ_4 的观测变量产品市场经营风险和产品市场竞争力及其在潜变量产品市场 ξ_4 上的荷载系数和观测误差,$y_i(i=1,2)$、$\omega_i(i=1,2)$ 和 $\varepsilon_i(i=1,2)$ 分别表示潜变量投资效率 η 的观测变量加数效率(乘数效率)和加数非效率投资项(乘数非效率投资项)及其在潜变量投资效率 η 上的荷载系数和观测误差。根据设定的参数,我们进一步可得到结构方程的具体形式:

(1)结构方程:

$$\eta = \Gamma \cdot \Xi + \zeta \tag{6-1}$$

其中,$\Gamma = (\gamma_1, \gamma_2, \gamma_3, \gamma_4)$,$\Xi = (\xi_1, \xi_2, \xi_3, \xi_4)'$

(2)测量方程:

$$X = \Lambda \cdot \Xi + \Delta \tag{6-2}$$

$$Y = \Omega \cdot \eta + E \tag{6-3}$$

其中,

$$X = \begin{pmatrix} x_{11} \\ x_{12} \\ x_{13} \\ x_{14} \\ x_{15} \\ x_{16} \\ x_{21} \\ x_{22} \\ x_{23} \\ x_{24} \\ x_{31} \\ x_{32} \\ x_{33} \\ x_{34} \\ x_{41} \\ x_{42} \end{pmatrix}, \Lambda = \begin{pmatrix} \lambda_{11} & 0 & 0 & 0 \\ \lambda_{12} & 0 & 0 & 0 \\ \lambda_{13} & 0 & 0 & 0 \\ \lambda_{14} & 0 & 0 & 0 \\ \lambda_{15} & 0 & 0 & 0 \\ \lambda_{16} & 0 & 0 & 0 \\ 0 & \lambda_{21} & 0 & 0 \\ 0 & \lambda_{22} & 0 & 0 \\ 0 & \lambda_{23} & 0 & 0 \\ 0 & \lambda_{24} & 0 & 0 \\ 0 & 0 & \lambda_{31} & 0 \\ 0 & 0 & \lambda_{32} & 0 \\ 0 & 0 & \lambda_{33} & 0 \\ 0 & 0 & \lambda_{34} & 0 \\ 0 & 0 & 0 & \lambda_{41} \\ 0 & 0 & 0 & \lambda_{42} \end{pmatrix}, \Delta = \begin{pmatrix} \delta_{11} \\ \delta_{12} \\ \delta_{13} \\ \delta_{14} \\ \delta_{15} \\ \delta_{16} \\ \delta_{21} \\ \delta_{22} \\ \delta_{23} \\ \delta_{24} \\ \delta_{31} \\ \delta_{32} \\ \delta_{33} \\ \delta_{34} \\ \delta_{41} \\ \delta_{42} \end{pmatrix}, Y = \begin{pmatrix} y_1 \\ y_2 \end{pmatrix}, \Omega = \begin{pmatrix} \omega_1 \\ \omega_2 \end{pmatrix}, E = \begin{pmatrix} \varepsilon_1 \\ \varepsilon_2 \end{pmatrix}$$

通常情况下,在进行结构方程模型估计之前需要对模型解的存在性进行判定,其中最常使用的是 t-法则。根据 t-法则的判定原则,该模型中方差及协方差矩阵的数量 k 为 210,待估参数的数量 t 为 44,显然 $t<k$,所以该模型是可以识别的。一般来说,结构方程模型的参数估计常用极大似然估计(Maximum Likelihood Estimation)和最小二乘估计(Least Square Estimation)两种方法。考虑到样本量比较大,因此采用极大似然估计(ML)方法来对混合所有制企业投资效率微观影响因素结构方程模型的参数进行估计。

6.2.5.2 混合所有制企业投资效率微观影响因素结构方程模型估计

我们采用 SPSS Amos22.0 对混合所有制企业投资效率微观影响因素结构方程模型的参数进行估计,结果如下所示。

(1)基于加数模型的混合所有制企业投资效率微观影响因素结构方程模型估计结果

从表 6-25 可以看出,代理成本和长期债权融资两个变量的估计系数不显著,因此我们将其删除后进行二次估计。根据二次估计结果,所有变量的估计系数都是显著的且均未超过 0.95,它们的误差方差不存在负值且均是显著的,因此该模型并未发生违反估计的现象。根据该模型整体拟合度的度量结果,其绝对拟合度指标 RMSEA 为 0.153,简约拟合度指标 PNFI 为 0.437,增值拟合度指标 CFI 为 0.854,表明该模型的整体拟合效果较为理想。

(2)基于乘数模型的混合所有制企业投资效率微观影响因素结构方程模型估计结果

从表 6-26 可以看出,与基于加数模型的混合所有制企业投资效率微观影响因素结构方程模型初次估计结果相同,代理成本和长期债权融资两个变量的估计系数不显著,因此将其删除后进行二次估计。二次估计结果表明该模型并未发生违反估计的现象。根据该模型整体拟合度的度量结果,其绝对拟合度指标 RMSEA 为 0.147,简约拟合度指标 PNFI 为 0.441,增值拟合度指标 CFI 为 0.873,表明该模型的整体拟合效果比较

表6-25 基于加数模型的混合所有制企业投资效率微观影响因素结构方程模型估计结果

(1) 初次估计结果

			Standardized Regression Weights	Regression Weights	S.E.	C.R.	P
投资效率	←	公司治理	-0.124	-0.261	0.110	-2.378	0.017
投资效率	←	融资途径	0.304	0.771	0.138	5.589	***
投资效率	←	资产特性	-0.544	-0.466	0.051	-9.103	***
投资效率	←	产品市场	0.504	1.388	0.262	5.289	***
大股东控制程度	←	公司治理	0.494	1.000			
流通股比例	←	公司治理	-0.765	-2.714	0.228	-11.895	***
独立董事规模	←	公司治理	-0.365	-0.077	0.009	-8.713	***
管理层薪酬	←	公司治理	-0.651	-0.081	0.007	-12.139	***
代理成本	←	公司治理	0.057	0.022	0.014	1.586	0.113
监事会规模	←	公司治理	-0.167	-0.052	0.012	-4.463	***
内部融资	←	融资途径	0.803	0.618	0.083	7.413	***
长期债权融资	←	融资途径	0.055	0.270	0.170	1.586	0.113
短期债权融资	←	融资途径	-0.114	-0.376	0.117	-3.206	0.001
股权融资	←	融资途径	0.795	1.000			
营运资金	←	资产特性	0.714	0.767	0.060	12.852	***

续表

			Standardized Regression Weights	Regression Weights	S.E.	C.R.	P
股利分配	←	资产特性	-0.120	-0.011	0.003	-3.59	***
经营活动现金流	←	资产特性	-0.203	-0.076	0.013	-5.889	***
流动资产比例	←	资产特性	0.929	1.000			
产品市场竞争力	←	产品市场	-0.504	-1.621	0.319	-5.084	***
产品市场经营风险	←	产品市场	0.584	1.000			
加数效率	←	投资效率	0.583	1.000			
加数非效率投资项	←	投资效率	0.375	0.069	0.009	7.775	***

(2) 二次估计结果

			Standardized Regression Weights	Regression Weights	S.E.	C.R.	P
投资效率	←	公司治理	-0.131	-0.280	0.110	-2.535	0.011
投资效率	←	融资途径	0.303	0.811	0.140	5.783	***
投资效率	←	资产特性	-0.543	-0.469	0.051	-9.154	***
投资效率	←	产品市场	0.510	1.438	0.265	5.428	***
大股东控制程度	←	公司治理	0.494	1.000			
流通股比例	←	公司治理	-0.759	-2.690	0.226	-11.900	***
独立董事规模	←	公司治理	-0.368	-0.077	0.009	-8.742	***

续表

			Standardized Regression Weights	Regression Weights	S.E.	C.R.	P
管理层薪酬	←	公司治理	−0.655	−0.081	0.007	−12.118	***
监事会规模	←	公司治理	−0.170	−0.053	0.012	−4.530	***
内部融资	←	融资途径	0.840	0.674	0.094	7.211	***
短期债权融资	←	融资途径	−0.113	−0.390	0.121	−3.227	0.001
股权融资	←	融资途径	0.761	1.000			
营运资金	←	资产特性	0.714	0.766	0.059	12.885	***
股利分配	←	资产特性	−0.120	−0.011	0.003	−3.598	***
经营活动现金流	←	资产特性	−0.203	−0.076	0.013	−5.888	***
流动资产比例	←	资产特性	0.930	1.000			
产品市场竞争力	←	产品市场	−0.511	−1.669	0.321	−5.191	***
产品市场经营风险	←	产品市场	0.576	1.000			
加数效率	←	投资效率	0.587	1.000			
加数非效率投资项	←	投资效率	0.375	0.068	0.009	7.818	***

(3) 二次估计相关变量误差方差

	Estimate	S.E.	C.R.	P
公司治理	64.988	9.104	7.139	***
融资途径	41.311	6.277	6.582	***

续表

	Estimate	S.E.	C.R.	P
资产特性	394.358	34.341	11.484	***
产品市场	37.113	8.084	4.591	***
投资效率	99.035	42.426	2.334	0.02
大股东控制程度	201.242	10.102	19.922	***
流通股比例	346.517	34.964	9.911	***
独立董事规模	2.487	0.115	21.558	***
管理层薪酬	0.573	0.039	14.832	***
监事会规模	6.046	0.266	22.717	***
股权融资	30.039	5.76	5.216	***
短期债权融资	485.59	21.205	22.899	***
内部融资	7.862	2.573	3.056	0.002
流动资产比例	61.763	28.279	2.184	0.029
经营活动现金流	53.049	2.324	22.823	***
股利分配	3.019	0.132	22.931	***
营运资金	222.977	19.2	11.613	***
产品市场经营风险	74.782	7.926	9.435	***
产品市场竞争力	292.651	23.82	12.286	***
加数效率	560.453	48.124	11.646	***
加数非效率投资项	8.416	0.414	20.324	***

表 6-26 基于乘数模型的混合所有制企业投资效率微观影响因素结构方程模型估计结果

(1) 初次估计结果

			Standardized Regression Weights	Regression Weights	S.E.	C.R.	P
投资效率	←	公司治理	-0.157	-0.334	0.109	-3.057	0.002
投资效率	←	融资途径	0.311	0.821	0.138	5.964	***
投资效率	←	资产特性	-0.514	-0.441	0.050	-8.815	***
投资效率	←	产品市场	0.490	1.451	0.264	5.496	***
大股东控制程度	←	公司治理	0.493	1.000			
流通股比例	←	公司治理	-0.762	-2.709	0.227	-11.913	***
独立董事规模	←	公司治理	-0.366	-0.077	0.009	-8.716	***
管理层薪酬	←	公司治理	-0.654	-0.081	0.007	-12.134	***
代理成本	←	公司治理	0.056	0.022	0.014	1.544	0.123
监事会规模	←	公司治理	-0.167	-0.052	0.012	-4.477	***
内部融资	←	融资途径	0.829	0.657	0.086	7.641	***
长期债权融资	←	融资途径	0.050	0.252	0.175	1.441	0.15
短期债权融资	←	融资途径	-0.115	-0.393	0.120	-3.287	0.001
股权融资	←	融资途径	0.771	1.000			
营运资金	←	资产特性	0.709	0.755	0.060	12.564	***

续表

			Standardized Regression Weights	Regression Weights	S.E.	C.R.	P
股利分配	←	资产特性	-0.121	-0.011	0.003	-3.651	***
经营活动现金流	←	资产特性	-0.202	-0.075	0.013	-5.868	***
流动资产比例	←	资产特性	0.937	1.000			
产品市场竞争力	←	产品市场	-0.537	-1.843	0.361	-5.111	***
产品市场经营风险	←	产品市场	0.548	1.000			
乘数效率	←	投资效率	0.593	1.000			
乘数非效率投资项	←	投资效率	0.406	0.074	0.009	8.189	***

(2) 二次估计结果

			Standardized Regression Weights	Regression Weights	S.E.	C.R.	P
投资效率	←	公司治理	-0.164	-0.352	0.110	-3.204	0.001
投资效率	←	融资途径	0.308	0.853	0.139	6.115	***
投资效率	←	资产特性	-0.514	-0.444	0.050	-8.864	***
投资效率	←	产品市场	0.494	1.492	0.266	5.602	***
大股东控制程度	←	公司治理	0.493	1.000			
流通股比例	←	公司治理	-0.757	-2.686	0.225	-11.915	***
独立董事规模	←	公司治理	-0.368	-0.078	0.009	-8.743	***

续表

			Standardized Regression Weights	Regression Weights	S.E.	C.R.	P
管理层薪酬	←	公司治理	-0.657	-0.082	0.007	-12.112	***
监事会规模	←	公司治理	-0.170	-0.053	0.012	-4.540	***
内部融资	←	融资途径	0.862	0.711	0.096	7.380	***
短期债权融资	←	融资途径	-0.114	-0.403	0.122	-3.290	0.001
股权融资	←	融资途径	0.741	1.000			
营运资金	←	资产特性	0.708	0.754	0.060	12.593	***
股利分配	←	资产特性	-0.122	-0.011	0.003	-3.659	***
经营活动现金流	←	资产特性	-0.202	-0.075	0.013	-5.867	***
流动资产比例	←	资产特性	0.938	1.000			
产品市场竞争力	←	产品市场	-0.543	-1.884	0.364	-5.182	***
产品市场经营风险	←	产品市场	0.542	1.000			
乘数效率	←	投资效率	0.598	1.000			
乘数非效率投资项	←	投资效率	0.405	0.073	0.009	8.229	***

(3) 二次估计相关变量误差方差

	Estimate	S.E.	C.R.	P
公司治理	64.799	9.087	7.131	***
融资途径	39.195	5.883	6.662	***

续表

	Estimate	S.E.	C.R.	P
资产特性	400.982	35.342	11.346	***
产品市场	32.878	7.288	4.511	***
投资效率	111.185	39.929	2.785	0.005
大股东控制程度	201.432	10.101	19.942	***
流通股比例	349.21	34.72	10.058	***
独立董事规模	2.486	0.115	21.555	***
管理层薪酬	0.569	0.039	14.764	***
监事会规模	6.045	0.266	22.715	***
股权融资	32.155	5.375	5.983	***
短期债权融资	485.509	21.198	22.903	***
内部融资	6.85	2.637	2.597	0.009
流动资产比例	55.139	29.437	1.873	0.061
经营活动现金流	53.062	2.324	22.832	***
股利分配	3.018	0.132	22.934	***
营运资金	226.736	19.399	11.688	***
产品市场经营风险	79.016	7.284	10.848	***
产品市场竞争力	279.338	25.827	10.816	***
乘数效率	540.211	45.568	11.855	***
乘数非效率投资项	8.193	0.413	19.819	***

理想。

(3)混合所有制企业投资效率微观影响因素的假设检验

从混合所有制企业投资效率微观影响因素结构方程模型估计结果表 6-25 和表 6-26 可以看出，微观影响因素潜变量公司治理、融资途径、资产特性、产品市场等因素对混合所有制企业的投资效率都产生了显著的影响。其中，资产特性因素的影响程度最高，公司治理因素的影响程度最低。下文将依次对不同的隐变量对应的观测变量的影响程度进行分析。

有效的公司治理对提升混合所有制企业的投资效率具有很大的影响。这说明降低大股东控制程度、提高流通股比例、扩大独立董事规模、提升管理层薪酬水平以及增大监事会规模都可以起到提升混合所有制企业投资效率的作用。在我国混合所有制企业中，第一大股东往往都是机构法人，因此大股东在进行投资决策时往往都会兼顾自身的经济利益，这对混合所有制企业投资效率的改善产生了不利影响。流通股比例越高，混合所有制企业的股权结构往往越分散，这对抑制大股东和管理层的过度投资冲动具有一定的抑制作用，从而可以起到提高混合所有制企业投资效率的作用。独立董事多数与混合所有制企业不存在直接的利益关系，其行为更为理性和客观，对大股东和管理层行为的评价更为公正，因此，独立董事规模的适度扩大可以提高混合所有制企业的投资效率。管理层薪酬水平越高，他们的投资决策往往越趋稳健，从而可以制约混合所有制企业的盲目投资行为，提高混合所有制企业的投资效率。监事会具有监督董事会和管理层的投资行为职责，监事会的规模越大，对董事会和管理层的监管力度往往会越大，对抑制混合所有制企业的非效率投资行为的作用也越大，因此适度增加监事人数对于提升混合所有制企业的投资效率具有积极的影响。

适宜的融资途径对提升混合所有制企业的投资效率具有积极的影响。根据结构方程模型的估计结果，提高内部融资和股权融资规模，降低短期债权融资规模可以提高混合所有制企业的投资效率。一般来说，内部融资和股权融资的成本相对较低，且这一部分融资来源于混合所有制企业及其股东的自有资本，为使自身利益不受损失，混合所有制企业在进行投资决策时都较为谨慎，盲目投资的现象较少。因此，适度扩大内部融资和股权融资的规模可以提高混合所有制企业的投资效率。短期债权融资的成本往往比较高，导致企业运用这一部分资金进行项目投资时，往往倾向于收益高、回收期短的投资项目。过分注重项目收益容易忽视项目风险，可能会给混合所有制企业带来损失。同时，短期债权融资的使用周期比较短，企业往往急于对这部分资金加以利用，导致非理性投资行为的出现，从而不利于混合所有制企业投资效率的提升。

合理的资产特性对混合所有制企业的投资效率具有显著的影响。从结构方程模型的估计结果来看，降低流动资产比例和营运资金规模，提高经营活动现金流水平和股利分配比例都有利于混合所有制企业投资效率的提升。混合所有制企业的流动资产过高，特别是现金资产类流动资产的比例过高，说明企业存在大量的闲置资本而未加以有效利用，这可能是混合所有制企业投资不足的直接体现，因此混合所有制企业流动资产比例越高，其投资效率可能会随之降低。此外，混合所有制企业为了对闲置资本进行利用，可能会在未来的经营管理过程中盲目加大投资力度，进而导致过度投资行为的发生，这也不利于混合所有制企业投资效率的提高。营运资金规模与流动资产比例的效应类似。经营活动现金流水平越高，说明混合所有制企业运营良好，对扩大经营规模的需求比较大，因此适当扩大投资支出水平对提高其投资效率大有裨益。混合所有制企业的股利分配比例越高，其可用于再投资的剩余利润就会减少，这对于抑制混合企业的过度投资现象十分有帮助。

产品市场因素对混合所有制企业投资效率的提升也具有积极的影响，一方面随着产品市场经营风险的加大，混合所有制企业往往会适当控制企业的投资规模，减少收益水平相对较低的投资支出，提高混合所有制企业的投资效率。另一方面随着混合所有制企业产品市场竞争力的提高，为了获取更高的经营利润，企业倾向于通过加大投资支出来扩大经营规模，抢占更高的市场份额。对市场前景的过分乐观，会导致企业投资规模过大,产生过度投资的现象,从而使得混合所有制企业的投资效率降低。

6.3 提升我国混合所有制企业投资效率的政策建议

混合所有制企业在我国经济社会的发展中发挥着举足轻重的作用,不仅关系着投资者的经济利益,还关系着我国经济社会的持续稳定。因此,提升混合所有制企业的投资效率具有非常重要的意义。下文将主要从公司治理、融资途径、资产特性、产品市场以及宏观经济环境等方面来探讨提升混合所有制企业投资效率的方式。

(1)完善混合所有制企业的公司治理结构。混合所有制企业第一大股东控制程度越高,其股东大会、董事会以及监事会所发挥的监督作用越低,越容易产生投资过度现象。因此,应优化股权结构,尝试建立多元化的股权结构体系,实现不同类别股权的有效制衡,降低大股东控制程度,规范混合所有制企业的投资决策,提高其投资效率。应增强混合所有制企业董事会的独立性,提高董事会成员的业务素质,提升董事会科学决策的能力。还要加强董事会与股东和管理层的信息交流,完善董事会的监督机制,防止企业管理层的非效率投资行为。同时,董事会也要加强对自身的约束,避免对企业的经营活动干预过度。对混合所有制企业的管理层要建立有效的监督与激励机制,一方面要实施公开选聘企业高级管理人员的制度,营造优中择优、适度竞争的氛围;另一方面要健全对企业管理层的考评制度,建立内外部相结合的评价体系,并配置相应的激励措施。要强化企业的内部控制,建立和完善更加规范化、更加透明化的企业规章制度。要优化监事会人员配置,充分发挥监事会的监督职能,对混合所有制企业的股东、董事会以及管理层形成有效的制约机制;建立对监事会成员的激励和约束机制,避免出现监事会不作为或者过度作为的现象。此外,适度引入机构投资者,增强其在企业治理中的参与度,一方面实现机构投资者的价值投资,另一方面促进混合所有制企业完善信息披露机制,通过社会监督来督促其优化治理结构。

(2)强化混合所有制企业融资规划管理。在混合所有制企业的经营管理过程中,其股东和债权人存在着不可避免的利益冲突,一旦这种利益冲突突破合理的界限,必然会对企业的投资决策产生影响,使得企业进行非效率投资的可能性进一步增加,从而大大降低企业的投资效率。因此,混合所有制企业需要根据自身的发展需求以及投资项目的特点来选择适当的融资途径与方式,适度地控制融资结构与融资规模。对混合所有制企业而言,内部融资的成本最低,可自由支配程度最高,是其最理想的项目投资资金来源;股权融资不存在还本付息的问题,是理想的长期项目投资资金来源,这也是目前我国上市公司采用较为普遍的一种融资方式;长期债权融资可解决企业时间周期较长的项目投资资金需求,短期债权融资则主要满足临时性、阶段性的项目投资资金需求。不同的融资方式各有千秋,但过分倚重任何一种融资方式都不利于混合所有制企业投资效率的提高,特别是要考虑自身的资本结构对混合所有制企业融资方式的制约。对于资产负债率相对较高的混合所有制企业而言,适度降低债权融资规模,提高股权融资规模有利于提升其投资效率;而对于资产负债率相对较低的混合所有制企业而言,适度提高债权融资规模、降低股权融资规模则有利于提升其投资效率。因此,混合所有制企业要综合多方面的因素,对其融资途径进行合理的规划和管理,从而不仅满足混合所有制企业的资金需求,还有利于其投资效率的提升。

(3)优化混合所有制企业的资产特性。混合所有制企业的资产特性对其投资效率发挥着重要的影响。混合所有制企业要适度控制其流动资产的比例,流动资产的比例过高,容易造成投资规模降低;流动资产过低,容易造成企业经营临时性资金短缺,这都不利于混合所有制企业的发展及其投资效率的提高。因此,根据自身的行业特点和日常经营与项目投资的需求,混合所有制企业要保持较为合理的流动资产比例。企业股利分配的规模是其经营业绩及其市场前景的重要体现,是投资者投资收益的重要组成部分。企业的股利分配规模往往会影响到它的再融资能力,而企业的再融资能力则又制约着企业的投资规模;同时企业的股利分配规模还直接关系到企业的内部融资规模,二者存在着此消彼长的关系。因此,混合所有制企业要合理地控制其股利分配比例,从而既保持适度的内部融资能力,又满足其外部融资需求,确保其投资项目的顺利实施。营运资金是衡量混合所有制企业短期偿债能力的重要指标,对其债权融资具有重要影响,因而对其投资规模的扩大也发挥着非常重要的作用。混合所有制企业的现金流水平决定了其能够自由支配的资金规模,这也会影响到其投资规模。因此,混合所有制企业可以借助于保持适度的营运资金和现金流水平来调节投资规模,提高投资效率。

(4)提升混合所有制企业产品市场竞争力。在一个自由开放的经济环境中,混合所有制企业必然面临来自其他企业的竞争。而保持适度的市场竞争不仅有利于维护市场公平,还可以发挥提升混合所有制企业投资效率的作用。因此,混合所有制企业一方面要采取有效措施,降低自身的经营风险,保持相对的市场竞争力;另一方面还要发展自己的企业特色,形成核心竞争力。混合所有制企业要充分发挥优势资源的效用形成企业特色,通过技术创新、管理创新、产品与服务创新等方式逐步发展自己的核心竞争力,突出自身的产品特色,保持竞争优势。混合所有制企业产品竞争力的提升固然有利于企业的长期可持续发展,然而,通过前文的实证结果可以发现,混合所有制企业的产品市场竞争力越高,其投资效率越低,这主要是由于显著的竞争优势导致企业管理层的盲目乐观并急于扩大经营规模所造成的。因此,混合所有制企业在不断提升其产品市场竞争力的同时需要更加审慎地进行投资决策,避免过度投资的产生,从而有效地提高混合所有制企业的投资效率。

(5)营造适宜混合所有制企业发展的宏观经济环境。混合所有制企业的投资水平受到宏观经济波动的显著影响,在宏观经济形势表现较好时,混合所有制企业的投资规模趋于扩大;在宏观经济形势表现较差时,混合所有制企业的投资规模趋于下降。政府部门通过实施各项经济政策,特别是财政政策和货币政策的有效落实,保持宏观经济的平稳运行,对于促进混合所有制企业的发展,包括其投资决策效率及投资效率的提升都有重要意义。我国的混合所有制企业大多集中于关乎国计民生的重要行业领域,政府部门也要根据不同行业的发展特色以及国民经济发展的需要,适时出台相应的行业发展政策,积极引导混合所有制企业向着有利于促进经济稳定、社会和谐的方向发展,特别是要引导混合所有制企业的投资向当前需要大力发展的领域集中,从而在优化混合所有制企业投资效率的同时,满足国计民生的发展需求。

第7章 结论与展望

7.1 研究结论

投资决策是混合所有制企业在其发展过程中不可避免的经济行为,而投资决策的质量以及投资效率对混合所有制企业未来的经营发展将产生不可估量的影响。目前,我国混合所有制企业的投资决策机制还有待进一步优化,非效率投资问题还需进一步解决。因此,对混合所有制企业投资效率及其影响因素的分析与研究是非常有必要的。这不仅有助于了解混合所有制企业的投资行为,而且对促进混合所有制企业优化投资决策机制、提高投资效率也有裨益。然而,混合所有制企业的投资行为并不只是受到自身微观因素的影响,还与其所处的宏观经济环境存在着密切的关系。因此,将宏观经济波动因素纳入混合所有制企业投资效率的研究框架之中也是非常有必要的。本书通过理论研究与实证研究相结合,主要得到了以下结论。

(1)微观企业与宏观经济存在个体与整体的辩证关系。宏观经济因素,包括宏观经济环境因素和宏观经济政策因素,主要是通过影响宏观经济发展预期、企业经营成本及其经营环境来影响企业经营行为,主要通过影响企业的投资成本、投资收益以及对未来的预期来影响企业的投资决策。

(2)根据实物期权理论,结合宏观经济波动因素以及财政政策的影响,建立了基于宏观经济波动的企业投资决策模型。根据基于宏观经济波动的企业投资决策模型静态数值分析结果,低税率、高财政补贴的财政政策可以促进企业投资;宏观经济波动通过投资项目的必要收益率和期望收益率影响企业的投资决策,不同经济敏感程度的企业受到的影响程度存在差异;宏观经济波动也会通过影响投资项目的收益波动率来影响企业的投资决策;项目投资决策对不同影响因素的敏感性也存在差异,其中项目投资阈值对企业所得税税率、期望收益率、收益波动率的敏感度大于零,对财政补贴率、未来折旧折现系数、必要收益率的敏感度小于零。

在基于宏观经济波动的企业投资决策模型的基础上,考虑到极端的经济危机对企业投资决策的影响,建立了基于经济危机预期的企业投资决策模型。根据基于经济危机预期的企业投资决策模型静态数值分析结果,经济危机的发生频率越高、影响程度越深,对企业投资的抑制作用越大;项目投资阈值对经济危机发生频率与经济危机影响程度的敏感度都大于零。

在蒙特卡罗模拟数值分析中,发现企业投资的超额收益与宏观经济波动、经济危机预期负相关,而企业投资的未来收益则与宏观经济波动、经济危机预期正相关。这主要是投资阈值随着宏观经济波动、经济危机预期逐步升高所致。通过比较是否考虑实物期权的企业投资未来收益发现,考虑实物期权的未来收益表现更优,即从实物期权的角度来进行投资决策更利于企业优化现有投资收益。

(3)考虑到混合所有制企业的特殊性以及宏观经济波动影响机制的差异,本书将国有股权比例、宏观经济波动因子两个指标引入 Richardson(2006)的投资决策模型,分别建立了混合所有制企业投资决策模型、基于宏观经济波动的混合所有制企业投资决策加数模型和乘数模型。

根据混合所有制企业投资决策模型的回归结果,国有股权比例对混合所有制企业的投资规模呈现正向影响,即混合所有制企业中国有股权占比越高,企业越倾向于扩大投资规模。根据基于宏观经济波动的混合所有制企业投资决策加数模型的回归结果,国有股权比例和宏观经济波动因子对混合所有制企业的投资规模呈现正向影响,即宏观经济上行程度越高,企业越倾向于扩大投资规模。根据基于宏观经济波动的混合所有制企业投资决策乘数模型的回归结果,宏观经济波动因子显著地改变了混合所有制企业投资规模的各相关因素的影响程度。在宏观经济上行时,上年新增投资的影响削弱,而成长机会、经营规模、现金持有量、上市年龄与国有股权比例的影响增强;反之亦然。

根据 Chow 分割点检验结果,混合所有制企业投资决策模型结构在大多数年份都发生了显著变化;而基于宏观经济波动的混合所有制企业投资决策加数模型和乘数模型的模型结构都比较稳定。

(4)根据基于宏观经济波动的混合所有制企业投资决策加数模型和乘数模型,对混合所有制企业样本的投资效率进行了测算。本书发现投资不足在混合所有制企业中表现较为普遍,且同一混合所有制企业的投资效率在样本期间呈现出小幅波动。

通过对不同行业、不同经营规模、不同大股东特征以及不同地域的混合所有制企业样本进行比较发现,制造业的投资效率最低,文化、体育和娱乐业的投资效率最高;小规模企业的投资效率最低,而大规模企业的投资效率最高;国有大股东企业的投资效率高于非国有大股东企业的投资效率;股权集中度占比 15%~30% 的企业的投资效率最低,股权集中度占比 50%~100% 的企业的投资效率最高;天津企业的投资效率最低,贵州企业的投资效率最高;东部地区企业的投资效率最低,中部地区企业的投资效率最高;环渤海经济圈企业的投资效率最低,长江三角洲经济圈企业的投资效率最高。

考虑到不同混合所有制企业样本投资效率所表现的特征,本书分别基于行业因素、规模因素、大股东特征因素以及地域因素,运用虚拟变量法和分组回归对基于宏观经济波动的混合所有制企业投资效率评价模型有效性进行了实证分析,结果发现不同样本的模型估计结果大多存在显著差异。

(5)通过对混合所有制企业投资效率与宏观影响因素的相关性分析发现,混合所有制企业的投资效率,包括基于行业、规模、大股东特征以及地域差异分组的样本,大多没有表现出与宏观经济环境因素和宏观经济政策因素显著的相关性。

通过对混合所有制企业投资效率与微观影响因素的相关性分析发现,混合所有制企业公司治理、融资途径、资产特性、产品市场等因素的测度变量与混合所有制企业投资效率存在显著的相关性。通过建立结构方程模型对混合所有制企业微观影响因素进行实证分析发现,公司治理、融资途径、资产特性、产品市场等微观因素对混合所有制企业的投资效率具有显著影响。其中,公司治理、资产特性对混合所有制企业的投资效率呈现负向影响,融资途径、产品市场对混合所有制企业的投资效率呈现正向影响。具体而言,大股东控制、短期债权融资、营运资金、流动资产比例、产品市场竞争力等因素对混合所有制企业的投资效率呈现负向影响,流通股比例、独立董事规模、管理层薪酬、监事会规模、内部融资、股权融资、股利分配、经营活动现金流、产品市场经营风险等因素对混合所有制企业的投资效率呈现正向影响。

根据本书的研究结果,我们提出了从五个方面提升混合所有制企业投资效率的政策建议,包括:完善公司治理结构、强化融资规划管理、优化资产特性、提升产品市场竞争力、营造良好的宏观经济环境等。

7.2 研究不足与展望

受到样本数据以及自身研究能力的制约,本研究还存在一些不足。

(1)在宏观经济波动以及经济危机对企业投资影响的研究中,宏观经济波动对项目投资期望收益率、必要收益率、收益波动率等因素的作用机制还需进一步探讨。由于缺乏相关的数据支持,我们仅仅完成了模型的静态数值分析和简单的蒙特卡罗动态数值分析。在接下来的研究中,有必要考虑采用适当的方法来进一步对其进行动态分析。

（2）进一步完善混合所有制企业样本及投资效率和影响因素指标体系。我国混合所有制企业遍布各行各业，由于数据来源有限，我们所选取的样本量相对较小。因此，有必要在扩充样本量的情况下再次对其进行分析。同时，我们在研究中主要是采用定量指标进行分析，而一些主要的定性指标也有必要纳入进来进行比较分析。

（3）我们的研究重点是混合所有制企业的投资决策及其投资效率，没有对优化和改善混合所有制企业投资效率的路径和方法进行深入分析，这也是在后续的研究中有必要重点关注的领域。

尽管学者们对企业投资决策及其投资效率进行了深入系统的研究和分析，无论是内容体系还是工具方法都对理论和实践领域的发展起到了重要作用，但就混合所有制企业投资的研究领域而言，仍存在一些值得继续关注和深入探讨的问题：

首先，宏观经济政策对优化混合所有制企业投资决策及其投资效率的有效性问题。宏观经济政策对宏观经济的调节作用主要是通过微观经济主体的一致性行为发挥出来的。混合所有制企业包含国有股权成分，具有接受宏观经济政策影响的主动性。然而，宏观经济政策对混合所有制企业投资决策的影响机制存在哪些特殊性，而这些特殊性是否对优化混合所有制企业的投资效率起到了积极作用，都需要在后续的研究中进行更为细致的研究。

其次，不同行业、不同规模以及不同大股东特征的混合所有制企业投资决策及其投资效率的异质性问题。我们应从中观经济学、产业经济学的角度，来探讨行业因素对混合所有制企业投资问题的差异性；从规模经济的角度，探寻混合所有制企业的最优经营规模以及在不同的规模效应下混合所有制企业投资问题的差异性；从股权多元化发展的角度，分析股权结构差异对混合所有制企业投资问题的影响机制。

最后，在宏观经济波动影响下，混合所有制企业与国有企业、私营企业在投资决策及投资效率上的差异性问题。混合所有制企业融合了国有企业和私营企业的特性,理论上具有适应经济环境变化的灵活性和接受经济调节政策的主动性。因此,需要进一步挖掘宏观经济波动对不同所有制企业投资决策的影响机制,探寻混合所有制企业在投资领域的优越性。

参 考 文 献

[1] ABRAHAM CARMELI, MEYRAV YITZACK HALEVI. How top management team behavioral integration and behavioral complexity enable organizational ambidexterity: The moderating role of contextual ambidexterity [J]. The Leadership Quarterly, 2008(2): 207-218.

[2] AGHION, BLANCHARD. On the Speed of Transition inCentral Europe [R]. NBER Working Paper, 1994(4736).

[3] ALEXANDER DYCK, LUIGI ZINGALES. Private Benefits of Control: An International Comparison [J]. The Journal of Finance, 2004(2): 537-600.

[4] ALLEN GOSS, GORDON S. ROBERTS. The impact of corporate social responsibility on the cost of bank loans [J]. Journal of Banking and Finance, 2010(7): 1794-1810.

[5] ANASIMPSON. Analysts' Use of Nonfinancial Information Disclosures [J]. Contemporary Accounting Research, 2010(1): 249-288.

[6] ANN VANSTRAELEN, MARILYN T. ZARZESKI, SEAN W. G. ROBB. Corporate Nonfinancial Disclosure Practices and Financial Analyst Forecast Ability Across Three European Countries [J]. Journal of International Financial Management & Accounting, 2003, (3): 249-278.

[7] ANNE BEYER, DANIEL A. COHEN, THOMAS Z. LYS, BEVERLY R. WALTHER. The financial reporting environment: Review of the recent

literature[J]. Journal of Accounting and Economics,2010(2): 296-343.

[8]CHARLES P. HIMMELBERG,BRUCE C. PETERSEN. R & D and Internal Finance: A Panel Study of Small Firms in High-Tech Industries[J]. The Review of Economics and Statistics,1994,76(1): 38-51.

[9]CHRISTO KARUNA. Industry product market competition and managerial incentives [J]. Journal of Accounting and Economics, 2007 (2): 275-297.

[10]CHRISTOPHER POLK,PAOLA SAPIENZA. The stock market and corporate investment: A test of catering theory[J]. The Review of Financial Studies,2009,22(1): 187-217.

[11]CLARK M. Business Acceleration and the law of demand: A technical factor in economic cycle[J]. Journal of Political Economy, 1917, 25 (3): 217-235.

[12]CORY A. CASSELL,SHAWN X. HUANG,JUAN MANUEL SANCHEZ, MICHAEL D. STUART. Seeking safety: The relation between CEO inside debt holdings and the riskiness of firm investment and financial policies[J]. Journal of Financial Economics,2012,103(3): 588-610.

[13]COX J.C,S. ROSS,M. RUBINSTEIN. Option Pricing: a Simplified Approach[J].Financial Economics,1979(7): 229-263.

[14]D. S. DHALIWAL,O. Z. LI,A. TSANG,Y. G. YANG. Voluntary nonfinancial disclosure and the cost of equity capital: The initiation of corporate social responsibility reporting[J]. The Accounting Review, 2011 (1): 59-100.

[15]D. S. DHALIWAL,S. RADHAKRISHMAN,A. TSANG,Y. G. YANG. Nonfinancial disclosure and analyst forecast accuracy: International evidence on corporate social responsibility disclosure[J]. The Accounting Review,2012(3): 723-759.

[16]DAVID HIRSHLEIFER,ANGIE LOW,SIEW HONG TEOH. Are Over-

confident CEOs Better Innovators? [J]. The Journal of Finance, 2012, 67(4): 1457-1498.

[17] DENIS CORMIER, MICHEL MAGNAN. Environmental reporting management: a continental European perspective[J]. Journal of Accounting and Public Policy, 2003(1): 43-62.

[18] ELI AMIR, BARUCH LEV. Value-relevance of nonfinancial information: The wireless communications industry[J]. Journal of Accounting and Economics, 1996(1): 3-30.

[19] EVGENY LYANDRES. Costly external financing, investment timing, and investment — cash flow sensitivity[J]. Journal of Corporate Finance, 2007(5): 959-980.

[20] FENG LI. Annual report readability, current earnings, and earnings persistence[J]. Journal of Accounting and Economics, 2008(2): 221-247.

[21] FENG LI. The Information Content of Forward-Looking Statements in Corporate Filings-A Naïve Bayesian Machine Learning Approach[J]. Journal of Accounting Research, 2010(5): 1049-1102.

[22] FRANCISCO MUÑOZ. Liquidity and firm investment: Evidence for Latin America[J]. Journal of Empirical Finance, 2013, 20(1): 18-29.

[23] GARY C. BIDDLE, GILLES HILARY, RODRIGO S. VERDI. How does financial reporting quality relate to investment efficiency? [J]. Journal of Accounting and Economics, 2009(2): 112-131.

[24] GONGMENG CHEN, MICHAEL FIRTH, DANIEL N. GAO, OLIVER M. RUI. Is China's securities regulatory agency a toothless tiger? Evidence from enforcement actions[J]. Journal of Accounting and Public Policy, 2005(6): 451-488.

[25] H. SCHALLER, S. VAN NORDEN. The predictability of stock market regime: Evidence from Toronto stock exchange [J]. Review of Economics and Statistics, 1993, 75: 505-510.

[26] HEITOR ALMEIDA, MURILLO CAMPELLO, CROCKER LIU. The Financial Accelerator: Evidence from International Housing Markets[J]. Review of Finance, 2006(3): 321-352.

[27] HOJE JO, YONGTAE KIM. Disclosure frequency and earnings management[J]. Journal of Financial Economics, 2006(2): 561-590.

[28] HONGBIN LI, LI-AN ZHOU. Political turnover and economic performance: the incentive role of personnel control in China[J]. Journal of Public Economics, 2004(9): 1743-1762.

[29] HUALIN WAN, KAI ZHU. Is investment — cashflow sensitivity a good measure of financial constraints? [J]. China Journal of Accounting Research, 2011(4): 253-270.

[30] ITZHAK BEN-DAVID, JOHN R. GRAHAM, CAMPBELL R. HARVEY. Managerial Overconfidence and Corporate Policies[R]. NBER Working Paper, 2007(13711).

[31] J. ASKER, J. FARRE-MENSA, A. LJUNGQVIST. Corporate investment and stock market listing: A puzzle? [J] Review of Financial Studies, 2015(28): 342-390.

[32] J. B. HEATON. Managerial optimism and corporate finance[J]. Financial Management, 2002, 31(2): 33-45.

[33] J. HARFORD. Corporate Cash Reserves and Acquisitions[J]. The Journal of Finance, 1999(6): 1969-1997.

[34] JAN BARTON, MOLLY MERCER. To blame or not to blame: Analysts' reactions to external explanations for poor financial performance[J]. Journal of Accounting and Economics, 2005(3): 509-533.

[35] JANET L. ROVENPOR. The relationship between four personal characteristics of chief executive officers (CEOS) and company merger and acquisition activity (MAA)[J]. Journal of Business and Psychology, 1993(1): 27-55.

[36] JENSEN MICHAEL C, MECKLING WILLIAM H. Theory of the firm: managerial behavior, agency costs, and capital structure[J]. The Journal of Finance,1976,3(4): 305-360.

[37] JIANLEI HAN, ZHEYAO PAN. CEO inside debt and investment-cash flow sensitivity[J]. Accounting & Finance,2015(1): 1-21.

[38] JOHN C. HULL. Options, Futures, and Other Derivatives, 8th Edition [M]. New York, Pearson Education, Inc., 2012.

[39] JOHN E CORE. A review of the empirical disclosure literature: discussion[J]. Journal of Accounting and Economics,2001(1): 441-456.

[40] JOHN R. GRAHAM, CAMPBELL R. HARVEY, SHIVA RAJGOPAL. The economic implications of corporate financial reporting[J]. Journal of Accounting and Economics,2005(1): 3-73.

[41] JOHNATHAN MUN. Real Options Analysis: Tools and Techniques for Valuing Strategic Investments and Decisions [M]. New Jersey, John Wiley & Sons Inc., 2002.

[42] JORG SCHEIBE. The Chinese Output Gap during the Reform Period 1978-2002[R]. Working Paper, University of Oxford,2003(179).

[43] JORGENSON D. W. Capital theory and investment behavior[J]. The American Economic Review,1963,53(2): 247-259.

[44] JORGENSON D. W. Econometric studies of investment behavior: A survey[J]. Journal of Economic Literature,1971,9(4): 1111-1147.

[45] JORGENSON D. W. Rational distributed lag function[J]. Econometrica, 1966,32(1): 135-149.

[46] KARTHIK RAMANNA. The implications of unverifiable fair-value accounting: Evidence from the political economy of goodwill accounting [J]. Journal of Accounting and Economics,2008(2): 253-281.

[47] KEVIN M. MURPHY, ANDREI SHLEIFER, ROBERT W. VISHNY. Industrialization and the Big Push[J]. The Journal of Political Economy,

1989,97(5): 1003-1026.

[48] LES COLEMAN. Risk and decision making by finance executives: a survey study[J]. International Journal of Managerial Finance, 2007(1): 1743-9132.

[49] LIN NAN, XIAOYAN WEN. Financing and Investment Efficiency, Information Quality, and Accounting Biases[J]. Management Science, 2014, 60(9): 2308-2323.

[50] M. BAKER, P. GOMPERS. The Determinants of Board Structure at the Initial Public Offering[J]. Journal of Law & Economics, 2003, 46(2): 569-598.

[51] M. GLASER, P. SCHAFERS, M. WEBER. Managerial Optimism and Corporate Investment: Is the CEO Alone Responsible for the Relation? [R]. Mannheim: Mannheim University, 2007.

[52] MARK H. LANG, RUSSELL J. LUNDHOLM. Voluntary Disclosure and Equity Offerings: Reducing Information Asymmetry or Hyping the Stock? [J]. Contemporary Accounting Research, 2010(4): 623-662.

[53] MEI CHENG, DAN DHALIWAL, YUAN ZHANG. Does investment efficiency improve after the disclosure of material weaknesses in internal control over financial reporting? [J]. Journal of Accounting and Economics, 2013, 56(1): 1-18.

[54] MICHAEL C JENSEN. Agency costs of free cash flow, corporate finance and takeovers[J]. American Economic Review, 1986, 76(2): 323-329.

[55] MICHAEL DEVEREUX, FABIO SCHIANTARELLI. Investment, Financial Factors, and Cash Flow: Evidence from U. K. Panel Data [J]. Asymmetric Information, Corporate Finance, and Investment, 1990: 279-306.

[56] MICHAEL JENSEN, EDWARD J. ZAJAC. Corporate elites and corporate strategy: how demographic preferences and structural position

shape the scope of the firm[J]. Strategic Management Journal,2004(6): 507-524.

[57] NEMIT SHROFF, RODRIGO S. VERDI, GWEN YU. Information Environment and the Investment Decisions of Multinational Corporations[J]. The Accounting Review,2013,89(2): 759-790.

[58] OLE-KRISTIANHOPE, WAYNE B. THOMAS. Managerial Empire Building and Firm Disclosure[J]. Journal of Accounting Research,2008(3): 591-626.

[59] ORIE E. BARRON, CHARLES O. KILE, TERRENCE B. O'KEEFE. MD&A Quality as Measured by the SEC and Analysts' Earnings Forecasts[J]. Contemporary Accounting Research,2010: (1): 75-109.

[60] OWEN A. LAMONT. Investment Plans and Stock Returns[J]. The Journal of Finance,2000(6): 2719-2745.

[61] PAUL E. FISCHER, ROBERT E. VERRECCHIA. Disclosure bias[J]. Journal of Accounting and Economics,2004(12): 223-250.

[62] PAUL M HEALY, KRISHNA G PALEPU. Information asymmetry, corporate disclosure,and the capital markets: A review of the empirical disclosure literature[J]. Journal of Accounting and Economics,2001(1): 405-440.

[63] PETER BIRCH SORENSEN, HANS JORGEN WHITTA-JACOBSEN. Introducing Advanced Macroeconomics: Growth and Business Cycles,2nd edition[M]. London: McGraw-Hill Education (UK) Limited,2010.

[64] PHILIP G. BERGER, REBECCA HANN. The Impact of SFAS No. 131 on Information and Monitoring[J]. Journal of Accounting Research, 2003(2): 163-223.

[65] PHILIP G. BERGER. Challenges and opportunities in disclosure research-A discussion of "the financial reporting environment: Review of the recent literature"[J]. Journal of Accounting and Economics, 2011

(1): 204-218.

[66] R. BUSHMAN, A. SMITH. Capital allocation and timely accounting recognition of economic losses[J]. Journal of Business, Finance and Accounting, 2011(1-2): 1-33.

[67] RAFAEL LA PORTA, FLORENCIO LOPEZ-DE-SILANES, ANDREI SHLEIFER, ROBERT VISHNY. Investor protection and corporate governance[J]. Journal of Financial Economics, 2000(1): 3-27.

[68] RENÉ M. STULZ. Managerial discretion and optimal financing policies [J]. Journal of Financial Economics, 1990, 26(1): 3-27.

[69] RICHARD ROLL. The Hubris Hypothesis of Corporate Takeovers[J]. Journal of Business, 1986, 59(2): 197-216.

[70] RICHARDSON S. Over-investment of free cash flow[J]. Review of Accouting Studies, 2006, 11(2): 159-189.

[71] ROBERT M. BUSHMAN, ABBIE J. SMITH. Financial accounting information and corporate governance[J]. Journal of Accounting and Economics, 2001(1): 237-333.

[72] S. C. MYERS, N. S. MAJLUF. Corporate Financing and Investment Decisions When Firms Have Information that Investors Do Not Have[J]. Journal of Financial Economics, 1984(13): 187-221.

[73] S. N. KAPLAN, L. ZINGALES. Do Investment-Cash Flow Sensitivities Provide Useful Measures of Financing Constraints [J]. Quarterly Journal, 1997, 107(1): 169-215.

[74] S. TREVIS CERTO, RICHARD H. LESTER, CATHERINE M. DALTON, DAN R. DALTON. Top Management Teams, Strategy and Financial Performance: A Meta — Analytic Examination[J]. Journal of Management Studies, 2006(4): 813-839.

[75] SAVERIO BOZZOLAN, MARCO TROMBETTA, SERGIO BERETTA. Forward-Looking Disclosures, Financial Verifiability and Analysts' Fore-

casts: A Study of Cross-Listed European Firms [J]. European Accounting Review,2009(3): 435-473.

[76] SEAN CLEARY. The Relationship between Firm Investment and Financial Status[J]. The Journal of Finance,1999(2): 673-692.

[77] SIMON GILCHRIST,CHARLES P. HIMMELBERG,GUR HUBERMAN. Do stock price bubbles influence corporate investment? [J]. Journal of Monetary Economics,2005(4): 805-827.

[78] SOK-HYON KANG,PRAVEEN KUMAR,HYUNKOO LEE. Agency and Corporate Investment: The Role of Executive Compensation and Corporate Governance [J]. Journal of Business, 2006, 79 (3): 1127-1147.

[79] STEVEN M FAZZARI,R GLENN HUBBARD,BRUCE C PETERSEN. Financing constraints and corporate investment[J]. Brookings Papers on Economic Activity, 1988(1): 141-206.

[80] STEWART C. MYERS. Determinants of corporate borrowing[J]. Journal of Financial Economics,1977(5): 147-175.

[81] STUART L. GILLAN. Recent Developments in Corporate Governance: An Overview[J]. Journal of Corporate Finance,2005(3): 381-402.

[82] T. HOSHI,A. KASHYAP,D. SCHARFSTEIN. Corporate structure,liquidity and investment: Evidence from Japanese industrial groups[J]. Quarterly Journal of Economics, 1991,106(1): 33-60.

[83] THIERRY FOUCAULT, LAURENT FRESARD. Learning from peers' stock prices and corporate investment[J]. Journal of Financial Economics,2014,111(3): 554-577.

[84] THOMAS W.BATES. Asset Sales,Investment Opportunities,and the Use of Proceeds[J]. The Journal of Finance,2005(1): 105-135.

[85] TIM OPLER,LEE PINKOWITZ,RENé STULZ,ROHAN WILLIAMSON. Corporate cash holdings [J]. Journal of Applied Corporate Finance,

2001(1):55-67.

[86] TIM OPLER, LEE PINKOWITZ, RENé STULZ, ROHAN WILLIAMSON. The determinants and implications of corporate cash holdings[J]. Journal of Financial Economics,1999(1):3-46.

[87] TOBIN J. A general equilibrium approach to monetary theory[J]. Journal of Money,Credit and Banking,1969,1(1):15-29.

[88] ULRIKE MALMENDIER, GEOFFREY TATE. CEO overconfidence and corporate investment[J]. The Journal of Finance,2005,60(6):2661-2700.

[89] ULRJKE MALMENDIER, GEOFFREY TATE. Who makes acquisitions? CEO overconfidence and the market's reaction[J]. Journal of Financial Economics,2008,89(1):20-43.

[90] VASIA PANOUSI, DIMITRIS PAPANIKOLAOU. Investment, idiosyncratic risk,and ownership[J]. The Journal of Finance,2012,67(3):1113-1148.

[91] VIVIAN W. FANG, XUAN TIAN, SHERI TICE. Does stock liquidity enhance or impede firm innovation[J]. Journal of Finance,2014,69(5):2085-2125.

[92] VIVIEN BEATTIE, BILL MCINNES, STELLA FEARNLEY. A methodology for analysing and evaluating narratives in annual reports: a comprehensive descriptive profile and metrics for disclosure quality attributes[J]. Accounting Forum,2004(3):205-236.

[93] WALTER AERTS, DENIS CORMIER, MICHEL MAGNAN. Corporate environmental disclosure,financial markets and the media: An international perspective[J]. Ecological Economics,2007(3):643-659.

[94] XAVIER GIROUD. Proximity and Investment: Evidence from Plant-Level Data[J]. The Quarterly Journal of Economics,2013,128(2):861-915.

[95] XUAN TIAN. The causes and consequences of venture capital stage financing[J]. Journal of Financial Economics,2011,101(1):132-159.

[96] 安灵,刘质,白艺昕. 股权制衡、终极所有权性质与上市企业效率投资[J]. 管理工程学报,2008(2):122-129.

[97] 白重恩,刘俏,陆洲,等. 中国上市公司治理结构的实证研究[J]. 经济研究,2005(12):81-91.

[98] 蔡吉甫. 会计信息质量与公司投资效率——基于2006年会计准则趋同前后深沪两市经验数据的比较研究[J]. 管理评论,2013,25(4):166-176.

[99] 陈浪南,刘宏伟. 我国经济周期波动的非对称性和持续性研究[J]. 经济研究,2007(4):44-52.

[100] 陈闯,孙遇春. 混合所有制下的公司治理模式选择与构建[J]. 经济论坛,2006(16):64-66.

[101] 陈艳. 宏观经济环境、投资机会与公司投资效率[J]. 宏观经济研究,2013(8):66-73.

[102] 陈耘. 经济危机、货币政策与企业投资行为——基于中国上市公司数据[J]. 经济与管理研究,2012(11):88-94.

[103] 陈运森,谢德仁. 网络位置、独立董事治理与投资效率[J]. 管理世界,2011(7):113-127.

[104] 程恩富,谢长安. 论资本主义和社会主义的混合所有制[J]. 马克思主义研究,2015(1):51-61.

[105] 程仲鸣,夏新平,余明桂. 政府干预、金字塔结构与地方国有上市公司投资[J]. 管理世界,2008(9):37-47.

[106] 崔晓蕾,何婧,徐龙炳. 投资者情绪对企业资源配置效率的影响——基于过度投资的视角[J]. 上海财经大学学报,2014,16(3):86-94.

[107] 狄为,乔晓杰. 管理层权力、信息披露质量与投资效率[J]. 工业技术经济,2014(3):58-65.

[108] 董红晔,李小荣. 国有企业高管权力与过度投资[J]. 经济管理, 2014,36(10): 75-87.

[109] 董进. 宏观经济波动周期的测度[J]. 经济研究,2006(7): 41-48.

[110] 窦炜,刘星,安灵. 股权集中、控制权配置与公司非效率投资行为——兼论大股东的监督抑或合谋?[J]. 管理科学学报,2011(11): 81-96.

[111] 杜丽虹,朱武祥. 股票市场投机、公司资本配置行为及资本配置绩效:万科与新黄浦置业比较[J]. 管理世界,2003(8): 109-117.

[112] 杜兴强,曾泉,杜颖洁. 政治联系、过度投资与公司价值——基于国有上市公司的经验证据[J]. 金融研究,2011(8): 93-110.

[113] 方红星,金玉娜. 高质量内部控制能抑制盈余管理吗?——基于自愿性内部控制鉴证报告的经验研究[J]. 会计研究,2011(8): 53-60.

[114] 高铁梅. 计量经济学分析方法与建模:Eviews 应用及实例[M]. 北京:清华大学出版社,2006.

[115] 顾钰民. 所有权分散与经营权集中——混合所有制的产权特征和效率分析[J]. 经济纵横,2006(2): 45-48.

[116] 郭琦,罗斌元. 融资约束、会计信息质量与投资效率[J]. 中南财经政法大学学报,2013(1): 102-109.

[117] 郭庆旺,贾俊雪. 中国潜在产出与产出缺口的估算[J]. 经济研究, 2004(5): 31-39.

[118] 郝颖,刘星,林朝南. 我国上市公司高管人员过度自信与投资决策的实证研究[J]. 中国管理科学,2005(10): 142-148.

[119] 何贤杰,肖土盛,陈信元. 企业社会责任信息披露与公司融资约束[J]. 财经研究,2012(8): 60-71.

[120] 何晓群,刘文卿. 应用回归分析(第二版)[M]. 北京:中国人民大学出版社,2007.

[121] 胡元木,谭有超. 非财务信息披露:文献综述以及未来展望[J]. 会

计研究,2013(3):20-26.

[122]花贵如,刘志远,许骞.投资情绪、企业投资行为与资源配置效率[J].会计研究,2010(11):49-55.

[123]花贵如,刘志远,许骞.投资者情绪、管理者乐观主义与企业投资行为[J].金融研究,2011(9):178-191.

[124]黄桂田,赵留彦.供给冲击、需求冲击与经济周期效应——基于中国数据的实证分析[J].金融研究,2010(6):1-16.

[125]黄群慧.新时期如何积极发展混合所有制经济[J].行政管理改革,2013(12):49-54.

[126]黄涛.对改革开放以来我国经济周期的分析[J].调研世界,2011(10):3-7.

[127]贾海涛.政府行为与中小企业融资困境破解——基于序列博弈和委托代理的研究[J].西安电子科技大学学报(社会科学版),2013,23(6):42-49.

[128]姜付秀,伊志宏,苏飞.管理者背景特征与企业过度投资行为[J].管理世界,2009(1):130-139.

[129]靳庆鲁,孔祥,侯青川.货币政策、民营企业投资效率与公司期权价值[J].经济研究,2012(5):96-106.

[130]靳云汇,金赛男.高级计量经济学[M].北京:北京大学出版社,2007.

[131]雷光勇,张英,刘茉.投资者认知、审计质量与公司价值[J].审计与经济研究,2015(1):17-25.

[132]李保民,刘勇.十一届三中全会以来历届三中全会与国企国资改革[J].经济研究参考,2014(57):3-17.

[133]李保民.产权多元化是发展混合所有制经济的重要途径[J].产权导刊,2013(12):5-7.

[134]李海凤,史燕平.信息披露质量影响资本配置效率实证检验[J].重庆大学学报(社会科学版),2015,21(2):42-47.

[135] 李莉, 关宇航, 顾春霞. 治理监督机制对中国上市公司过度投资行为的影响研究——论代理理论的适用性[J]. 管理评论, 2014, 26(5): 139-148.

[136] 李旻晶, 徐家英. 论公有制实现形式与混合所有制的股份制[J]. 武汉大学学报(哲学社会科学版), 2007, 60(3): 376-381.

[137] 李万福, 林斌, 宋璐. 内部控制在公司投资中的角色: 效率促进还是抑制? [J] 管理世界, 2011(2): 87-99.

[138] 李焰, 秦义虎, 张肖飞. 企业产权、管理者背景特征与投资效率[J]. 管理世界, 2011(1): 135-143.

[139] 李永壮. 管理者非理性行为对企业投资影响研究[J]. 南开学报(哲学社会科学版), 2014(4): 150-156.

[140] 李云鹤, 李湛, 唐松莲. 企业生命周期公司治理与公司资本配置效率[J]. 南开管理评论, 2011(3): 110-121.

[141] 李云鹤, 李湛. 自由现金流代理成本假说还是过度自信假说?——中国上市公司投资—现金流敏感性的实证研究[J]. 管理工程学报, 2011(3): 155-161.

[142] 连玉君, 程建. 投资—现金流敏感性: 融资约束还是代理成本? [J]. 财经研究, 2007(2): 37-46.

[143] 连玉君, 苏治. 融资约束、不确定性与上市公司投资效率[J]. 管理评论, 2009(1): 19-26.

[144] 梁法院. 新一轮国企改革中如何发展混合所有制经济[J]. 企业研究, 2014(3): 77-79.

[145] 刘昌国. 公司治理机制、自由现金流与上市公司过度投资行为研究[J]. 经济科学, 2006(4): 50-58.

[146] 刘畅, 高铁梅. 中国电力行业周期波动特征及电力需求影响因素分析——基于景气分析及误差修正模型的研究[J]. 资源科学, 2011, 33(1): 169-177.

[147] 刘峰, 贺建纲, 魏明海. 控制权、业绩与利益输送——基于五粮液的

案例研究[J]. 管理世界,2004(8):102-110.

[148] 刘广瑞,杨汉明,张志宏. 金融发展、终极控制人与公司投资效率[J]. 山西财经大学学报,2013(9):63-72.

[149] 华冬芳,洪敏. 中国经济周期波动的实证研究[J]. 统计与决策,2013(1):146-149.

[150] 林清泉. 数理金融学[M]. 北京:中国人民大学出版社,2008.

[151] 刘行,叶康涛. 企业的避税活动会影响投资效率吗?[J] 会计研究,2013(6):47-53.

[152] 刘瑞. 中国基本经济制度的自我完善——理解所有制的混合与国有经济"三力"[J]. 学术前沿,2014(5):69-78.

[153] 刘善伟. 货币政策:如何影响经济命脉[J]. 中国青年,2015(6):48-50.

[154] 刘树成,张晓晶,张平. 实现经济周期波动在适度高位的平滑化[J]. 经济研究,2005(11):10-22.

[155] 刘玉敏. 我国上市公司董事会效率与公司绩效的实证研究[J]. 南开管理评论,2006(1):84-90.

[156] 刘志远,花贵如. 投资者情绪与企业投资行为研究述评及展望[J]. 外国经济与管理,2009(6):45-51.

[157] 刘志远,靳光辉. 投资者情绪与公司投资效率——基于股东持股比例及两权分离调节作用的实证研究[J]. 管理评论,2013(5):82-91.

[158] 龙斧,王今朝. 国有企业改制和上市不等于"混合所有制经济"——二评"资本混合型企业"的决策科学性[J]. 社会科学研究,2015(1):55-66.

[159] 罗斌元. 会计信息质量对企业投资效率的作用机理[J]. 商业研究,2014(6):64-75.

[160] 罗付岩. 市场化进程、关联交易与投资效率[J]. 中南财经政法大学学报,2013(1):115-121.

[161] 罗明琦. 委托代理与企业投资行为研究[J]. 现代商业,2014(17): 86-88.

[162] 吕长江,张海平. 股权激励计划对公司投资行为的影响[J]. 管理世界,2011(11):118-126.

[163] 南士敬,赵春艳. 我国经济周期各阶段的非线性转换特征分析[J]. 统计与决策,2015(13):126-130.

[164] 潘敏,金岩. 信息不对称、股权制度安排与上市公司过度投资[J]. 金融研究,2003(1):36-45.

[165] 邱伟松,吴至运. 中外高新技术企业金融支持路径比较研究[J]. 财经纵横,2012(9):29-30.

[166] 曲国霞,邹燕. 浙、苏、鲁三省上市公司的融资特征比较研究[J]. 浙江学刊,2007(1):178-183.

[167] 权小锋,吴世农. CEO权利强度、信息披露质量与企业业绩的波动性——基于深交所上市公司的实证研究[J]. 南开经济评论,2010(4):142-153.

[168] 饶育蕾,汪玉英. 中国上市公司大股东对投资影响的实证研究[J]. 南开经济评论,2006(5):67-73.

[169] 沈洪波,寇宏,张川. 金融发展、融资约束与企业投资的实证研究[J]. 中国工业经济,2010(6):55-64.

[170] 舒伯利·C. 昆伯卡. 随机边界分析[M]. 上海：复旦大学出版社,2007.

[171] 宋亚伟. 略论融资租赁与中小企业融资[J]. 产权导刊,2013(5):69-71.

[172] 孙丽,虞满华. 缩小贫富差距的合理性与路径探讨——基于庇古社会福利最大化的视角[J]. 鸡西大学学报,2015,15(3):42-45.

[173] 孙艳梅. 不确定性冲击下的独立董事与企业投资行为研究[J]. 浙江社会科学,2015(1):49-61.

[174] 覃家琦,齐寅峰,李莉. 微观企业投资效率的度量:基于全要素生产

率的理论分析[J]. 经济评论,2009(2):133-141.

[175] 覃家琦. 战略委员会与上市公司过度投资行为[J]. 金融研究,2010(6):124-142.

[176] 谭燕,陈艳艳,谭劲松. 地方上市公司数量、经济影响力与过度投资[J]. 会计研究,2011(4):43-51.

[177] 唐雪松,周晓苏,马如静. 上市公司过度投资行为及其制约机制的实证研究[J]. 会计研究,2007(7):44-52.

[178] 唐雪松,周晓苏,马如静. 政府干预、GDP 增长与地方国企过度投资[J]. 金融研究,2010(8):33-48.

[179] 万华炜,程启智. 中国混合所有制经济的产权经济学分析[J]. 宏观经济研究,2008(2):35-38.

[180] 万华炜. 中国混合所有制经济的产权制度分析[J]. 中南财经政法大学学报,2007(6):21-26.

[181] 王茂林,何玉润,林慧婷. 管理层权力、现金股利与企业投资效率[J]. 南开管理评论,2014(2):13-22.

[182] 卫兴华,何召鹏. 从理论和实践的结合上弄清和搞好混合所有制经济[J]. 经济理论与经济管理,2015(1):15-21.

[183] 魏锋,刘星. 融资约束、不确定性对公司投资行为的影响[J]. 经济科学,2004(2):35-43.

[184] 邹升平. 马克思主义混合所有制思想及其现实意义[J]. 经济纵横,2014(9):75-78.

[185] 魏明海,柳建华. 国企分红、治理因素与过度投资[J]. 管理世界,2007(4):88-95.

[186] 魏权龄. 评价相对有效性的数据包络分析模型——DEA 和网络 DEA[M]. 北京:中国人民大学出版社,2012.

[187] 吴超鹏,吴世农,程静雅. 风险投资对上市公司投融资行为影响的实证研究[J]. 经济研究,2012(1):105-119.

[188] 吴俊培,毛飞. 经济波动理论与财政宏观政策调控[J]. 中国软件科

学,2005(6):67-73.

[189] 肖珉,任春艳,张芬芳.信息不对称、制度约束与投资效率——基于不同产权安排的实证研究[J].投资研究,2014,33(1):24-34.

[190] 谢军,黄建华.混合所有制经济下我国企业国有产权管理模式[J].中国市场,2010(52):8-12.

[191] 谢军,黄建华.试析中国混合所有制企业公司治理的特殊性[J].经济师,2012(10):22-30.

[192] 辛清泉,林斌,王彦超.政府控制、经理薪酬与资本投资[J].经济研究,2007(8):110-122.

[193] 辛清泉,谭伟强.市场化改革、企业业绩与国有企业经理薪酬[J].经济研究,2009(11):68-81.

[194] 辛清泉,郑国坚,杨德明.企业集团、政府控制与投资效率[J].金融研究,2007(10):123-142.

[195] 徐小飞,龚德恩.关于失业与经济增长关系的理论研究与实证分析[J].产业与科技论坛,2006(8):56-57.

[196] 杨红英,童露.论混合所有制改革下的国有企业公司治理[J].宏观经济研究,2015(1):42-51.

[197] 杨华军,胡奕明.制度环境与自由现金流的过度投资[J].管理世界,2007(9):99-106.

[198] 杨培桐.行为金融学对投资模式的影响及对我国投资现象解释[J].商业时代,2013(14):51-52.

[199] 杨兴全,张照南,吴昊旻.治理环境、超额持有现金与过度投资——基于我国上市公司面板数据的分析[J].南开管理评论,2010(5):61-69.

[200] 杨招军,夏鑫,甘柳.委托代理冲突下的企业投融资决策[J].经济数学,2015,32(2):7-14.

[201] 姚敏,周潮.中国经济周期波动的特征和影响因素研究[J].经济问题探索,2013(7):5-9.

[202] 姚圣娟,马健.混合所有制企业的股权结构与公司治理研究[J].华

东经济管理,2008(4):52-57.

[203] 于蔚,汪淼军,金祥荣. 政治关联和融资约束:信息效应与资源效应[J]. 经济研究,2012(9):125-139.

[204] 于文超,李任玉,何勤英. 国有企业高管参政议政、政治激励与过度投资[J]. 经济评论,2012(6):65-73.

[205] 俞红海,徐龙炳,陈百助. 终极控股股东控股权与自由现金流过度投资[J]. 经济研究,2010(8):103-114.

[206] 翟胜宝,曹学勤. 银行关系、股权激励与民营企业的非效率投资行为[J]. 江汉学术,2013,32(4):25-30.

[207] 詹雷,王瑶瑶. 非效率投资动机、影响因素及后果研究[J]. 财会通讯,2013(4):58-60.

[208] 张琛,刘银国. 会计稳健性与自由现金流的代理成本:基于公司投资行为的考察[J]. 管理工程学报,2015,29(1):98-105.

[209] 张洪辉,王宗军. 政府干预、政府目标与国有上市公司的过度投资[J]. 南开管理评论,2010(3):101-108.

[210] 张小军,石明明. 市场分割条件下的混合所有制经济竞争模型与规制策略[J]. 经济评论,2011(2):38-47.

[211] 张宗益,郑志丹. 融资约束与代理成本对上市公司非效率投资的影响——基于双边随机边界模型的实证度量[J]. 管理工程学报,2012(2):119-126.

[212] 赵静,郝颖. 政府干预、产权特征与企业投资效率[J]. 科研管理,2014(5):84-92.

[213] 郑建明,夏楸. 媒体报道、融资约束与投资效率[J]. 财政研究,2014(9):59-60.

[214] 朱磊,唐蓓. 董事会治理、CEO过度自信与企业过度投资行为——基于2007—2009面板数据的实证分析[C]. 中国会计学会2011学术年会论文集.

[215] 朱松,杨丹. 持有金融机构股份与企业资金配置效率[J]. 南京审计学院学报,2015(3):14-25.

后 记

本书的出版得益于多方的襄助与奉献。感谢在我们就读武汉大学经济与管理学院博士研究生期间关心指导过我们的许明辉教授、海峰教授及其他带过我们专业课的众多教授。感谢帮助审阅修改本书的华中科技大学管理学院科技管理与知识产权系的杨为国教授、武汉理工大学管理学院管理科学与工程系的刘燕武副教授、暨南大学管理学院会计系的王红建老师、郑州大学商学院会计系的程晨老师、武汉大学经济与管理学院金融系的夏义星博士、武汉国佳房地资产评估有限公司的吴凯博士。感谢武汉大学出版社尤其是詹蜜老师的大力支持、聂勇军老师的辛苦编辑和李孟潇老师的认真校对工作。感谢我们的父母和家人对我们在求学、工作和家庭等诸多方面的默默支持与辛苦付出。

刘放 杨筝

2017 年 5 月 30 日